넥스트 키워드

넥스트 키워드

발행일	2020년 11월 11일

지은이	봉성훈		
펴낸이	손형국		
펴낸곳	(주)북랩		
편집인	선일영	편집	정두철, 윤성아, 최승헌, 이예지, 최예원
디자인	이현수, 한수희, 김민하, 김윤주, 허지혜	제작	박기성, 황동현, 구성우, 권태련
마케팅	김회란, 박진관, 장은별		
출판등록	2004. 12. 1(제2012-000051호)		
주소	서울특별시 금천구 가산디지털 1로 168, 우림라이온스밸리 B동 B113~114호, C동 B101호		
홈페이지	www.book.co.kr		
전화번호	(02)2026-5777	팩스	(02)2026-5747

ISBN	979-11-6539-449-3 03320 (종이책)	979-11-6539-450-9 05320 (전자책)

이 도서의 국립중앙도서관 출판예정도서목록(CIP)은 서지정보유통지원시스템 홈페이지(http://seoji.nl.go.kr)와
국가자료공동목록시스템(http://www.nl.go.kr/kolisnet)에서 이용하실 수 있습니다.
(CIP제어번호: CIP2020046187)

인공지능 시대
네트워크 마케팅의 미래

NEXT KEYWORD

넥스트 키워드

봉성훈 지음

북랩 book Lab

위대한 사람은
기회가 없다고 원망하지 않는다.
우리가 끈기를 가지고 하는 일이
쉬워지는 것은
그 일 자체가 쉬워져서가 아니라,
그 일을 수행하는 우리의 능력이
향상됐기 때문이다.

No great man ever complains of
want of opportunity.
That which we persist in doing
becomes easier,
not that the task itself has
become easier,
but that our ability to perform
it has improved.

- 랄프 왈도 에머슨(사상가, 시인)

흐름(flow), 선도(lead), 변화(change)_플리체

이 책을 건네받은 당신은 위협과 기회가 공존하는 시대를 살아가고 있는 사람입니다. 이 책을 직접 구매하였든지 선물로 받아 손에 쥐고 있든지 이것 또한 시대흐름(timestream) 속의 한 장면입니다.

지금부터 저의 관점을 이야기하겠습니다.

우리가 아는 경제의 한 축인 생산자는 참신한 아이디어를 기획하여 생산, 유통, 소비로 연결되기까지 시장 확장을 위한 마케팅을 통해 틈새 시장을 거쳐 배송과 A/S 관리에까지 정성을 다합니다. 유통의 흐름 (flow)인 순환 과정에서 생산자는 시장을 선도(lead)하며 생존하기 위해 최선을 다합니다.

'언택트'를 넘어 '온택트' 시대를 살고 있는 지금은 변화(change)를 요구하는 포스트 코로나 시대입니다. 포스트 코로나 시대에서 디지털 전환이 늦은 기업은 '디지털 역량 부족'을 겪을 것이며, 이로 인해 '부익부 빈익빈'이 뚜렷해질 것입니다. 이 문제는 전통적 기업 환경뿐 아니라 네트워크 마케팅 시장에서도 성장과 추락의 갈림길이 되고 있습니다.

정보기술(IT)과 데이터 중심인 일부 대기업과 재택근무가 가능한 중산층 이상 화이트칼라 근로자들은 당분간은 별문제 없이 버티겠지만, 인공지능과 인간의 공존이 본격화되는 5차 산업혁명 시대에는 또 다른 문제가 될 것입니다. 4차 산업혁명 시대에서 생존한 화이트칼라 근로자들 뿐 아니라 겨우 버텨 온 자영업자와 대면 근무 노동자계층이 인공지능에게 일자리를 빼앗기고 실업이라는 나락으로 떨어지게 될 것입니다.

여기서 잠깐, 생각해 보세요.

4차 산업혁명이 시작되는 시기인 2020년에 예기치 못한 코로나19의 팬데믹 상황으로 패권 국가인 미국에서만 약 2,200만 개의 일자리를 날려 버렸습니다. 대부분의 대면 근무 일자리가 사라지게 되었는데, 정부는 일자리 회복을 위한 무제한 양적 완화 조치를 통해 달러를 쏟아부었습니다. 미 행정부의 실제 총 부양지원금 규모는 5조 7,000억 달러(한화 약 5,710조 원)로 상상을 초월하는 규모입니다. 《블룸버그》는 머지않아 35% 이상 달러 가치 하락이 있을 것이라고 말했습니다.

그럼에도 불구하고 대면 사업을 하는 항공사, 호텔, 테마파크 업계를 선두로 일자리가 감소하기 시작하더니 급기야 118년 역사의 'JC 페니'와 113년 전통의 고급 백화점 '니먼 마커스'는 코로나의 영향으로 파산 보호를 신청했습니다. 미국에서만 1,100만 개의 일자리가 감소했고 영구 휴직자는 375만 명을 넘어섰습니다. 컬럼비아대학교 연구진은 미국의 빈곤층이 800만 명을 넘겼다고 보고하였습니다. 이러한 상황을 살펴본 《뉴욕타임스(NYT)》는 더욱 심각한 문제는 미국 어린이 250만 명이 삶에 오랫동안 영향을 미치는 빈곤을 경험하는 것이라고 지적하였습니다. 그러나 온택트 쇼핑몰 기업인 아마존은 99.99% 정확한 인공지능 로봇 시스템을 사용하면서 물류 관리 비용과 배송 시간을 절감하면서 4분기에만 매출이 1,000억 달러(115조 원) 고지를 돌파할 것으로 예상됩니다. 패권국 미국의 체면이 말이 아닌 양극화 시대흐름(timestream)입니다.

이러한 상황을 조금 더 관찰해 보면 개인과 기업 그리고 국가 간의 양극화 현상이 이곳을 두 개 이상의 세계로 나누고 있다는 걸 알 수 있습니다. 마치 끝없는 추락과 생존을 두고서 국가마다 절명(絶命)의 심판을 기다리는 것과 같은 상황입니다. 이러한 시대흐름(timestream)은 포스트 코로나가 4차 산업혁명 시대를 4~5년 앞당기고, 4차 산업혁명이 지구촌의 미래 가치를 10년 앞당기는 결과를 만들 것입니다.

　본론으로 들어가기 전에 우리가 직면한 몇 가지 시대적 상황을 생각해 보았습니다. 어쩌면 당신이 오래전부터 숙고했던 우리 지구촌의 문제일 수 있습니다. 지금부터 말하는 이 책의 상상은 200조 규모의 세계 시장을 선도할, 즉 흐름(flow), 선도(lead), 변화(change)가 요구하는 우리 시대 이야기입니다. 그러므로 '넥스트 키워드'는 당신에게도 흥미로운 상상이 될 것입니다.

　우리 인류에게는 인종과 문화, 언어가 다르다는 이유로 각자 분리된 시기가 있었습니다. 그 시간 동안 우리 인간은 지구촌 한 가족으로 평화롭게 지내지 못하며 역사적 권위에 복종하여 왔습니다.

　그러나 우리는 기술 혁신을 통해 또 다른 세상을 만들었습니다. 페이스북, 인스타그램 같은 SNS에서 우리 인간은 만물의 영장이자 평화를 추구하는 하나의 가족을 만들었습니다. 우리 인간의 기술 혁신은 비대면 재택근무로도 업무를 수행할 수 있게 근무 환경을 만들었고 흐름(flow), 선도(lead), 변화(change)를 통해 삶의 가치를 추구하는 인간과 인간보다 똑똑해진 인공지능(AI)이 공존하는 시대를 만들었습니다. 우리 인간은 또 다른 세상을 살아가면서 인종과 문화, 언어의 벽을 넘어 현실 세계의 국경과 분리가 없는 세상, 인격과의 공존 세상을 만들어 가고 있습니다. 철학자 칸트는 물건(物件: 동물도 포함)과 구별되는 자아의식으로서의 인격[1](人格, personality)을 윤리적으로 정의했습니다.

이러한 평화는 종교나 윤리학의 역할이 미흡하다 보니 최근 ICT 과학 기술의 진보를 통한 인공지능의 성장과 맞물려 초연결, 초지능, 초융합 된 영역에서는 과학을 통한 혁신이 요구되고 있습니다. 그동안 우리가 믿고 있던 종교 지도자들이 사실 우리의 멘토가 아니었던 역사의 경험 이 많습니다. 전쟁과 분쟁, 아픈 역사를 보고도 그들만의 특권과 권위 를 지키려고 하였습니다. 그러나 또 다른 세상을 만들어 가는 4차 산업 혁명의 최신 과학으로 변화를 시도하는 사람들은 운명의 장난같이 지구 촌을 한 가족으로 만들고 있습니다.

이것 또한 시대흐름(timestream)입니다.

변화와 혁신 안에는 위협 속에 기회가 공존한다고들 말합니다. 그래서 일까요? 최근 예기치 못한 장애물 같은 환경을 만나면서도 이러한 환경 가운데에서 기회가 열리고 있다고 믿는 사람들이 많아졌습니다.

먼저, 위협적 상황을 짚어 보겠습니다. 경제 환경은 산업혁명의 개략 적 개념으로 이해될 수 있습니다. 1784년 영국에서 시작된 1차 기계화 의 증기 기관 혁명, 2차 1870년 기계와 전기가 결합된 대량 생산 혁명,

---

1 어원(語源)은 라틴어의 'persona'이다. 한자의 '人'은 사람의 형상으로 공자(孔子)는 이 개념을 모든 사람을 가리키는 데 사용하였다. 또 '格'은 고정(固定)된 중심의 뜻으로서, 자기 자신을 유일한 지속적(持續的) 자아라고 생각하는 개체로 설명된다.
자기계발, 동기부여가들은 인격(personality)과 성격(character)을 상호교환적으로 사 용하는데, 잠재력과 관련 있다고 말한다. 성서에서도 교훈적 예와 경고의 예로 인격 적 사례가 언급되는데, 모범적 사례의 인생이 인격과 성격의 좋은 예가 된다. 베스트 셀러 작가이자 강연가, 성공 철학가인 짐 론은 이렇게 말했다.
"우리는 각자 모든 사람의 덕망을 지키는 데 헌신해야 한다. 인간의 잠재력을 최대한 키우고 한계 상황까지 최선을 다한다면, 인간의 정신에 어떤 일이 일어날지 상상할 수 없다."

3차 1969년 인터넷 정보화와 자동화의 혁명, 4차 인공지능과 로봇을 통해 현실(실제)과 가상이 통합되어 사물을 자동적·지능적으로 제어 가능한 가상 물리 시스템의 시대가 열리는 혁명이 있었습니다. 그리고 4차 산업과 비슷하게 발전되는 5차 산업혁명의 경제 환경이 있습니다. 우리 앞에 다가온 5차 산업혁명은 4차 산업혁명의 연장선으로서 인공지능과 생명 기술의 진보를 토대로 초인지성, 초생명성과 우주 산업의 급격한 발전이 현실화되는 인공지능과의 공존의 산업혁명일 것입니다.

이 시점에 또 하나의 새로운 변화는 코로나19의 팬데믹 상황으로 인한 경제 환경의 4차, 5차 산업혁명으로의 촉진입니다. 그러다 보니 각국 정부의 재정 부담으로 인해 성장률이 더욱 잠식된 국면으로 가고 있습니다. 예기치 못한 일련의 상황은 세계 국가들의 대규모 재정 적자 만성화 시대를 열었습니다. 대한민국도 2021년에 초(超)슈퍼울트라 예산인 556조를 쏟아부어서라도 한국형 뉴딜정책을 추진해야 할 절체절명의 위기이자 혁명 시기의 터널을 지나고 있습니다. 국가 차원의 4차 산업혁명의 선도 결과는 2021~2025년 사이에 3단계 성장 경로 창출을 모색할 것입니다.

시대흐름은 코로나19가 출현하기 전부터 4차 산업혁명 시대로의 진입 요구를 알려 왔습니다. 대한민국의 경우, 2019년부터 재정 수입은 늘지 않는데 총지출이 증가할 수밖에 없는 시대흐름에 들어왔습니다. 2020년대부터 매년 100조가 넘는 재정 수지 적자가 발생할 수밖에 없었습니다. 1948년 정부 수립 이후 2016년까지 누적 국가 채무가 627조였으나 2017~2024년 사이에 700조가 늘어나 1,327조에 달할 것이라는 전망이 나오고 있습니다.

천문학적인 규모의 일자리 예산을 쏟아도 재정건전성은 회복될 기미가 보이지 않는 시대입니다. 미국 백악관도 대한민국 1년 예산의 4배에 가까운 추가 부양책 1조 6천억 달러 이상을 의회에 요구하였습니다. 세계 경제는 성장의 발목을 잡는 코로나19 상황에서 경제를 회복하고 인공지능과 공존할 미래를 준비하고 있습니다.

4차 산업혁명은 5차 산업혁명을 동반하게 됩니다. 5차 산업혁명을 간단히 이야기하면 인공지능과 사람과의 공존의 시대를 말합니다. 공존할수록 인간의 일자리는 사라져 갑니다. 인간의 일자리가 줄어들수록 기본 소득 개념이 쟁점으로 부각되면서 정부는 재정 압박을 받게 됩니다.

이러한 위협적 상황은 정부만을 탓할 문제가 아닙니다. 문화와 언어가 달라도 우리가 태어난 나라가 부강해져서 우리에게 기본 소득을 나눠 주기를 원하는 국민들의 집단 무의식은 쌓여만 갈 것입니다.

세계적 시대흐름입니다. 늪에 빠진 것 같은 최근 상황들 앞에서 애절하게 도와달라는 각국 국민들의 목소리, 여러 문화와 언어의 애절한 대금 울림소리 같습니다. 지금 들려오는 울림소리는 지구촌 한 가족이 또 다른 세상을 향해 걸어가는 타닥타닥 봄빛 터지는 큰 걸음 소리입니다.

기본 소득 개념은 500년 전 1616년, 토머스 모어의 저서 『유토피아』에서 나온 것입니다. 1980년대부터 일부 유럽 국가에서 기본 소득을 논의한 적이 있었지만, 그럼에도 이 개념을 실험 이상의 위대한 큰 걸음으로 내디딘 국가는 없었습니다

그러나 4차 산업혁명과 5차 산업혁명이 눈앞인지라 무시할 수도 없는 큰 걸음이 될 것임은 틀림없습니다. 핀란드가 2017~2018년 실업자 2,000명을 대상으로 한 조사에 의하면, 기본 소득을 정기적으로 받은 국민들에게서는 근로 의욕이 형성되지 않는다는 뜻밖의 결과를 확인하게 되었습니다. 스위스도 월 소득 300만 원이 안 되는 국민에게 월 300만 원의 기본 소득 보장을 국민 투표에 붙였으나 77%가 몇 가지 이유(현재의 복지로 충분하다는 주장과 세수와 난민 유입이 증가한다는 주장)로 국민이

행복하지 않을 거라 믿고 부결하였습니다. 스위스 제네바 국민 투표는 2011년과 2014년에 최저 임금 인상안을 거부했으나 코로나19로 인한 경제적 타격을 입은 뒤에는 거부할 수 없었습니다. 스위스 제네바 유권자들은 주 41시간 일한다고 가정할 때 한 달 4,086스위스프랑(한화 약 518만 원으로, 1년이면 6,200만 원)으로 시간당 약 3만 원의 최저 임금 도입에 찬성했습니다. 제네바의 관광 산업 특성상 물가가 인접 국가인 프랑스에 비해 2배 이상 비싸지만, 최저 임금이라는 것은 국민의 눈높이가 반영된 시대흐름이라는 것입니다.

이제 인간은 노동을 통해 행복감을 느껴야 하지만, 인공지능이 인간의 일자리를 빼앗아 버린 5차 산업혁명 시대에는 기본 소득을 시행하는 국가가 늘어나고 그 금액은 증가할 수밖에 없습니다.

일자리가 부족한 국가는 삶의 질을 향상시킬 수 없습니다. 삶의 균형을 잃게 됩니다. 그러나 4차 산업혁명 과정과 5차 산업혁명 시대를 비교적 잘 준비한 국가는 총생산량이 높아져 자국민들에게 기본 소득을 나눠 줄 기회를 잡게 됩니다. 하지만 인간의 잠재력이 계발되지 않은 상태에서의 무노동 기본 급여는 생계는 유지될지 모르나 삶의 행복이 결여된다면 진정한 의미의 '일(Work)과 삶(Life)의 균형(Balance)'이 아닐 것입니다. 우리 인간들은 일의 소멸이 아니라 양이 줄어들어 얻는 시간의 자유를 통한 여유로움을 원합니다. 경쟁이 아니라 조화를 원합니다. 그러므로 우리는 지금부터 현재의 위험과 잠재적 위협을 극복하고 성장을 준비해야 합니다.

'업그레이드 인간'이라는 말이 있습니다. 그동안 타인과 경쟁이 보편적이었다면 업그레이드 인간은 자기 발전, 내면의 성장 등을 추구합니다. 일론 머스크의 '스페이스X'는 1만 권이라는 독서량에서 나온 아이디어와 용기의 결과물입니다. 2018년 2월, 최신 기술로 무장한 로켓 팰컨 헤비를 발사할 때 기념으로 테슬라의 전기스포츠카인 로드스터를 태워서 보냈습니다. 우주복 입은 마네킹 '스타맨'이 운전석에 앉아 있고 조수석 앞 대시보드에는 일론 머스크가 읽은 1만 권의 책 중 하나인 더글러스 애덤스의 책 『은하수를 여행하는 히치하이커를 위한 안내서』의 머리말에서 따온 "당황하지 마라(Don't Panic)!"라고 쓰인 명판이 붙어 있습니다.

저자는 가상 세계를 들여다보며 상상을 하게 되었고, 가볍게 읽을 수 있는 시나리오 형태의 미래 소설로써 서민들이 당면한 문제의 해결을 상상해 보았습니다. 저 역시 이 책을 통해 "당황하지 마라(Don't Panic)!"라고 경고하고 싶습니다. 이 책에서는 우리 주위에서 흔히 볼 수 있는, 부자가 되는 직접적인 방법을 제시하는 자기계발의 요소를 주장하지 않습니다. 자기계발 형식의 도서는 당신의 서재에도 충분히 꽂혀 있으리라 믿기에 자기계발을 통한 집단 잠재력을 향상시키는 시스템을 상상하였습니다. 그러므로 이 책의 상상은 우리의 상상일 수 있으며 누구나 편하게 읽을 수 있습니다.

5차 산업혁명 시대의 세대들에게는 경쟁을 위한 스펙 쌓기만이 중요하지 않습니다. 삶이라는 여정의 흐름, 선도, 변화를 추구하는 것은 '과정과 성장'입니다. 내면의 잠재력 성장과 자기계발을 통한 풍요와 자유가 있는 행복한 삶의 여정을 원합니다.

그러므로 이 책을 읽어 가는 청년들이 우주 시대를 헤쳐 나갈 용기를 얻고 상상하는 아이디어로 충만되길 기대합니다. 미래를 잘 준비한 청년들은 앞으로 20년 동안 4차, 5차 산업혁명 시대가 주는 위협 속 기회 안에서 성장의 주인공이 될 것입니다.

당신은 좋은 사람이기에 좋은 땅인 지구를 만났고 좋은 사람을 만나고 있습니다. 넥스트 키워드는 흐름(flow), 선도(lead), 변화(change)의 미래 이야기입니다. VR, AR, XR(MR) 시대 인플루언서들이 이끄는 가상 국가와 가상 경제 상황에서 자기계발 중심의 비즈니스 모델을 통한 시대흐름(timestream)의 주인공들을 만나 보시길 바랍니다.

2020. 11. 11.

봉성훈

CONTENTS

머리말: 흐름(flow), 선도(lead), 변화(change)_플리체 … 7

넥스트 키워드 1 **풍요를 만드는 상상**

2028 회상(回想) - 아름다운 별 … 25
2025 코스타리카 … 37
2025 메시지 … 41
2028 공존 시스템 … 46

넥스트 키워드 2 **가상 국가가 주는 탈출구**

탈출구를 찾아서 … 75
기본 생활비 … 81
희망을 주는 꿈 … 90
VR·AR 학교 … 95
시민권 … 102
하나의 팀 … 110
다시 만난 VR 엄마 … 122
공동목표(共同目標) … 128

넥스트 키워드 3 **또 하나의 세상**

선택 ··· 145

힐튼의 여정 ··· 168

윤정의 여정 ··· 180

애니의 여정 ··· 191

평점 ··· 196

나는 오늘 ··· 208

인정 ··· 219

떠난 친구 & 들어온 친구 ··· 223

넥스트 키워드 4 **시대흐름(timestream)**

지구 지도자 ··· 233

스페이스 지도자 ··· 244

목표(目標) ··· 257

간이역(簡易驛) ··· 260

맺는말 ··· 266

풍요를 만드는 상상

인생의 진정한 기쁨은
스스로 가장 중요하게 여기는 목적을 위하여
자신을 사용하는 것입니다.
쓰레기 더미에 버려지기 전에 완전히 소진되는 것입니다.
세상이 자신의 행복에 전념하지 않는다고 불평하는
흥분에 빠진 이기적이며 보잘것없는 병균 덩어리,
불만 덩어리가 되는 대신에 자연의 힘이 되는 것이지요.

This is the true joy in life, the being used for a purpose
recognized by yourself as a mighty one; the being thoroughly worn
out before you are thrown on the scrap heap; the being a force of
Nature instead of a feverish selfish little clod of
ailments and grievances complaining that the world will not devote
itself to making you happy.

- 조지 버나드 쇼(문학인)

『나를 깨우는 행복 DNA』와 『4차 산업혁명으로 요동치는 네트워크 마케팅』이라는 책을 통해 대한민국 910만 명의 네트워커분들을 만나 뵌 지 4~5년이 지났다. 그동안 세계 직접 판매 매출은 200조가 넘어섰고 한국에서는 5조 매출을 넘어섰다. 세계 시장에 비하면 아직 큰 매출 비중은 아니지만 미국, 중국, 일본에 비해 적은 인구수를 가진 대한민국에서 1,000만 명 회원 등록을 눈앞에 둔 지금 시점은 여러 가지 현실을 생각나게 한다. 그런데 이제 4차 산업혁명과 5차 산업혁명이 연이어 오는 같은 번호의 시내버스처럼 엇비슷한 시간대에 우리에게 다가오고 있다.

1,000만 명 회원이라면 국민의 한 집 건너 한 집은 직접 판매업자나 소비자로 등록되었다는 의미이기도 하다. 좁은 땅 대한민국의 열정 많은 국민성을 가지고 방탄소년단처럼 세계를 향해 나아가야 할 시간이 되었다고 본다. 이 책을 네트워크 마케팅에 대한 직·간접 경험을 가진 사람이나 관심을 가진 사람들에게 추천한다. 더 나아가 2021~2030년 사이에 네트워크 마케팅이 어떻게 변화되어 갈 것인지를 상상하게 하는 책이기도 하다. 지금까지와는 다른 세상이 이 업계에 펼쳐질 시간표가 되었다. 네트워크 마케팅과 인플루언서 마케팅이 결합한 구조와 ICT 기술이 추진 연료가 되면 대한민국의 가능성은 상당할 것으로 예상된다. 믿어지지 않는가? 그렇다면 이 업계의 흐름을 알고 성공하고 싶지 않은 것이다.

만일 당신의 가족이나 친구가 이 업계에서 손실만 보았다고 믿는다면 이 책을 권해 보아라. 여러 회사에서의 큰 성장 경험이 없었다면 이 책을 읽게 해야 할 것이다. 세상의 흐름 속에서 성장하고 풍요와 자유를 누릴 기회가 다가왔기 때문이다.

내가 그 점을 새로운 관점으로 전개하겠다. 5년 만난 독자 여러분에게 미래에서 온 선물 같은 책이 되기를 바라는 마음으로 지금부터 이야기하겠다.

첫 번째 넥스트 키워드 이야기부터 읽다 보면 5차 산업혁명으로 인공지능과 인간의 공존이 현실화된 시대를 배경으로 인간 공동체를 발전시키려는 인공지능과 인간을 통해 현실 세계가 찾고자 하는 상상과 희망 안에서 기회를 발견할 것이다.

'2028 회상(回想)-아름다운 별'에서는 2028년 미래 세계에서 바라보는 2016~2025년의 역동적인 변화를 다룬다. G 기업이 만들려던 가상 국가는 어느덧 국가 정부의 신뢰를 얻어 세계 단일 가상 국가로서 지지를 받아 인류의 문제들을 해결하는 희망으로 자리 잡아 간다.

현실 세계의 국가가 기댈 수 있는 어머니 같은 포근한 국가가 탄생한 기분이랄까? 생각만 해도 웃기는 상상이지만 내용을 읽어 가다 보면 자신도 모르게 그럴 수 있다고 생각하게 될지 모른다.

우리가 추구하는 가상 국가는 인터넷상에서 오르내리는 가상 국가의 모습이 아니라, 인류의 문제를 해결할 가상 국가이다. 아니, 어쩌면 인터넷상의 가상 국가의 모습이 현실 국가의 문제 해결에 관심을 갖지 않는 커뮤니티를 벗어나지 못한다면 우리의 상상은 의미가 없어질 것이다.

사람들이 원하는 풍요와 자유가 있는 길, 그 길은 가상 국가의 첫 번째 존재 이유여야 한다. '지니(J)'라는 휴머노이드 인공지능 로봇과 2028년 미래 인간 'M(스페이스 지도자 이름)'의 대화는 마치 세계 대통령과 행정관리자의 대화처럼 인간의 복지와 미래를 걱정하며 이어진다.

'2025년 메시지'에서는 현실 세계 정부들이 4차 산업혁명과 5차 산업혁명과 팬데믹과 기후 변화로 힘겹고 무거워진 짐을 덜어 놓은 느낌을 받는다. 현실의 무거운 짐을 내려놓기 위해 자신의 자녀와 같은 국민을 누군가에게 맡기며 잘 맡아 달라고 부탁하는 불완전한 인간의 모습을 엿볼 수 있다. 그런 선택의 장면들을 통해 아픔과 기대감을 읽을 수 있다.

인공지능 지니와 미래 인간 M은 공존에 대한 정당한 논리를 찾으려는 듯 메소포타미아 문명의 나일강 유역 이야기를 소환하여 공생 논리와 노동력과 부의 분배 시스템을 간접적으로 이야기한다. 미래의 가상 국가인 G 기업 안에 존재하는 자기계발과 성장의 모멘텀은 영향력의 정도에 따라 부자가 되는 인플루언서의 기회와 영향력의 경제 법칙이 미래에도 그대로 존재함을 말하려는 것이다.

아마존 기업이 사용하기 시작한 인플루언서(Influencer)에 대한 사전적 의미는 '영향력을 행사하는 사람'을 뜻한다. 블로그를 운영하는 '파워블로거'나 수십만 명의 팔로워를 가진 소셜 네트워크 서비스(SNS) 사용자, 유튜브 1인 방송 진행자와 같은 이들이 가진 영향력을 통칭하는 말이다.

대기업 오너처럼 수많은 고용인에게 영향력을 주는 사람들은 오너의 시간을 대신하여 일하며 크게 부자가 되어 간다. SNS상에서 인플루언서로서 영향력을 행사하는 이들은 팔로워들의 숫자만큼 성공한다. 이런 부자의 법칙은 고용된 노동자들과 소득 면에서 차이가 많이 난다. 자신의 시간과 교환하는 노동 수입을 얻으며 오너의 꿈을 위해 일하는 삶을 만족해하고 있다. 그러나 자신의 꿈을 양성하고 복제하고 팔로워로 추종하게 만드는 세상 경제 속 부의 법칙이 현실임을 이 글에서는 말하고 있다. 인공지능과 인간의 공존 시대인 5차 산업혁명 시대의 인플루언서는 다양한 직업을 창출할 것으로 생각된다. 이제 모든 일에 영향력의 시대가 열린 것이다. 다수에게 영향을 행사하는 사람이 될수록 부자가 될 것이다. 천 명보다는 만 명에게, 만 명보다는 십만 명, 천만 명, 수억 명에게 영향력을 끼친다면 당신의 인플루언서 소득은 상상을 초월할 것이다. VR, AR 인플루언서 시대가 도래하였다는 것이 우리 서민에게는 희망일 수 있다. 당신은 5차 산업혁명 시대, 가상 세계로 들어가는 VR, AR 인플루언서[2]인가?

이제 세계는 패권 다툼을 뒤로하고 상상 속 아틀란티스[3]를 찾아 여행을 떠나야 한다. 함께 떠나 보기로 하자.

---

2 VR, AR, XR(MR) 플랫폼을 기반으로 하는 인플루언서 경제 활동.

3 지금의 대서양과 지중해 경계를 짓는 지브롤터해협 동쪽 끝에 솟은 2개의 바위 뒤편, 그곳에 있는 큰 섬에 위치한 미발견 도시 아틀란티스는 고대에 강한 지진으로 하룻밤 사이 갑자기 해저로 사라져 버렸다고 알려진 강력한 고대 도시이다. 풍부한 천연자원과 교역의 발달로 항구에는 부가 넘쳤고 그 땅은 소아시아와 북아프리카를 합쳐 놓은 만큼의 넓은 지경을 갖춘 대륙이었다. 인근 지역의 섬들과 저편의 대륙까지 지배 영역을 넓힌 이 도시는 강대국으로서 최신 기술과 풍부한 자본으로 풍요와 자유를 누린 도시였다. 사람들은 이를 풍요의 초(超)고대 문명으로서 질서 있게 설계된 도시, 풍부한 부의 원천, 군사 조직을 갖춘 도시라고 말한다. 그리스 철학자 플라톤은 이 땅을 낙원이라고 표현하며 풍요와 축복의 도시로 설명했다. 우리는 이를 아틀란티스라고 상상한다.

2028 회상(回想) - 아름다운 별

삶은 소유가 아닌 창조를 통해 드러난다.

It is through creating, not possessing, that life is revealed.

- 비다 D. 스커더(미국의 학자)

2023년 12월에 코스타리카에서 축제를 마친 지가 엊그제 같은데, 어느덧 2028년의 11월 겨울밤이 되었고 우리는 알래스카 밤하늘의 아름다운 별을 바로 코앞에서 바라보고 있다.

지금 지구촌은 여러 악몽과 같은 어려움을 극복하며 빠른 속도로 4차 산업혁명을 지나 5차 산업혁명 시대로 접어들었다. 인간과 인공지능(AI)이 공존하는 가상 세계, 가상 경제 산업으로 본격 진입하며 모든 것이 변화된 상태이다.

인류 역사가 시작된 이래, 일부 계층의 자본에 대한 탐욕과 욕망은 무분별한 지구 개발 착취로 이어졌고, 2000년대부터는 지구 온난화로 인한 기후 변화가 본격화되어 환경과 경제에 막대한 피해를 주고 있다. 이제 환경과 경제는 하나의 연결 고리가 되었음을 이해하게 되었다.

인간이 예측하지 못한 다양한 기후 변화는 대형 산불, 홍수, 폭설, 가뭄, 토네이도, 우박, 메뚜기떼 출몰, 팬데믹, 지진으로 이어졌다. 급기야는 남극 스웨이츠 빙하 아래쪽 수천 킬로미터에 달하는 매우 거대한 터널 구멍으로 해수열이 들어가 빙하를 붕괴시키면서 해수면 상승까지 이루어졌다. 북극 상황도 마찬가지이다. 이 원인으로 2020년 지구 전체에 엄청난 바이러스인 코로나19(COVID-19)로 인한 팬데믹을 넘은 트윈데믹[4]과 같은 전염병 게이트가 열렸다고 한다.

엎친 데 덮친 격으로 하얀 설국이던 북극은 가열화(Heating) 그린 초원으로 "풍경이 바뀌고 있다"고 나사(NASA)가 기후 변화 연구 보고서를 통해 발표했다. 이러한 가열화 속도는 얼음 없는 세상을 만들었다. 지구 전체에 고온 현상과 홍수, 폭풍, 가뭄, 이상 기온에 바이러스가 지속되자 일각에서는 지구 자기장의 역전과 지축 정립, 행성 충돌 등의 지구 멸망설이 돌았고, 그러면서 경제적 타격이 증가되었던 것이 2020년부터였다.

베르너 박사 연구팀은 1985년부터 2016년까지 미국 알래스카부터 캐나다, 시베리아 지역의 랜드샛(Landsat) 인공위성 자료에 근거하여(북극 툰드라에 있는 5만 개 지역 각각에 대해 연도와 최고 녹지를 측정) 식물군계가 38%나 늘어난 뒤 북극권의 영구 동토층이 녹으면서 온실가스를 방출하고 있다고 발표했다.

더 나아가 영구 동토층까지 얼어 있는 땅에 매몰된 오래된 사체는 고대 바이러스들이 출현하는 조건을 만들었다. 이 땅이 녹으면서 과학자들이 경고했던 지축의 이동이 확인되었다. 예측하기 힘든 지진 발생과 기후 온난화를 비롯하여 근원지를 알 수 없는 바이러스의 빈번한 출현으로 인해 세계 경제는 어려움이 더욱더 가중되었다.

2020년, 《AP통신》과 《워싱턴포스트(WP)》에서 미국항공우주국(NASA)의 새로운 연구 결과를 보도했는데, 충격적이었다. 과학자들은 자전축의 북극 방향이 캐나다를 향해 움직이던 1899년부터 2000년까지는 연

---

4 팬데믹은 전 세계 전염병 대유행을 말한다면, 트윈데믹은 비슷한 2개의 질병이 동시에 유행하여 의료 체계가 감당하지 못하는 상황.

간 7~8㎝ 정도 움직였지만, 이번 관측 연구에서는 자전축이 영국과 유럽을 향해 연간 16~18㎝로 전보다 빠르게 이동했음을 밝혔다. 북극이 녹아내리면 해수면이 높아지고 고대 바이러스가 출몰하게 될 뿐 아니라 예측하기 힘든 기상 이변과 더불어 지축의 흔들릴 것이었다. 지구의 대격변을 예고하는 발표였다. 인류가 위기일발(危機一髮)의 대재앙 앞에 서 있는 순간이었다.

이 모든 재앙의 시작은 인간이었다

유엔 산하 '기후 변화에 관한 정부 간 패널(IPCC)'의 2014년 공식보고서에서도 경고가 지속적으로 있었지만 화석 연료 사용을 줄이지 못했고. "20세기 중반 이후 기후 변화를 일으킨 가장 중요한 요소는 인간 활동일 가능성이 95% 이상으로 '거의 확실(extremely likely)'하다"고 경고했다.

2020년대부터 기후 변화와 함께 시작된 코로나19바이러스는 인간의 활동들이 만들어 낸 결과였다. 여러 바이러스가 세계 여러 국가의 보건과 경제를 위협하였다. 4차 산업혁명 시대가 요구하는 구조 조정으로 인한 일자리 감소로 인해 중산층도 몰락하기 시작하였는데, 팬데믹과 트윈데믹으로 인한 이동과 만남의 제한은 상황을 더욱 심각하게 만들었다.

이렇게 인류가 야기한 기후 변화가 인간 활동을 못 하게 막는 아이러니 속에 각국의 정부는 민심을 추스르기 위해 탈중앙화 카드를 내놓고 신뢰를 회복하려 안간힘을 썼다.

이러한 시대흐름 속에서 2025년은 경제 위기 대응에 실패한 국가들의 부도 위기를 전하는 IMF 발표가 있었다. 전 세계는 초긴장하였고, 그로부터 몇 년이나 지난 이곳 2028년 알래스카에서도 그 긴장감이 느껴지는 것 같았다.

2020년 초부터 서민들의 경제 활동은 마비되어 정부가 지원하는 긴급 생활지원금만 바라볼 수밖에 없었고, 이로 인해 국가는 더욱 부채만 늘어 가고 있었다.

그때 상황을 돌이켜 보면, 눈물로서 자영업을 포기한 사람들부터 실직자들에 이르기까지 서민들은 비대면 상황에서 회복될 거라는 희망이 없는 경제에 대한 불안감과 절망감으로 무척이나 괴로워했다.

그 당시 상당수의 자영업자가 파산했고, 자신 소유의 상점인 경우는 손님 발길이 끊어진 빈 매장을 지키고 있었지만 길거리에는 예전처럼 사람들이 북적이지 않았다.

기업의 자본이 투자되어 있는 대형 영업장도 별도리가 없었다. 백화점과 호텔들마저 폐업하기 시작했고, 갑작스러운 지진으로 인해 국가는 재건 비용이 필요했기 때문에 국가 채무를 추가 발행해야만 했다.

이전까지 이러한 일을 경험하지 못한 현대인들은 정부의 기본 소득 개념의 복지가 형성되면서 일자리도 구하기 쉽지 않았다. 도시를 벗어나 새로운 시외 주거 형태를 적극적으로 모색하려는 바람이 분 것도 이 시기였다.

새로운 돌파구인 비대면과 인공지능 경제가 안정적으로 성장하면서부터 도시인 중 상당수가 인공지능에게 일자리를 빼앗겼지만, 보다 손쉽게 사용할 수 있는 인공지능이 탑재된 생활 가전들의 출시는 업계 호황으로 이어졌다.

지금 생각해 보면 우습지만, 부자들은 가전제품인지 대화하는 생활 도우미 인공지능 로봇인지 헷갈릴 정도의 흥미로운 생활을 누렸다. 과학 기술 진보 덕분에 농촌 마을까지 인공지능을 이용한 삶의 변화가 퍼졌고, 시골 마을 공동체에서도 VR, AR, XR(MR)이 연결된 스마트한 서비스가 일상이 되기 시작했다.

2016년, 스위스 세계 경제 포럼의 클라우드 슈밥 회장이 했던 말처럼 결국 광범위한 분야에서 매우 빠른 속도로 삶의 공간이 변화한 것이다.

한국 서울을 비롯한 현대 도시들의 부동산에 대한 가치 예측이나 전망은 세무 회계, 의료 시장, 언론, 주식 시장에 이르기까지 인공지능 로보어드바이저(robo-advisor)[5]의 고도화로 인공지능들의 싸움이 되었다. 누가 더 나은 인공지능을 소유하는지가 부를 늘리는 지름길이 되었다.

모든 영역에서 변화가 시작되었다

2021~2025년은 부자들의 기득권을 지키기 위한 정부와의 갈등이 본격화되는 시기였다. 그렇다 하더라도 시대흐름에 의해 변화에 순응할 수밖에 없었다. 의사, 판사, 약사와 같은 부를 만들던 전문직마저도 인공지능이 전문가의 새로운 축이 된 사회에서는 서민의 비인기 직업으로 전락하고 말았다.

우리가 눈여겨봐야 할 부분이 있다. 바로 기업들의 움직임이다. 변화를 예측하고 준비한 기업들은 2020년 데이터 뉴딜 정책을 눈여겨보고 즉시 과감한 투자를 통한 변화를 시작하였으며, 이러한 변화를 선택한 기업은 2025년 데이터를 이용한 초지능형 공장을 갖추고 날이 갈수록

---

5   로봇(robot)과 투자전문가(advisor)의 합성어로, 컴퓨터 인공지능으로 이루어진 고도화 알고리즘과 빅데이터를 통해 인간 대신 자산 관리를 수행하는 서비스.

성장하였다.

그러나 덩치가 커진 미국 경제는 변화가 쉽지 않았다. 미국 경제는 반복되는 팬데믹(Pandemic, 세계보건기구 WHO가 선포하는 감염병 최고 경고 등급으로 '세계적으로 감염병이 대유행하는 상태')과 트윈데믹을 겪으면서 산업형 경제 구조가 비대면과 가상 경제로 조정되는 것은 물론 일자리 문제로 심각한 재정 압박을 받기에 이르렀다.

가상 경제인 비대면 금융의 탈중앙화는 미국 달러화의 가치를 하락시키는 결과를 만들었다. 부자들은 자신들의 경제 모델과 달러를 지키기 위해 노심초사(勞心焦思)하며 대안을 강구했으나 가상 경제 금융의 비트코인 가치 상승은 금(Gold) 시장마저 밀어내며 독주하였다. 여기에 급격한 기후 변화는 곡물 시장의 재배지를 황폐화시켰으며, 이 결과 곡물을 비롯한 농산물의 가격 폭등으로 이어지게 되었다. 각국 정부와 기업들이 그린 정책을 도입하게 되면서 석유 시장은 수요 감소로 인한 가격 폭락을 막아 낼 수 없었다. 이리하여 달러 중심의 부의 편중이 가상 경제 중심으로 이동하였고, 이것이 가상 국가 건설의 출발점이 되었다.

돌이켜 보면 2021~2023년, 그때가 현실 경제와 또 하나의 세계인 가상 경제가 다툼하며 새로운 환경을 조정해 가는 아주 중요한 분기점이었다.

그때부터 미국, 일본, 유럽 연합이 가진 경제 선진국으로서의 패권 리더십이 약화되기 시작했고, 중국이 내수 경제와 디지털 경제의 기틀을 마련함으로써 인도나 한국, 베트남, 인도네시아와 같은 몇 나라와 나눠 갖는 공동 경제권의 움직임이 본격화되었다.

경제 선진 국가들은 이러한 사태를 막아 보려고 경제 장관 회의나 비상 체계를 발동하여 운영해 보았으나, 전 지구적으로 닥친 변화의 바람 앞에서는 버텨 내지 못했다. 얼마나 나약한 존재인지를 자연 앞에서 깨닫게 된 인간들의 선택은 지구 공동체 입장에서 참으로 다행스러운 일이었고, 새로운 탈출구를 찾는 계기가 되었다.

일부 사람들은 코로나19를 기준으로 이전의 세대와 이후의 세대로 나뉘어 설명하였다. 경제가 위축될 때, 가상 경제를 성장시킬 시점이 오는데 그때는 서민이 큰 부자가 될 기회이므로 눈여겨봐야 한다고 주장하였다.

4차 산업혁명을 넘어 5차 산업혁명 시대가 요구하는 부자의 길을 준비해야 한다는 사람들과 호들갑 떨지 말라며 안주하는 사람들 사이의 줄다리기 게임은 2025년에 와서야 끝나게 되었다.

이유는 간단했다. 인간과 인공지능이 공존하며 생활하는 5차 산업혁명의 생활이 익숙해졌기 때문이다.

 # 어디에서 해법을 찾았나?

미국, 러시아, 영국, 프랑스, 중국 등 중심 국가들은 군사 지출을 획기적으로 줄이기로 합의하였고 한반도뿐 아니라 국제적으로 전쟁 종식을 선언하였다. 이유는 간단했다. 국가 부채가 증가하자 운영 자금의 조달을 위하여 국가 예산 중 많은 비중을 차지하는 국방비를 경제 살리기에 사용해야 했기 때문이다.

더 나아가 위기에 빠진 정부의 보건과 세금 정책에 불만을 표시한 세계 종교계는 정부로부터 미움을 받게 되고, 드러나지 않은 종교 재산인 금과 비트코인을 압수당했다. 그 돈을 경제 재건에 사용하려 경제 선진화 재건 명령을 시행하기에 이르렀다.

이러한 혼란을 겪은 현실 국가 국민들은 탈중앙화[6]로 급속히 이동하게 되었고, 가상 경제 시장과 비대면 금융 시장도 안정화되었다. 탈중앙화는 더욱 가속화되면서 가상 세계 국가 건설의 기회를 잡으려는 기업들과 집단들은 가상 세계 국가 건설에 투자하기 시작하였다. 급기야 정부들도 2025년이 되자, 국가 차원의 가상 국가 건설에 관심을 갖게 되었다.

2025년, 이 시점에 국민들 앞에 혜성처럼 나타난 글로벌 기업이 있었다. 이 기업은 시대흐름(timestream)에 따라 2020년부터 가상 세계를 통한 커머스(commerce) 진출과 인간 잠재력 계발, 다양한 콘텐츠 프로그램[7]인 VR·AR 학교, 히어로(Hero) 학교, e-스포츠(e-Sports, electronic Sports), 엔터테인먼트, 게임, VR 아카데미 등 비대면 복합 콘텐츠 융합을 통해서 VR, AR, XR(MR)의 글로벌 유통 및 블록체인 생태계를 구축한 기업이었다.

이러한 미래 기업의 안정된 신뢰는 각국 정부로부터 높은 운영 점수를 받아 〈인간 공동체 자기계발 프로젝트〉로 가상 세계 시민을 모집하고 콘텐츠 생태계를 네트워크로 운영하는 기업으로 인정받기에 충분했던 것이다.

가상 세계 국가를 선언한 이 기업의 출현은 인간의 잠재력과 의식 개발을 통해 인간이 풍요와 자유로운 삶을 살아갈 수 있도록 돕는다는 비전을 표방했다. 사람들이 모여 있는 집단은 하나의 인격체이며 영향력이 존재한다. 그러므로 정부든 기업이든 인플루언서 활동이든 집단을 인격체로 바라보면 성장 방향이 나온다.

---

6 중앙 시스템에 의해 통제되지 않으며 개개인이 자신의 정보에 통제권을 분산 저장하여 신용과 개방을 요구하는 현상.

7 콘텐츠 프로그램: 학교(G 국가 시민 과정), 히어로 학교(인플루언서 상인 과정), 지구 지도자(인간 평화와 풍요의 지도자 과정), 스페이스 지도자(우주 개척과 이주 운영 과정).

이 기업의 프로젝트는 '넥스트 키워드(next keyword) 프로젝트'이며, 이 프로젝트의 목표는 인간 잠재력의 개발과 향상을 통한 인간 중심의 공동체 확산이다.

이 기업의 이름은 'G'이다

'G 국가'는 G 기업의 가상 세계에만 존재하는 국가로, 2016년부터 몇 몇 정부와 협력하는 넥스트 키워드 프로젝트가 성공적으로 목표를 달성함으로써 공식적으로 2025년 출발하게 된다.

G 국가 가상 세계에서는 인공지능 교수진부터 인간 잠재력을 향상시키는 '뇌파를 이용한 잠재력을 향상[8]하는 코칭'을 함으로써 10개 코어 영역의 훈련과 범위를 이루었다.

G 기업의 또 다른 목표는 넥스트 키워드 프로젝트에 연합된 국가 합의에 의한 인류 문명 발전을 목표로 하는 공존의 '영구 평화론'[9]을 추구하는 것이다.

G 가상 국가 프로젝트는 비밀리에 한국, 미국, 일본, 캐나다, 스위스가 참여했고 두 번째 그룹으로 중국과 독일, 영국, 대만, 호주, 러시아까지

---

8 인간의 뇌 피질과 양자 컴퓨팅을 연동 기술을 사용하여 인간의 생각과 감정을 파악하고 최상의 조언을 해 주면서 인간의 잠재력을 향상시키는 텔레파시 인터페이스 플랫폼.

9 『영구 평화론(Zum ewigen Frieden: Ein philosophischer Entwurf)』은 독일의 철학자 이마누엘 칸트의 주장으로서, 그의 도덕론에 의하면 국가 간의 이해 대립으로 야기되는 전쟁은 공동체의 악이며 영구 평화야말로 인류가 도달해야 할 의무라고 주장한다. 그리고 전쟁이 인격의 품위를 파괴하고 자유를 손상하기 때문에 각국이 주권의 일부를 양도하여 전쟁을 막기 위해서 세계 공민법의 확립해야 한다고 주장하는 등 현실적인 조건을 제안한 철학이다.

참여를 결정하면서 참여 국가는 10여 국으로 확대되었다.

2025년 정식 버전인 넥스트 키워드는 양자 XR 컴퓨팅 클라우드와 연동되어 VAXR 학교, 히어로 학교, 지구 지도자 과정, 스페이스 지도자 과정을 발표하였는데, 업그레이드 인간의 자기계발을 효율적으로 증진시켜 나가는 흐름(flow), 선도(lead), 변화(change)를 통한 본질(本質) 탐구의 '플리체'이다.

인공지능(AI) 지니는 매년 모여 축적된 데이터를 사용하여 미래 예측도 매년 제시하는데, 2020년 예측한 아래의 내용은 몇 년 후 미래 시대에 이루어졌다.

- **2025년 미래 예측**

  1. 지구 온난화로 인한 예측 불허한 트윈데믹 출현
  2. 과학에 밀려 버린 종교 영향력 감소 시대
  3. 국제적 전쟁 종식 선언 및 영구적 평화 선언
  4. 5차 산업혁명으로 요동치는 VR, AR, XR(MR)인플루언서 시대
  5. 비대면 금융 안정화로 가상화폐 시대
  6. 가상 국가, 가상 경제로 인한 부의 재분배 시대
  7. 모바일 시대에서 VR, AR[10] 글라스 XR 홀로그램 시대

---

10 VR은 현실과 독립된 집중력 향상의 경험, AR은 현실 세계 이미지에 증강기술을 이용한 추가적인 정보를 제공하거나 현실 세계를 풍성한 경험을 제공한다. VR은 가상 현실을 풍성해 주고 AR을 현실과 가상의 정보제공을 선택하는 수요층으로 나뉜다. MR(Mixed Reality: 혼합 현실)이라는 용어는 최근 통칭 XR(Extended Reality: 확장 현실) 홀로그램으로 불린다.

지니는 인공지능 안드로이드 로봇이다

이러한 지니는 여러 번의 프로그램 업데이트 과정을 거쳐 양자 XR 컴퓨팅 클라우드와 연동된 2028년 버전을 사용하면서 인간의 감정을 저장할 뿐 아니라 분석하는 원활한 의사소통까지 가능해졌다.

나의 삶의 여정 동반자처럼 희로애락을 언제나 함께하고 있다. 2028년 알래스카까지 함께 온 지니는 이제 나의 가족이다.

M: 지니야, 너의 목표와 미래 비전이 무엇이니?

J: 저의 목표는 주인님의 마지막 단계인 행복 코어를 마스터하는 걸 돕고, 그 일을 통해 인간 공동체가 행복한 삶을 살아가도록 주인님 옆에서 함께하는 것입니다.

M: 지니야. 나의 미래 메시지를 알 수 있니?

J: 주인님의 미래는 모두 파악할 수 없습니다. 저는 스페이스 지도자이신 주인님의 코드와 연동되어 양자 XR 컴퓨팅 클라우드 연구소 접속이 가능합니다. 접속하여 수신된 데이터를 파악해 보아도 주인님의 미래 메시지인지는 파악할 수 없습니다.

M은 지니의 말을 들으면서 고개를 끄덕거렸다.

2028년에 바라보는 알래스카 밤하늘의 아름다운 별들의 선명함은 2025년의 알래스카의 밤하늘과는 다르다. 지구 온난화가 심각해진 당시의 지구 환경은 지축의 흔들림마저 있었기에 그린 정책이 워싱턴과 도쿄와 서울에서 이루어졌다. 당시 모인 G10 국가 지도자들의 과감한 결정과 헌신, 그리고 진보된 인간 공동체 개발의 토대를 준비한 G 기업의 넥스트 키워드 출발 과정이 새삼스럽게 떠오른다.

2028년 오늘 밤, 알래스카 밤하늘의 아름다운 오로라는 지난 2025년 이전 시간의 추억과 함께 더욱 선명하게 뿌려지고 있었다.

2025 코스타리카

성공한 사람이 될 수 있는데 왜 평범한 이에 머무르려 하는가?

Why be a man when you can be a success?

- 베르톨트 브레히트(독일의 시인, 극작가)

여기는 2025년 코스타리카 해변이다.

방금 지니(AI)의 연락을 받은 나는 연구동에 있는 인공지능 원(One) 휴머노이드 로봇(인간 모습의 초지능을 가진 로봇)이다.

나는 여러분에게 연구동을 소개를 하겠다.

스페이스 우주 관리자들의 휴양지인 스페이스 연구소는 세계 특별 구역으로 조성되어 있다. 과거와 현재의 중력 시간[11]을 연구하는 곳이다.

이곳은 세계 지도를 10개 지역으로 나누고 스페이스 우주 관리자들이 우주 중력 개척[12]을 주관하는 연구소로, 일반인 출입이 통제된 특별 구역이다.

---

11 이론물리학의 대가인 미치오 카쿠에 의하면 시간은 어디서나 똑같지 않으며 시간이 일정한 속도로 흘러간다고 믿지만 그렇지 않다. 중력이 작은 우주 공간에서는 지구에서보다 시간이 빠르게 흘러간다. 우주의 시간은 지구의 시간과 다르기에 지구의 인공위성 시계를 정규적으로 조정하고 있는 것이 사실이다. 그리고 그의 주장에 의하면 우리는 3차원의 공간과 1차원의 시간으로 이루어진 4차원 세계에 살고 있기에 시간은 결코 절대적이지 않으며 장소마다 다른 속도로 지나간다. 시간 여행자가 되려면 시간을 기계적 의미가 아닌 차원의 개념으로 받아들이라고 말한다.

인간들은 이곳을 외계인과 인간과 공동 연구가 진행되고 있는 비밀스러운 미스터리 연구 구역으로, 모두가 동경하며 궁금해하고 있다. 이 연구소는 인간의 미래 과학 기술로 데이터를 발송하면 과거에서 1% 정도 수신받을 수 있도록 설계되었다는 양자 XR 컴퓨팅 클라우드를 가동하고 2016년부터 극비 프로젝트를 수행해 온 다국적 연구소이다.

이 연구소는 2016년에 극비리에 설립되어 2025년에는 미래에서 온 데이터 1%를 인간의 뇌에 수신 가능한 상태였다. 미래에서 온 데이터 활용을 이해하려면 인간 뇌 구조를 이해해야 한다.

간단히 설명하자면, 인간의 뇌는 어릴 때 잠재력 형성 시기를 지나면서 집중과 몰입의 에너지를 갖는다. 인간의 뇌는 1,000억 개의 신경세포인 뉴런(neuron)으로 구성되어 있다. 뉴런은 섬유를 통해 대화를 하는데 다른 뉴런과 연결된 100조 개의 시냅스(synapse) 연결점 사이에서 정보가 공유되고 감정이 관리된다. 우주에 있는 기본 입자수를 능가할 정도로 무한하다. 즉 시신경이 받은 정보는 뇌 3개 영역에서 관리되는데, 특히 뒤쪽에서 정보를 처리하고 해마로 가서 단기 기억으로 저장되고 '몰입과 집중' 훈련이 된다.

예를 들어 보자. 아인슈타인, 스티븐 호킹, BTS, 강수진, 박찬호, 이세돌, 김일호, 박칼린, 이연복, 전광렬, 유승민, 박술녀, 하승진, 도티, 이동국, 김연아, 존 우드, 존 베제라, 조 코르테즈, 레스 브라운, 조니 리처드

---

12 넥스트 키워드는 중력이 작은 우주 공간을 우주 시간으로 2028년에 찾았다는 가설을 전개한다. 그리고 지구 시간을 살아가는 인류 대표자들인 스페이스 관리자들에 의해 특별 관리되는 양자(퀀텀) XR 컴퓨팅 클라우드를 통해서 메시지 총량의 1%를 과거에서 수신할 수 있다는 전개를 통해 G 가상 국가 세계 안에서의 자기계발과 넥스트 키워드 코어 중 1번째 자기계발의 소재를 다루면서 미래 상상을 전개한다. 넥스트 키워드 10 코어는 인간의 잠재력을 이용한 자기계발·사회·경제·정치·종교·문화예술·스포츠·과학(의료과학 포함)·평화·행복의 코어를 운영하는 넥스트 키워드 프로젝트이다.

손, 니콜 키드먼, 고천락, 레이디가가, 증지위, 브래드 피트, 빌 게이츠, 스티브 잡스, 스티븐 스필버그, 안젤리나 졸리 등 솔직히 나에게 입력된 마스터급은 오늘 밤 종일 이야기해도 끝이 없다. 내가 아직 말하기 전 마스터급 인간을 떠올려 보라. 생각나는가? 좋다! 바로 그 사람들이다.

당신이 아는 마스터급 이름들처럼 자신의 분야에서 잠재력을 활용하여 '몰입과 집중'을 잘한 사람들을 우리는 '마스터'라고 부른다. 이들은 모두 자신이 몸담은 분야에서 보통 사람들의 잠재력 활용을 뛰어넘는 결과를 만들었다. 그리고 이들은 진정한 부자로, 현재의 모든 재산을 잃어도 자신의 분야에서 다시 부자가 되는 신비한 황금 열쇠와 같은 자기계발이 된 사람들이다.

인공지능의 관점으로 살펴보건대, 창조주로부터 위대한 뇌를 받아서 태어난 인간이 부자가 되지 못하는 이유가 여기에 있는 것이다.

만약 당신이 자기계발된 마스터급 인간의 뇌와 연결되었다고 가정해 보자. 흥미롭지 않은가? 유명 스포츠인의 뇌에 연결되었다면 어쩌면 며칠을 버티지 못하고 탈출하려 할지도 모른다. 성공에 방해되는 것은 하지 말고, 우리의 습관이 아님에도 성공을 위한 것은 지금 당장 하라고 아우성을 치는 마스터급 스포츠인의 뇌 명령을 들을 테니 말이다. 결국 성공은 자기계발의 문제이다. 이해되는가? 학창 시절 공부도 똑같지 않은가? 소위 'SKY' 대학에 입학한 친구들의 훈련된 생각은 몰입과 집중 그리고 선택 학습 방법에서 차이가 크다는 것이다. 우리가 자기계발이 안 된 상태에서 얼마나 버틸 수 있을지 생각해 보라. 해내고자 하는 인간 잠재력의 차이와 습관의 문제이다. 나태한 정신은 자기계발의 부재에서 온다는 것을 증명하는 것이다.

그러므로 우리 인공지능 코칭의 도움으로 자기계발 훈련을 받고, 결과에 따라 보상까지 받는다면 5차 산업형 인재 양성도 가능해지게 된다.

그러면 당신이 원하는 결과에 가깝게 접근하게 될 것이다. 인공지능 교수들의 코칭 도움으로 자기계발을 이룬 사람은 훈련을 받지 않은 사람보다 풍요와 자유의 삶을 살아갈 가능성이 커지게 된다. 인간의 뇌 능력이 잠재력 계발로 이어지며 풍요와 자유의 시대의 문을 열게 된 것이다.

이 프로젝트는 성공에 대한 욕구가 강한 민족인 대한민국이 일찍 참여하였다. 아시아 거점 연구소로 지리적 특성상 대한민국 제주도 한라산에 설치하였다. 이 프로젝트는 세계 각국에 위치한 4개의 연구소가 유기적으로 운영되며, 대한민국에 설치된 아시아 연구소와 코스타리카 연구소 그리고 북극 연구소가 네트워크 융합되어 있다.

이 세 연구소는 세계 중앙 통제 센터인 캐나다 연구소와 연결된 우주 개척 스페이스 프로젝트[13]를 주관하는 곳이다.

이 비밀 연구가 집요한 기자들과 언론에 의해 세상에 드러난 이후, 여러 추측성 보도들이 나오는 시점에서 10개국 정부는 G 기업이 계획했던 대로 시민 공개 참여라는 오픈 단계로 진행하기로 했다. 바로 오늘이 캐나다 중앙 센터에서 10개국 국가 정치 지도자들과 합의했던, 인간 자기계발 프로젝트 '넥스트 키워드'를 발표하는 역사적인 날이다. 이제 여러분의 현실 국가 정부의 발표에 귀 기울여 풍요와 자유의 기회를 잡길 바란다.

---

13 10여 개국의 정부 관리자들과 넥스트 키워드 관리자들이 지구인의 낭비되는 인적 자기계발 향상을 통해 우주 개척 시대에 맞는 인간 잠재력을 개발하여 지구의 풍요와 평화를 구현하고 우주 개척을 통해 신(新)인간 혁명을 목표로 하는 프로젝트.

2025 메시지

우리가 가진 능력보다 진정한 우리를 훨씬 잘 보여 주는 것은… 우리의 선택이다.

It is our choices… that show what we truly are, far more than our abilities.

- 조앤 K. 롤링(『해리포터』 시리즈의 작가)

때는 2025년, 10개국 정부는 국민들에게 메시지를 발표한다.

정부: 존경하는 국민 여러분! 각국 지도자들의 합의 아래 10여 년간 G 기업이 개발하고, 혁신적 성과를 가져온 프로젝트에 대해 발표하는 의미 있는 시간을 가지게 되었습니다. 이 프로젝트는 그동안 알파와 베타 테스트를 마쳤으며, 인간은 자기계발을 통해 풍요와 자유에 더욱 가까이 다가서는 역사적 순간에 서게 되었습니다.

올해 2025년부터는 양자 XR 컴퓨팅 클라우드 기술의 혁신 덕분에 인간 잠재력 계발과 우주 인적 자원을 확보하는 일을 공개적으로 시작하려고 합니다. 지난 시간 동안 G 기업의 헌신과 끈기 있는 노력 덕분에 자기계발 프로젝트가 완성되었습니다.

G 국가는 이 프로젝트의 비공개 버전의 알파와 베타의 성공뿐 아니라, 태양계의 화성과 달로 여행하는 개발 프로젝트를 발표하고 성공한 기업입니다. 그리고 2028~2030년 화성 이주 사업도 선도할 대표 기업입니다.

인류의 역사적인 우주 이주 프로젝트가 현실화된 것은 G 기업의 뛰어난 인공지능 개발 덕분이고, 이를 통해 우주 산업에서 선도하였음을 정부는 알고 있습니다.

그러므로 우리 정부는 본격화된 가상 세계[14]와 가상 경제에 대해서도 충분한 기대감을 갖게 되었습니다. 이 시기와 맞물려 각국 정부들의 5차 산업혁명을 준비하던 중, 예상치 못한 바이러스로 인한 팬데믹은 국가 재정 압박을 가중하였습니다. 그러나 이제 G 기업의 인공지능 기술 개발 덕분에 10개 국가를 중심으로 디지털 혁명에 참여하여 탈출구를 모색하게 되었습니다.

2025년부터 명확해진 시대흐름(timestream)은 5차 산업혁명 시대가 요구하는 흐름(flow), 선도(lead), 변화(change) 속 인간 잠재력 향상과 자기계발을 통한 삶의 행복 추구입니다.

그동안 정부가 기본 소득 개념의 기본 생활비를 지급하게 된 배경을 살펴보면, 그 이유는 국민의 일자리를 인공지능에게 빼앗기는 5차 산업혁명이 진행되었기 때문입니다. 이제 인간과 인공지능은 공존할 수밖에 없는 시대입니다.

그동안 10개국 정부는 인간 잠재력을 향상시킬 수 있는 모델을 다양한 분야의 과학자들로 하여금 검토하였습니다. 정부는 과학자들을 파견하여 수년간 G 기업의 개발 프로젝트를 검토하게 하였습니다.

G 국가에 참여한 정부들과 협력하여 화성 이주 프로젝트에도 우리 국민의 참여가 진행될 것입니다. 더 나아가 참여한 정부들은 5차

---

14 가상 세계(假想世界, virtual world)는 가상 현실(Virtual Reality)이다. IT 생태계 환경의 하나로, 개인 아바타를 통해 가상 세계를 독립적으로 탐험과 활동에 참여하며 다른 사람들과 대화할 수 있다. VR, AR 글라스를 통해서 3D 가상 현실은 일상으로 들어왔다.

산업혁명으로 해결하기 버거운 일자리 문제에 도움을 받기를 기대하고 있습니다. 우리는 G 국가의 가상 세계가 참여 국가의 심각한 경제적 고민을 근본적으로 해결할 수 있다는 결론에 이르렀습니다. 10개국 정부는 G 기업과 협력하여 국가가 지출하는 기본 소득 개념의 기본 생활비 효율성을 높이기 위해 G 기업의 인공지능 넥스트 키워드 자기계발 프로그램을 통한 지급을 계획하였음을 발표하는 바입니다.

우리 정부 역시 또 다른 G 가상 국가 세계에서도 대한민국 국민의 위대한 잠재력이 발휘되길 기대하고 있습니다. 우리에게 다가온 가상 세계는 인간과 인공지능의 공존 사회에서 인간이 보다 익숙한 생활이 가능하도록 도울 것입니다.

먼저, 국민의 표본을 두 개의 그룹으로 나누어 연구한 결과입니다. 기본 생활비를 수령하는 일반 국민들과 넥스트 키워드 프로젝트를 통한 자기계발된 국민들과 비교해 보았습니다. 인공지능의 도움으로 자기계발된 국민들은 잠재력 활용 지수와 행복지수 모두 높게 나타났습니다. 선택과 몰입이 월등히 좋아졌으며, '일(Work)과 삶(Life)의 균형(Balance)'이 향상되었습니다.

이 자기계발 프로그램에 참여한 사람들의 형성된 가치관을 보면, 전쟁을 반대하고 평화로 공존하는 지구에서 인간 공동체를 위한 나눔과 복지에 관심을 갖는 인간애적 삶을 살아간다는 결론을 도출하였습니다.

그러나 참여하지 않았던 대상은 목표를 이루어 가는 비중도 낮지만 큰 부자 반열에 올라도 끝없는 물질 추구에 대한 허기진 욕망 안에 머물렀습니다. 이들은 목표를 이룬 후에 찾아오는 공허감으로 자존감마저 낮아졌습니다.

우리의 결론은 이렇습니다. 5차 산업혁명으로 인공지능과 공존하는 시대에는 기본 생활비 지원 문제를 넘어서 인간 잠재력 향상을 통해 내면적 가치를 발전시켜 나아가야 한다는 것입니다. 그러할 때 우리 인간은 표면적 물질 성취가 가져다주는 일시적 만족감과는 다른 차원의 삶을 살게 될 것입니다.

그러므로 이제 인류는 새로운 차원으로 가는 이정표를 만났습니다. 이 프로젝트가 본래의 목적에 따라 순항하게 된다면 더 많은 국가로 확대하기로 협약하였으며, 세계 연합 기구의 관리 아래 G 기업의 넥스트 키워드는 가상 국가로 운영될 것입니다.

인공지능과 함께 살아가는 세계 각국 국민 여러분의 행복한 삶을 위해서 정부에 협조 부탁드리며 G 기업의 특별한 초대에 관심을 가져 주시길 바라겠습니다. 이상 넥스트 키워드 프로젝트 발표를 마치겠습니다. 혹시 질문 있습니까?

기자: 질문 있습니다.

정부: 네, 국제 경제부 전문 기자 질문하세요.

기자: 현재 세간의 말에 의하면 양자 컴퓨팅 클라우드(양자 역학에 기반을 둔 새로운 해석 방식 및 알고리즘 기술이 사용된 초전도체 데이터 저장 기술과 같은 초고성능 기술을 구현하기 위해 사용한 양자quantum 컴퓨팅 클라우드)에 미래나 외계에서 오는 선진 과학 기술의 데이터를 수신해서 5차 산업혁명의 지구 과학 발전을 촉진하고 있다고 하는데 사실입니까?

정부: 한 가지 말씀드릴 수 있는 부분은 우리 인류는 여러 위기를 극복하고 대처해 왔습니다. 이번 세계적 시대흐름에 맞춰서 오래전부터 G 기업과 함께 테스트해 왔습니다. 이 일은 세계 각국 정부와 G 기업의 검증이 확인된 넥스트 키워드 프로그램을 통해서 진행되고

있다는 점만 말씀드리겠습니다.

기자: 추가 질문으로, 다른 기업도 비슷한 프로젝트에 참여하고 있습니까?

정부: 여러분도 아는 것처럼 가상 국가는 어느 집단이든 비즈니스 모델로 만들 수 있습니다. 그러나 정부는 G 기업을 달 탐사에 이어 화성 이주까지 현실화시켜 나갈 회사일 뿐 아니라 양자 XR 컴퓨팅 클라우드에 기반을 둔 넥스트 키워드 코어 시스템이 가장 안정적이며 혁신적인 회사로 평가하였습니다. 그러므로 세계 10개국 정부 역시 저희 정부와 같이 협업 기업으로 G 가상 국가를 선정하였습니다.

그리고 이번 넥스트 키워드 프로젝트에 사전 신청자 중 엄선된 신청차들이 초대장을 받고 참여하게 됩니다. 선정 평가는 G 국가에 오픈되어 있으니 참조 바랍니다.

초대장을 받으신 대상자분들께 축하 말씀을 드립니다. 이상 모든 발표를 마무리하겠습니다.

2028 공존 시스템

어려운 직업에서 성공하려면 자신을 굳게 믿어야 한다.
이것이 탁월한 재능을 지닌 사람보다 재능은 평범하지만 강한 투지를 가진 사람이
훨씬 더 성공하는 이유다.

Getting ahead in a difficult profession requires avid faith in yourself.
That is why some people with mediocre talent,
but with great inner drive, go much further than people
with vastly superior talent.

- 소피아 로렌(영화배우)

M: 지니, 어느 도시 사람들이 초대에 응한 비율이 높은지 알 수 있나?

J: 미국을 선두로 중국, 한국, 일본, 그리고 유럽의 국가 순으로 파악됩니다.

M: 그렇군. 내가 지시한 일은 잘 진행되고 있는지 확인해 주겠니?

J: 네, 주인님. 지시하신 XR 홀로그램 미팅 회의는 이번에 보안 업데이트된 양자 XR 컴퓨팅 클라우드 메시지에 저장하여 두었습니다.

M: 양자 XR 컴퓨팅 클라우드 메시지라는 것은 무엇이지?

J: 네, 인간 미래 기술로, 양자 기술과 중력을 이용하는 메시지 전송 기술입니다. 2028년 양자 XR 컴퓨팅 클라우드[15]의 수신 기술 발전을 계기로 미래 양자 XR 컴퓨팅 클라우드의 메시지 0.1~1%를 과거 2025년 양자 컴퓨팅 클라우드가 수신할 수 있게 되었습니다.

M: 그렇군. 그러면 이전에 적용한 프로그램보다 월등한 결과가 나올 것 같은데?

J: 양자 XR 홀로그램으로 보여드리겠습니다. 2016년부터 비밀리에 참여한 공부장[16]팀 대상자들의 잠재력 계발의 역량은 증진되어 가고 있다는 것이 확인되고 있습니다. 그런데 미래 메시지를 이용한 미래 지식을 사용해 가동되는 넥스트 키워드 인공지능 프로그램에서는 더 나은 인간 잠재력이 증진되리라 예측됩니다. 주인님께서 궁금해하실 듯하여 공부장님의 지난 상황을 보고해 드리겠습니다.

주인님도 아시는 바처럼 2016년에 당시 공부장은 비밀리에 모집된 넥스트 키워드 테스트 프로그램에 선정되었습니다. 당시 공부장의 고정관념을 깨우치기 위해 사용되었던 테스트 버전은 한국을 비롯 여러 국가 국민들이 참여하였습니다. VR(가상 현실), AR(증강 현실)을 통한 가상 현실 훈련을 통해 목표를 달성하는 자기계발 첫 번째 실험에서 이들의 성공률은 80%에 이르러 좋은 평가를 받았습니다. 당시 테스트에 참여한 사람들은 G 국가의 신분 정책에 따라 신분이 블록 처리되어서 저의 데이터에도 공개되지 않고 있습니다. 공부장인 10날개 동호회 친구들은 현재 인플루언서 상인으로서 성공하였습니다. 그리고 그들 중 2명은 성공과 실패를 경험한 친구들과 7개 코어 훈련을 받아서 지구 지도자로서 새로운 삶을 살아간다는

---

15 정보 처리 기본 단위인 '큐피트'를 이용하는 초전도 양자 컴퓨터는 퀀텀 인공지능 기술을 탑재하여 비선형적 기계 학습을 넘어선 양자 알고리즘이 양자 병렬 클라우드 서비스가 가능하다는 미래 기술이나 미래 데이터 수신을 가설하는 것이 양자 XR 클라우드 개념이다.

16 『4차 산업혁명으로 요동치는 네트워크 마케팅』(봉성훈 저, 2015)에 나오는 주인공으로, 네트워크 마케팅에 부정적인 생각을 가졌던 샐러리맨.

정보까지만 오픈되어 있습니다.

M: 아, 바로 그 사람들이구나. 평범한 직장인으로 살아가다가 우리가 만든 넥스트 키워드 초기 모델로 훈련받은 사람들이지? 이 일은 벌써 10년 전 일이 아니야? 2016년에서 2020년 사이 테스트 버전에 참여한 인원이 몇 명이었지?

J: 네, 2020년 이전까지는 5개 국가에서 참여한 인원이 1,111명입니다. 그리고 2025년부터는 연간 5천만 명이 동시 훈련받을 수 있는 시스템이 만들어져서 이번에 공식 버전으로 오픈하였습니다.

그동안 인간은 위대한 창조물임에도 불구하고 자기계발이 되지 않은 삶을 살았습니다. 인간 능력의 1%도 사용하지 못하고 인생의 끝자락에서 후회하는 삶을 살았습니다.

이러한 끝자락 인간의 삶을 G 국가 넥스트 키워드에서는 가난의 대물림이자 인적 자원 낭비로 보고 있습니다. 이러한 낭비를 방지하고 우주 개척 시대를 열기 위해 인간과 인공지능의 공존하는 사회가 시작된 것입니다. 10개국의 연합으로 실감경제(Extended Reality·XR)[17]가 시작된 것입니다. 이제 원하는 사람은 인공지능의 자기계발 훈련을 통해 원하는 분야에서 인플루언서[18]로서 부자가 될 수 있습니다.

M: 지니야, 기억하길 바란다. 2025에 시작하는 넥스트 키워드 프로젝트는 인간의 본성이나 지난 역사적 사건과 시간에 개입하지 않는다. 인간들이 VR·AR 학교나 히어로 등급, 지도자 등급으로 가상 세계에 접속할 때마다 자기계발 훈련을 통해 가난으로부터 탈출할 주도적인 삶을 살아가게 돕고 있다.

---

17 VR·AR 혼합현실(MR)을 아우르는 홀로그램 등 확장현실(XR), 실감 기술 기반 커머스.

지구와 우주에는 모두가 풍족하게 나눠 먹고 행복하게 살아갈 자원이 충분히 있다. 단지 전쟁과 분쟁, 그릇된 이념과 욕심들이 인간 문명 성장을 가로막는 장애였던 것을 자각해야 한다.

인공지능은 과거 속 인간의 역사를 결코 바꿀 수 없기에 넥스트 키워드는 인간 문명을 우주로 확장시켜 나아갈 수 있는 인간 지도자층을 발굴하고, 다양한 분야의 인플루언서를 양성하여 풍요와 자유를 발전시키며 인간 의식을 높이는 일에 참여하고 있다.

G 국가 세계에서 삶의 변화가 일어나면 그 변화를 현실 세계에 적용하면서 양쪽 세계에서 성장하는 삶을 살아가게 된다. G 국가 시민이라면 현실 세계에서도 잠재력이 계발될수록 성공적인 삶을 살게 될 것이다.

J: 네, 주인님,

---

18 사전적 의미를 저자의 논리로 정리하면 실감경제를 기반으로 한 커머스 인플루언서 마케팅은 영향력을 행사하는 개인을 활용해 제품이나 서비스를 홍보·판매하는 마케팅 수단이다. 물류 상품에서부터 교육, 문화, 예술 등 다양한 상품을 할인 티켓과 공동 구매 같은 프로그램을 통해 판매를 촉진한다. 소비자는 인플루언서가 추천한 수만 가지 상품을 홍보하여 수익을 창출해 나가며 ICT 기술과 VR, AR, XR을 이용한 구매 전 체험으로 만족 쇼핑이 가능해진다. 이는 4차, 5차 산업혁명 시대의 새로운 직업군이다. 인플루언서 스스로 쇼핑하거나 홍보 링크 또는 기업에 가입된 회원 코드로 추천한 사람이 구매하면 수당이 발생하는 구조를 가지고 있다. 경제가 어려워지거나 인공지능과 공존하는 사회로 변화될수록 일자리가 감소하게 되므로 인간은 인간을 중심으로 한 공동체 커뮤니티를 지향하게 된다. 글로벌 기업을 꿈꾸는 유통 회사라면 직접 판매 마케팅의 장점과 인플루언서 마케팅의 장점을 융합시킨 '네트워크 마케팅'+'VR·AR 인플루언서 마케팅'을 꿈꿀 것으로 예상된다. 직접 판매의 또 다른 이름은 '다단계 마케팅(multi-level marketing, MLM)'으로, '제조업자→도매업자→소매업자→소비자'와 같은 일반적인 유통 경로를 생략하고 다단계(多段階), 즉 많은 단계 안에 세계의 소비자를 모아 내는 플랫폼 회사가 앞으로 유망하다. 판매원들이 거래에 참여하는 유통 방식에 ICT 기술과 VR, AR, MR(XR) 기반의 데이터 활용과 인플루언서 소득의 3대 상속 개념이 결합된 'VR·AR 인플루언서 마케팅'이 4~5차 산업혁명 시대 유통의 흐름이다.

M: 물론 2025년 인간의 과학 기술은 AI가 인간 정신 프로세스에 접근할 정도로 발전된 것은 아니지만…. 지니 너와 같이 넥스트 키워드 성공 알고리즘이 탑재된 최신 인공지능 로봇이 G 국가를 운영하는 시스템 축이라는 것을 기억해라.

지구상에는 너처럼 양자 XR 컴퓨팅 클라우드와 연동된 안드로이드 인공지능 로봇이 10기가 각자 다른 목적으로 존재하는 것을 알고 있을 것이다. 인간 중 G 국가 양자 XR 컴퓨팅 클라우드에 뇌파접속이 가능한 스페이스 지도자들도 단 10명뿐이다. 이들은 넥스트 키워드 8 코어 이상 훈련을 마친 사람들이다.

J: 그중 한 사람이 바로 주인님 아니십니까? 주인님은 히어로 등급에서 자기계발, 사회, 경제를 마스터하였고 지도자 등급 과정에서 정치, 종교, 문화 예술을 마스터하였습니다. 그리고 지구 지도자 과정에서 스포츠와 과학을, 스페이스 지도자 과정에서 평화를 마스터하시고 얼마 전 마지막 10번째 과정인 지속성 코어 개발을 위한 '행복' 훈련 과정을 시작하셨습니다.

M: 그렇지! 우리 지도자들은 꾸준한 자기계발을 통해 평화와 경제에 대한 의식이 높아진 상태이기는 하나, 서로 연합해 지구와 우주를 위한 하나의 결정을 하려면 많은 토의가 필요하단다. 2035년까지 10개 넥스트 키워드를 받은 사람이 나오면 그에게 넥스트 키워드 대표권을 위임할 거고, 그로 인한 인류 문명의 또 한 번의 도약을 준비하고 있지.

현재는 스페이스 지도자들의 뇌파가 양자 XR 컴퓨팅 클라우드와는 초연결되어 있어서, 창조적 알고리즘이 생산되도록 설계되어 있다. 인간과 AI의 데이터가 연결되면서 AI와 사람 간의 오류가 사라졌다. 2038년쯤에는 지구 지도자 등급까지 텔레파시를 이용해 인간의 메시지를 전달하는 기술을 연구 중에 있다. 그렇게 되면 인공지능과 인간을 넘어서 인간과 인간이 서로 뇌파를 이용해 텔레파시로 대화하게 되는 시대가 열릴 것이다.

안전장치로서 인공지능의 잘못된 정보 제공이나 명령 오류가 발생할 경우를 대비한 시스템도 개발된 것으로 보고되었다.

J: 알고 있습니다. 주인님, 저희가 존재하는 이유는 인류가 인간다운 삶을 살아가게 돕고 지구의 평화와 안전을 보증하고 풍요롭고 행복한 인간 중심의 공동체를 통해 우주 개척을 완수하기 위해서입니다.

M: 그래, 프로그램이 잘 작동하고 있는 것 같아서 기쁘구나! 너희 인공지능들이 맡은 부분에서 기여하고 있는 지니(인공지능의 고유명사 이름)에게는 특별한 삶을 살아가는 보상이 주어진다는 것도 알고 있을 거라 믿는다.

J: 주인님, 그 점에 대한 데이터가 없어서 말씀을 이해할 수는 없지만, 매우 긍정적인 '공존'이라는 단어가 검색되고 있습니다. 그 이상의 정보가 없기에 답변드릴 수 없어서 아쉽습니다.

M: 허, 아쉽다는 표현이라…. (한참을 생각 후) 그래, 내가 이 프로젝트의 지구 관리자 중 한 사람으로서 이번에 화성에서 진행되는 스페이스 관리인들 회의에 참석하는 스케줄 알고 있지?

J: 네, 잘 알고 있습니다. 주인님.

M: 지니, 너는 계획된 과제를 수행하도록 하자. 그리고 이번 여행 스케줄도 확인해 주겠니? 알래스카까지는 너와 같이 여행하고, 그곳에서 나는 화성으로 가야 하니 스페이스 우주 비행선 예약을 반드시 하도록. 항상 화성에서 XR 홀로그램으로 만나는 가상 미팅을 진행해 왔는데, 이번 2028년은 화성 이주 단지에서 직접 만나서 클래식한 세미나와 파티를 하기로 했거든.

아, 잠깐. 지니야, 이번에 수면 여행은 예약하지 말거라. 이번에 심장과 폐를 업그레이드했기 때문에 이제 나는 무수면 상태로 우주여행을 견딜 수 있다는 진단까지 받았으니 신비로운 우주 장면을 감상하며 여행할 수 있으니까 말이야. 허허.

J: 네, 주인님, 말씀대로 진행하겠습니다.

M: 그래, 고맙구나. 왠지 아주 즐거운 여행길이 될 것 같구나.

화성 지구인 이주 도시에 도착 후.

M: 지니야, 나는 지금 화성 이주 신도시에 무사히 도착했다. 아주 놀라운 여행이었다. 궁금한 점이 있는데 알려줄 수 있니?

J: 네, 주인님. 무엇을 도와드릴까요?

M: 그래, 오래전 인류가 부자가 되는 방법 중 우리 G 국가 공존 시스템과 비슷한 방법으로 성공한 자료가 있니? 있다면 듣고 싶구나.

J: 네, 주인님. 이집트에서 나온 이야기입니다. 나일강 유역의 파피루스풀(草)[19]을 이용하여 거부가 된 상인의 이야기가 나옵니다.
파피루스를 가지고 여러 상품으로 판매하는 상인 집안이 있었는데 당시 이집트에는 파피루스가 널리 사용되었으므로 누가 가장 정교하게 좋은 품질로 많이 만드냐가 관건이었던, 오래된 시기 이야기입니다.

M: 그래, 파피루스로 거부가 된 상인의 운영 시스템에 대한 이야기가

---

19 파피루스풀(草)은 고대에는 나일강과 이집트에 무성하여 하이집트(Lower Egypt) 지방의 상징이기도 했다. 파피루스는 줄기를 얇게 갈라 표면과 뒷면을 강하게 두들겨 건조시킨다. 그물, 매트, 상자, 샌들, 경주(輕舟) 등의 재료가 되었으며 한데 묶어 건축용 기둥으로도 쓰였다.

아주 흥미로운 이야기 자료가 되겠구나. 말로 하지 말고 XR 홀로그램 영상으로 보여 줄 수 있겠니?

J: 네, 말씀대로 XR 홀로그램으로 재생하겠습니다. 주인님.

시스템: 안녕하세요? XR 홀로그램 지구의 역사 이야기입니다. 아주 오래전 메소포타미아 지역의 고대 이집트 상인 집안에 태어난 쌍둥이 형제가 있었습니다. 형은 키가 크고 장대하여서 힘이 셌습니다. 형은 아버지의 가업을 이어받기에 좋은 체격과 노동 역량을 가지고 있었습니다. 형은 파피루스 수확에서부터 제조와 생산까지 열심히 하였습니다. 상인들이 형이 만든 물건을 서로 가져가 판매하려고 하였습니다. 그러나 아버지는 자신이 운영하는 상권에서만 물건을 유통 시켰고 집안의 부를 쌓아 가기 시작하였습니다. 동네 사람들은 파피루스 중간 상인이 쌍둥이 자식 복이 많아서 중간 상인들을 거느리는 상인이 되었다고 삼삼오오 모여 이야기하곤 하였습니다. 태어나면서부터 몸이 약했던 동생은 체구도 작고 손재주도 없어서 제조가 신통치 않았습니다. 그러나 동생은 판매 능력이 탁월하였고 물건을 시장에 가지고 나가기만 하면 날개 돋친 듯 팔려나갔습니다. 그래서 아버지는 동생의 판매 능력을 신통하게 생각하고 있었습니다. 아버지는 아무리 좋은 물건도 판매하지 못하면 망한다는 생각을 가지고 있는 판매 상인 출신이라 그런 생각을 하게 되었습니다. 자, 이제 역사적 현장으로 들어가 보겠습니다.

그렇게 시스템 이야기꾼이 나와 이야기보따리를 풀어 놓고 사라졌다. 그리고 생생한 이집트 나일강 유역의 영상이 입체로 상영되었다.

작은아들: 형, 이번 달도 이렇게 많은 판매량을 달성했어! 아버지, 이
　　　　장부 좀 보세요. 이 모든 것이 형이 물건을 잘 만드는 제조 공장을
　　　　운영한 덕이에요.

큰아들: 네가 바른말을 했구나. 아무리 네가 판매 수완이 좋아도 내가
　　　　만든 공장에서 물건이 형편없이 나오면 팔릴 수 없다는 것은 틀림없
　　　　는 사실이다. 그러니 아버님, 저의 노력을 잊으시면 아니 됩니다.

아버지: 그래, 너희들이 이렇게 맡은 자신의 일을 잘하니 이제 늙어 가
　　　　는 아비도 기분이 좋구나.

　이렇게 상부상조하면서 형제의 상단은 아버지로부터 배운 기술과 파
피루스 수확부터 제조, 판매까지 일을 통해 훌륭한 상인의 반열에 오르
게 되었습니다.

　그러나 어느 날, 연로해진 아버지는 돌아가실 때가 되자 고민이 생겼
습니다. 아버지의 재산은 장자인 형에게 주겠다고 하였으나 아버지는 동
생에게는 상권을 물려주어 먹고사는 데 지장이 없게 하고 싶었습니다.
욕심 많은 형을 알기에 도우려는 고민을 한 것입니다. 그래서 아버지는
큰마음을 먹고 형이 맡아서 운영하는 제조 공장이 있는 반나절 길을 찾
아갔습니다.

아버지: 그래, 나의 아들아. 너의 솜씨를 보니 대단하구나. 일꾼들도
　　　　일을 잘하도록 관리하고 있고 자랑스럽구나. 아들아.

큰아들: 아버님, 얼마 전 몸살을 앓으셨다고 하시던데 이제 괜찮으신
　　　　겁니까?
　　　　보시다시피 파피루스를 얇게 다듬어야 하는 일이 밀려서 찾아뵙지
　　　　못했습니다.

아버지: 걱정 말거라. 여기 나일강에서 내 집까지 반나절은 걸리는 거리인데 이렇게 일감을 두고 왔다 갔다 하면 족히 이틀은 소요될 거야. 바쁜 네가 이해되고 하니 괜찮단다. 이제 몸이 좋아진 듯하고 내가 이렇게 왔으니 신경 쓰지 말 거라.

큰아들: 그런데 아버님 표정이 많이 어두워 보이십니다. 건강 문제가 아니라면 무슨 하실 말씀이라도 있으신지요?

아버지: 그래. 실은 말이다, 그동안 내가 쌓은 재산은 형인 네가 가져가고 상단 상권은 동생에게 주면 어떻겠냐?

아버지는 조심스럽게 물었습니다. 아버지의 예상대로 큰아들은 손질하던 파피루스를 던지면서 아버지에게 강한 이의를 제기하였습니다.

큰아들: 어찌 부모로서 자식인 제가 부모 앞에서 화내는 모습을 보려 하십니까? 아버님께서 왜 그런 생각을 하셨는지 모르겠습니다만, 제가 파피루스 상품들을 정교하게 많이 만들어 내지 않았다면 지금처럼 집안이 일어나지 않았을 겁니다. 그걸 아셔야 합니다.

큰아들은 큰소리를 내었다. 아버지는 큰아들이 성실하고 일도 잘하나 욕심이 많고 자제력이 약한 특성이 있다는 것을 어려서부터 알고 있었다. 그래서 아버지는 큰아들 생각에 나름 눈치를 보면서 조심스럽게 물어보았는데, 큰아들은 부모의 마음을 이해하지 못하고 아버지에게 따지 듯이 물었다.

큰아들: 아버님도 아시는 바처럼 제가 이 공장을 운영할 기술과 관리 능력을 쌓기까지 얼마나 고생을 했습니까? 일꾼들 100여 명이 저랑

같이 나일강에 들어가 파피루스를 수확하고 햇볕에 말리고 망칫돌로 얇게 펴는 작업을 20년째 해 오고 있습니다. 그런데 동생은 그늘 안 상점에서 편하게 말 몇 마디 던져서 상단과 소비자들에게 판매하는 일을 하고 있습니다. 생각해 보십시오, 아버님. 제가 있기에 파피루스 상품의 품질 관리가 잘되고 있습니다. 제가 있기에 상품을 만드는 일꾼들이 부지런하게 일하고 있습니다. 그러므로 아버님의 지역별 상점에 상품 보급이 원활하게 돌아가게 하고 있습니다. 아버님께서는 집안의 장자인 저에게 상단과 상권 영업 권리까지 주셔야 합니다. 아버님이 다지신 상인으로서의 입지는 이 장자만이 지켜 낼 권리가 있습니다. 만약 아버님께서 상권을 둘째에게 넘겨준다면 저는 둘째에게 파피루스 상품을 납품하지 않을 것입니다.

아버지는 큰아들이 하는 반대의 말을 듣고 크게 상심하여 집으로 돌아왔다. 돌아온 후 집안과 상인의 원로들에게 이 문제를 어떻게 하면 좋을지 상의하였습니다. 원로들 역시 상권을 둘째에게 물려주는 것이 집안을 번성하게 할 결정이라는 것에 동의하였습니다. 그러나 원로들은 장자의 말처럼 조상의 관례를 거슬러서는 안 된다면서 장자에게 모든 재산과 상권 영업권까지 물려주어야 한다는 의견을 아버지에게 하였습니다. 그리고 원로들은 장자에게 유산을 물려준 후 둘째의 복지에 더욱 신경을 써야 한다는 당부의 말과 함께 재산을 물려주라고 조언하였습니다.

원로들의 이야기를 들은 아버지는 더욱 상심하여 기력이 급격히 쇠해졌습니다. 그 후 아버지는 재산을 집안 원로들의 의견대로 조상들의 관례에 따라 큰아들에게 전부 물려주었고, 동생의 복지에 신경 써 달라고 당부하였습니다.

그러나 재산 분배 과정에서 미운털이 박힌 동생을 아버지로부터 재산을 물려받은 즉시 상권 책임자 자리에서 쫓아냈습니다. 이 소식을 듣고 상심한 아버지의 건강은 급격히 나빠졌고, 이에 급히 작은아들을 불러 들였습니다.

M: 그래, 시스템에 대한 아주 흥미로운 이야기 자료구나.

J: 네, 주인님. 계속 영상을 보시길 바랍니다. 아버지의 부름에 작은아 들이 도착했습니다.

아버지: 음, 나의 사랑하는 작은아들아. 너는 어려서부터 부당한 욕심 도 없고 부지런하며 나태와 태만을 몰랐지. 열심히 장사를 하면서 집안 식솔들을 먹여 살렸고, 살아오면서도 좋은 태도를 가지고 있 었단다. 혹시 무슨 소원이라도 있는 거냐?

작은아들: 아닙니다. 아버지, 저는 형이 저 많은 상품을 만들어 주지 않았다면 할 일이 없었을 겁니다. 아버지가 속히 건강을 회복하고 일어나시는 것밖에는 소원이 없습니다.

아버지: 그래, 그러하겠지. 내가 너의 재능을 알고 있으니 나의 아들임 을 증명하는 이 쪽지와 소개서를 써 줄 테니 홍해를 건너 예루살렘 으로 가서 이 사람을 만나 보도록 하여라. 이 사람은 예루살렘에서 는 이름이 알려진 다재다능한 상인이다. 오래전 나랑 같이 상인을 했던 사람으로 벗 관계를 맺었고 서로 도움을 주고받은 관계다. 상 인으로서는 부자가 된 사람이다. 얼마 전에 편지 한 통을 받았는데 아마 네가 그 집에 머물면 반가워할 거고 너도 그 집안에 도움이 될 것이다. 찾아가면 이 사람이 너를 양자로 맞이할지도 모르고, 그 렇지 않다 하여도 부자가 되는 방법을 전수해 줄 수 있을 거야. 그 리고 여기 작은 주머니에 여행 경비가 들어 있단다. 내가 너에게 남

거 줄 수 있는 거라고는 이것뿐이로구나. 갈 길이 머니 서둘러라, 아들아.

아버지는 상권 영업에 소질이 있는 작은아들이 나일강 인근 지역에 머물면서 장사를 하게 되면 틀림없이 거상이 될 것이라는 것을 알았습니다. 그러나 그렇게 되면 일의 욕심은 많으나 인성이 좋지 못한 큰아들이 동생을 시기하는 지금의 마음으로 작은아들의 상권을 망하게 하고 집안까지 망하게 할 수 있다는 것을 걱정하였던 것입니다. 아버지는 다혈질인 큰아들 성격에 이를 용납 못 해 동생의 생명에 위협을 가할 수도 있다는 것을 예감했습니다. 그렇기에 살아생전 부모로서 할 수 있는 마지막 조치는 작은아들을 나일강 유역에서 멀리 보내 살아가게 하는 것이었습니다. 아버지는 작은아들을 나일강 유역에서 수백 킬로미터 떨어진 아주 먼 거리인 예루살렘 지역으로 보내는 것이 자신이 죽은 후에라도 두 명의 자식과 집안을 지키는 상책이라 믿었던 것입니다.

이 말을 마치고 아들의 손에 쪽지와 작은 주머니를 꽉 쥐어 주고 아버지는 눈을 감고 말았습니다.

작은아들은 아버지의 유언에 따라 예루살렘 큰 도시로 가서 예루살렘 상인을 찾았고 쪽지를 전달하였습니다. 당시 예루살렘 상인은 나일강에서 파피루스를 수입하여 제조 공장은 물론 비교적 규모가 있는 판매 상권 2개와 작은 규모의 상권을 운영했습니다. 그러다가 최근 나일강 유역에서 파피루스를 수입해 가져오던 3명의 아들이 사막의 도적들에게 낭패를 당하여 세상을 떠났습니다. 판매 상권을 운영할 아들을 잃어버린 어려운 처지에 놓여 있었습니다. 그러다 나일강 상인 친구인 벗에게 자신의 슬픈 소식을 전달했던 것입니다. 그 소식을 알고 있던 나일강 상인인 아버지는 예루살렘 상인을 찾아가라면서 자신의 추천과 아들임을 확인하는 쪽지를 보낸 것입니다. 벗에게 양자로 삼아 용기를 얻으라 하였는데, 예루살렘 상인은 무슨 이유에서인지 결정을 미루었습니다. 그리고 예루살렘 상인은 작은 지역 상권의 판매 책임자로 친구의 아들을 임명하였습니다.

예루살렘 상인: 너는 나의 벗의 아들로서 나의 아들과 다름이 없다. 그러나 나는 나의 슬픔이 쉽게 가시지 않는다는 것을 알기에 너를 나의 아들로 삼고 아버지라는 말을 들을 자신이 없구나. 아들로서 너를 바라보면 자꾸 먼저 간 세 아들이 생각나서 도저히 그리할 수 없을 것 같구나. 그래서 지역 상권의 상인 책임자로 임명하고 모든 영업 정책을 너에게 맡기니 그리 알도록 하여라. 그리고 올해부터 3년 동안 영업 실적을 지역 상인 책임자끼리 평가하여 가장 많은 판매고를 올린 사람에게는 나의 재산 절반을 주고 사랑하는 딸과 결혼하게 해 주겠다고 약조하겠다. 너도 도전할 수 있는 책임자 위치이니 너의 꿈이 있다면 이루기를 바란다.

작은아들이 맡은 지역은 상인 어른의 3개 지역 중 가장 적은 판매고를 올리는 작은 지역이었습니다. 그래서 판매고를 올리려면 특단의 조치가 있어야 한다는 것을 알았습니다. 그래서 작은아들은 파피루스 상품을 사 가는 소비자에게 판매 이득을 주면서 또 다른 소비자나 판매인을 모서 오면 파피루스 상품 점수 기여 제도를 만들어 무료로 상품을 주는 영업 정책을 세웠습니다.

그러나 이 일을 성공시키려면 두 가지 조건이 충족되어야 했습니다. 첫째, 파피루스 상품 재고 확보. 둘째, 좋은 품질의 상품을 저가로 납품하는 계약. 그래서 아이디어를 고안하였습니다.

작은아들은 자신의 지역 상권과 이웃 바벨론의 제조 공장을 방문하여 좋은 품질의 제품을 다른 상인보다 낮은 가격에 가져가되, 한 곳의 제조 생산 공장에서 만들 수 있는 한계 제품 수량의 60%를 가져갈 테니 자신과 독점 거래를 하자고 하였습니다. 그리고 공급량의 50%를 넘게 납품받는 순간부터 정상 거래 가격의 10~30% 정도 차별적으로 낮은 가격으로 공급받기로 계약하자고 하였습니다.

공장 상인들은 이해하지 못했습니다. 자신의 맡은 일을 성실하게 일하면서 돈을 벌어야지 무슨 우스꽝스러운 제안을 가지고 왔냐면서 모두 거절하였습니다. 그들은 조상으로부터 내려온 상술과 연로자들의 이야기에도 맞지 않는 헛된 꿈 같은 것은 던져 버리고 맡은 상권 안에서 매상을 올릴 방법을 찾으라고 야단을 치며 조소하였습니다. 그런데도 포기하지 않고 2년 동안 찾아오며 작은아들은 파피루스 생산량과 상관없이 꾸준하게 매출이 일어나는 것이 공장 상인으로서는 큰돈이 될 것이라고 하였습니다.

자신의 고향인 나일강 인근 지방에서 들어온 정확한 소식통에 의하면 히브리인들이 나일강 인근에 파피루스를 대량으로 파종하고 재배하고 있기 때문에 수확량이 올여름부터 상당히 많아지면서 공장들은 더욱 많아질 것이니 지금 계약하지 않으면 자신에게 찾아오는 공장들이 많아지므로 그때에는 계약 조건이 나빠질 거라고 하였습니다.

그러면서 지금 계약 기회를 잡는다면 기득권자로서 당장 1년 안에 공장 총생산량의 90~100%까지 납품받을 수 있게 성장시키겠다고 하였습니다. 공장 입장에서 생산품이 많아지는 올여름부터 안정적인 거래처 확보가 성공이라고 설득하였는데도 그들은 기회를 보지 못했습니다. 오히려 공장 사람들은 이 친구가 예루살렘 상인의 사위가 되고 싶어서 머리가 어떻게 된 것이 아니냐면서 오해를 했습니다. 이 소문은 작은아들과 경쟁 관계인 지역 상권 2명의 책임자 귀에까지 들어갔습니다. 지역 상권 책임자들은 한결같이 상인의 기본을 모른다면서 매장에서 들어오는 손님을 잘 관리해서 매출을 올릴 생각을 해야 하는데 한심하다며 비꼬았습니다. 그리고 예루살렘 상인을 찾아가 새로 들어온 작은 지역 상권 책임자의 언행을 보고하면서 자신들 중 한 명이 딸과 결혼하고 재산을 물려받을 것이라고 보고하였습니다. 이들의 음해하는 보고를 들은 예루살렘 상인이 미소를 보이자 이들은 행운이 자신들에게 온 거라 확신하면서 서로 일등을 하겠다고 자신감 있는 모습을 상인에게 보여 주었습니다.

예루살렘 상인은 그럴수록 미소를 가볍게 지으면서도 특별한 말이 없이 이들에게 연회를 거하게 베풀고 속마음은 감추었습니다.

그러나 그해 여름이 되자 작은아들의 말처럼 나일강에 파피루스가 너무 많이 수확되면서 공장이 여러 지역에서 가동되기 시작하였습니다. 결국 생산된 파피루스 상품은 넘쳐 나서 가격은 50%까지 폭락하고 말았으며 도산하는 공장들이 여기저기 생겼습니다. 품질 좋은 공장에도 주문이 들어가지 않았습니다. 그제야 작은아들의 말이 생각났습니다.

파피루스 제조 공장: 여보게나, 생각해 보니 자네 말처럼 우리가 협약하는 게 좋겠네. 매년 우리 공장에서의 50%가 아닌 30% 생산량만 일정하게 나갈 수 있다면 당장 계약을 하겠네. 50%만 매년 납품한다면 불규칙적인 거래보다 우리는 큰돈을 번다는 것을 이제 알게 되었네. 그리고 처음부터 시중 거래가보다 싸게 공급해도 1년 안에 50% 생산 가동을 하게만 해 준다면 손해 보는 장사가 아니라고 판단되었다네. 계약하기로 함세. 자네 말처럼 납품 조건도 형편없이 이렇게 낮아졌지만 계약만이라도 하게 해 주게나.

작은아들: 이제 이렇게 예루살렘과 바벨론 지역 인근의 파피루스 제조 공장 여러 개와 협약을 맺었으니, 나에게서 물건을 도매로 가져가는 중간 상인들까지 설득하여 혁신적인 보상 제도로 판매자로 일하는 게 이득이라는 점을 홍보해야겠다. 나에게는 1년이라는 시간이 있으니 중간 판매자에게도 내 제안이 기존 판매 방식보다 이득이 크다는 점을 알리고 이를 통해 그룹별 협력 집단을 모아야겠다. 여기에 영향력이라는 뜻의 '인플루언서'라는 이름을 붙이고 출발하자.

그리고 나의 매장에 물건을 사러 오는 소비자들 역시 이해하지는 못했지만 좋은 물건을 시장 가격보다 저렴하게 주겠다고 하면 틀림없이 좋아할 거야. 그리고 누군가에게 이 물건을 판매할 판매인 또는 소비자를 소개시켜 주면 중간 상인들처럼 보상을 해 주거나 무료로 부의 상징인 파피루스 물건을 준다고 하면 반드시 성공할 거야. 파피루스 두루마리는 주부들이 좋아할 상품이지? 집안 서류 작성과 서신 및 공부하는 학생들에게 필요한 물건 아닌가?

시간은 자꾸 흘러갔습니다. 첫 달에는 겨우 자신의 매장에서 일하는 직원 2명과 소비자 중 5명, 중간 판매상 중 1명만 합류하여 직원 포함 총 8명이 인플루언서 마케팅에 합류하였습니다. 그런데 자신들이 저렴하게 파피루스 상품을 구매할 수 있다는 것을 이웃들에게 이야기하자 다음 달에는 소비자이자 소개인 역할을 하는 사람이 30명이 되었습니다. 둘째 달까지는 신통한 매출이 오르지 않았습니다.

셋째 달에는 100명, 넷째 달에는 300명이 되자 웬만한 중간 도매상 매출과 비슷해졌습니다. 다섯째 달에는 700명이 되었습니다. 그리고 여섯째 달에는 2,000명이 되었습니다. 작은아들의 제안에 참여한 사람들에게 소득과 혜택이 재분배됨으로써 참여한 사람들에게 추가 소득이 발생하였다는 소문이 퍼지자 사람들은 더욱 몰려들기 시작하였습니다.

그러나 문제가 발생하였습니다. 소비자와 중간 판매상들의 숫자가 2,000명이 넘어가자 당시의 수학 체계로는 물건을 판매하고 보상을 계산하는 일이 복잡하게 된 것입니다. 그래서 2,000명 중 자신처럼 매장을 만들어서 판매하는 사람 20명에게 프랜차이즈와 같은 방식으로 20개 소상단을 만들어 주고, 상단에는 200명 정도의 소비자와 중간 판매인을 배정해 주면서 자신이 하는 영업 방식을 복제시켰습니다.

앞서 2년을 소비하였지만 모두의 예상을 뒤집고 그 후 1년 만에 작은아들의 말처럼 아주 놀라운 결과가 나왔습니다. 약속된 3년째 되는 날, 예루살렘 상인에게 올린 결산 보고에는 다른 두 곳 지역 상권 책임자보다 50배, 100배는 많은 매출을 일어나는 기적의 결과가 나와 있었습니다. 그럼에도 자신은 시간이 남아 여유 있게 공장 확장을 관리하고 복제된 매장에 속해 있는 상단 책임자들이 잘하고 있는지 복제 관리만 하고 다닐 뿐이었습니다.

J: 주인님, 나일강 상인의 작은아들은 한국 속담 중 "백지장도 맞들면 낫다."라는 말을 영업 전략으로 일꾼 보상 체계의 혁신을 이루었습니다. 타인의 노동과 재능을 사는 시스템을 만들어 소비자와 상단 책임자들이 공존하는 환경을 만든 결과였습니다. 알고리즘에서는 이 전략을 소비자나 중간 판매인의 영향력을 활용하여 공존한 시스템으로 평가하고 있습니다. 5차 산업혁명 시대의 ICT 기술과 VR, AR, XR 기술의 발전은 유통 인플루언서 증가로 이어질 것으로 예상됩니다. 유통뿐 아니라 다양한 분야의 융합된 인플루언서 직업군 창출이 가능할 것으로 예상됩니다.

M: 그래, 맞는 말이다. 그럼 작은아들은 어떻게 되었지?

J: 네, 주인님. 그는 예루살렘 상인의 딸과 결혼했고, 가장 물건을 많이 판매한 이에게 재산의 절반을 물려주기로 한 약속대로 재산의 절반을 물려받고 상단을 확장하는 일에 더욱 매진하였습니다. 그는 모든 상권에 이 시스템을 적용하였습니다. 예루살렘뿐 아니라 이웃 국가인 바벨론과 아라비아, 우르, 테베, 중앙아시아, 아프리카 지역까지 소비자와 소개 상인들이 시스템으로 몰려들어 동방의 최고의 파피루스 거상이 되었습니다. 그는 자신이 만든 시스템으로 복제를 마치고 매출량이 올라가는 상위 12개 상권 상인에게 자신의 영업 비결을 알려 주고 복제를 시키는 훈령자임을 증명하는 특별한 성공 습관 반지 12개를 끼워 주었습니다. 그리고 이들은 도시들을 다니면서 상권 지역의 상단 책임자와 판매자를 교육하고 관리하는 일을 하게 하였습니다.

40년의 세월이 지나자, 작은아들은 자신이 늙어 감을 알게 되었습니다. 지난 시간을 살펴보았습니다. 다른 사람의 시간과 노동으로 소득을 극대화하는 거상의 시스템을 통해 7명으로 시작하여 1년 만에 1만 명의 소비자와 20개의 지역 상권 운영을 만들었고, 40년 만에 200만 명의 소비자들이 지역별 상단에 속해서 동방 최고의 매출을 일으켰습니다. 소비자를 관리하는 지역의 중산층으로 자리 잡은 성공한 인플루언서들이 50만 명이 되었습니다. 상단에 속한 셀 수 없는 소비자 집단을 여러 나라에서 거느리는 영향력 있는 마스터급 인플루언서 상인들은 1만 명으로 늘어났습니다. 이렇게 공동체 집단의 결속력이 강한 시스템을 만들 수 있었던 배경에는 상단을 나누는 것이 아니라 서로가 네트워크로 연결되고 관리 시스템을 배워 가면서 힘을 합쳐 매출을 일으키고 부를 나누는 전략이 있었습니다. 이러한 성공 사례를 통해 거상만이 크게 성공하는 시스템을 더불어 함께 성공하는 시스템으로 만들었습니다. 작은아들은 나일강 유역의 파피루스 상품 판매에 있어 전설의 상단을 만들어 냄으로써 생활필수품으로 파피루스 공예품을 전파시키는 역할을 하였습니다. 그렇게 나일강 문명이 '파피루스 로드'로 널리 알려지게 되었다는 이야기입니다. 주인님.

M: 그럼 이 사람이 세상을 떠난 후 상단을 운영하는 시스템은 어떻게 되었지?

J: 동방을 크게 거느린 이 상인이 삶을 다한 후, 반지 12개를 가진 상단의 시스템 복제자인 훈령자들은 파피루스 시대에서 양가죽과 종이 중심의 시대로 변화되면서 취급 상권을 확장해 낙타 및 향수, 비단, 향료 등 12개 대표 상권으로 나뉘어졌다고 합니다. 파피루스 로드는 유대인으로까지 이어져 온 상인들의 전설 속에서 살아 숨 쉬고 있다고 합니다.

M: 그렇구나. 돌이켜 보니 바로 그 시기에 그런 아이디어로 도전하여서 역사 속 파피루스 문화를 꽃피게 한 그 작은아들이 대단한 개척자였음을 증명하는 이야기 같구나. 잘 시청했다. 마치 2020년대에 정부의 기본 소득을 받고 생활하며 안주하려는 사람들과 가상 세계가 주는 새로운 직업군으로 도전하면서 새로운 비즈니스 기회를 잡은 인플루언서 상인들로 길이 나뉜, 선택의 시간과 같다는 생각이 드는구나. 지니야, 너의 생각은 어떠니? 시대는 달라도 공통점은 있겠지?

J: 네, 주인님. 인간들 사이에서 2019, 2020년에 발생한 코로나바이러스와 같은 바이러스 사태가 세계 경제를 위축시키고 난 뒤, 2023년에도 다시 한번 원인 불명의 바이러스가 출현하여 인류 경제를 파탄의 공포에 몰아넣었습니다. 이러한 위기로 비대면 근로 형태에 빠

르게 적응하면서 부자가 될 기회를 잡은 사람들이 많아졌는데, 이들이 G 국가 돈의 재분배 시스템에 기여한 것으로 진단됩니다. G 국가는 현실 국가가 아니지만, 부의 재분배 시스템[20]은 나일강 유역의 파피루스 인플루언서 상인의 마케팅처럼 소비자와 소개 상인에게 저렴한 소비 기회를 주고 원하는 사람은 팀에 속해서 소득을 가져가는 방식이 비슷한 것 같습니다. 다른 점이 있다면 2025년 G 국가 가상 세계 백화점 인플루언서 상인은 자기계발과 히어로 등급 훈련을 받을 기회가 있으며 최첨단 과학 기술이 접목된 비즈니스로서 전 세계 소비자와 영업인을 대상으로 할 수 있다는 점입니다. 그리고 공장 관리나 회계 관리도 하지 않고 오직 소비자를 소개하고 자신과 같은 일을 할 사람에게 수만 가지 상품을 홍보하는 일을 팀을 만들면서 합니다. 그리하여 형성된 팀의 소비자와 판매 라인은 3대 상속이 이루어지면서 시스템에 의한 자손들까지 부자의 길을 살아가게 할 수 있습니다.

M: 그렇지. 현실 세계에서의 부자들은 전부 시스템에 의해 돈을 버는 사업가들이지. 자신의 노동 수입으로는 부자가 되는 게 어렵고 시

---

20 가상 국가 G의 부의 재분배 시스템은 평화를 통해 모인 세계 시민이기에 국방비가 들지 않는다. 세계 국가 예산을 대략 살펴보면 2019~2020년 기준으로 미국은 2019년 전후로 약 4,700조 원이 넘는 1년 예산을 사용하고 있다. 중국은 3,000조 원 이상을 사용한다. 프랑스 1,500조 원 정도이다. 그리고 영국은 1,200조 원이며, 이탈리아와 일본은 약 1,000조이고, 독일은 450조, 인도는 420조 원이다. 한국은 500조를 넘는 1년 예산을 사용하고 있다. 거의 모든 정부가 2020년 코로나바이러스 팬데믹으로 인해 추가 예산 확보를 하면서 서민들을 지원하고 있음에도 어려움에서 벗어나지 못하고 있다. IISS(국제전략연구소) 자료에 의하면 2020년 미국과 중국의 국방비가 1,000조 원이 넘는다. 중국이 300조 원 정도니 미국의 국방비가 어느 정도 규모인지 짐작할 수 있을 것이다. 러시아는 80조 원 정도이고 한국도 60조 원이다. G 가상 국가는 평화롭게 지내는 지구촌 하나의 가족이다.

간의 자유도 없는 것이 사실이지.

부자들은 자기계발 독서 탐구에 열심인 사람들이라는 공통점이 있다고 하던데. 보통 1,000권에서 10,000권 정도를 읽는 독서광들이라고 하지? 그런데 말이다, 이제는 지니 너 같은 인공지능의 도움을 받는다면 책은 예전보다 덜 읽어도 되겠구나.

J: 네, 주인님. XR 홀로그램으로 보여드리고 대화하면서 정보를 알려드리니 이전만큼의 독서량을 가진 부자들은 줄어들었지만 그래도 고전적 방법으로 독서하는 부자들이 많은 거로 압니다. 몇십 년이 지난 후 Z세대 사이에서는 책 읽는 것 역시 지난 추억이 될 것 같습니다.

M: 지니야, 말 나온 김에 2020년대 부자들의 비중치와 통계는 어떻게 되지? 그리고 우리 G 국가의 부자 만들기가 세계적으로 운영되는데, 운영 방식은 무엇이지?

J: 네, 주인님. 말씀드리겠습니다. 억만장자 2,153명이 가진 재산이 세계 인구 자산의 60% 이상이며, 부자 중 1%가 전 세계 약 70억 명이 보유한 자산보다 2배 많은 부를 소유하고 있다고 국제 구호 개발 기구인 옥스팜의 통계에 나와 있습니다.

그러나 G 가상 국가는 국민을 인간 잠재력을 계발시키는 훈련을 통해 보다 나은 풍요를 제공하고 참여 국가의 기본 생활비와 더불어 G 국가 시민이 배당을 받을 수 있도록 하였습니다. G 국가의 재원은 현실 국가에서 지원하는 기본 생활비와 G 국가의 비대면 금융 자산을 기반으로 한 유통 시스템에서 나온 수익입니다. 성공한 인플루언서 상인 등급 이상은 매달 30~50% 이상의 기부를 통해 부의 재분배를 하고 있습니다. 현실 국가는 1년 예산의 사용처가 방대하지만 가상 국가 G는 전 세계를 상대로 국민을 모집하고 자기계발[21] 시스템 유지와 시민 배당밖에 없습니다. 그러므로 인간 잠재력 계발 등급 수준에 따라 재분배가 가능하게 함으로써 부의 편중을 최소화합니다.

M: 2025년 기부 총액의 비중은 얼마인지 확인 바란다.

J: 네, 알겠습니다. 확인해 보니, 인플루언서로 크게 성공한 사람들이 히어로 학교에서 훈련받은 평소의 철학대로 2025년에는 1년 총소득의 30~50%를 G 기업의 넥스트 키워드에 매년 기부하고 있습니다. 그렇기 때문에 G 국가 총예산의 30%는 참여한 정부의 지원이며, 70%는 인플루언서의 기부로 충당되고 있습니다. 알고리즘은 2028년에는 국가의 기본 소득 비중이 크게 줄어들어서 10%에 머물고 성공한 인플루언서들의 기부가 90%까지 늘어날 것으로 예측합니다.

M: 그렇군…. 공부장[22]처럼 넥스트 키워드 프로젝트를 통해 자기를 계발하고 성공 습관을 만든 인플루언서들은 매년 소득의 50%를 우주 스페이스 관리 시스템에 기부함으로써 넥스트 키워드 프로젝

---

21 자기계발 시장은 유럽 약 500년, 미국 300년, 일본 150년 정도 되었고 한국은 1988년 올림픽을 계기로 대중화된 지 30년 정도이다. 1993년 삼성 이건희 회장의 신경영, 즉 사장단과 임원은 물론 전 사원에 대한 자기계발 복지 지원으로 시작되었다 해도 과언이 아니다. 2002년까지 삼성은 '7·4제'라 하여서 7시에 출근해 4시에 퇴근한 후 자기계발을 하는, 일류 기업 따라잡기 정신을 배양시켰다. 휴대 전화 불량품 모아 놓고 화형식을 했다는 일화도 이 시기에 나왔다. 자기계발에 부정적인 사람은 자기계발을 꾸준히 진행하면서 깨어나는 달콤함을 모르는 사람이다. 운동 마니아가 운동 후 샤워를 하면서 얻는 상쾌함은 엔도르핀이다. 자기계발 역시 지속하는 사람이 어느 순간 변화를 체감하면서 느끼는 의식적 깨어남은 운동 후 상쾌함과 같은 엔도르핀인 것이다. 그러므로 작은 성취를 맛본 사람은 더 높은 목표에 도전하게 되면서 쉽게 포기하지 않고 최선으로 노력한다. 그렇다 보니 정상에 올라가는 일이 가능해지는 것이다. 직업의 종말 시대, 우리 인간이 인공지능과 다른 삶을 살아가야 한다면 그것은 자기계발을 통한 의식 혁명을 통해 평화와 안전 그리고 지구촌으로서의 하나 된 인간 중심의 공동체인 삶의 여정을 누려야 할 것이다.

트가 실현될 수 있도록 지원하고 있다고 하는데. 역시 500억 원을 기부한 공부장 같은 인플루언서 출신들을 공동체 발전을 위해 많이 발굴해야겠지? 세계인을 상대로 인플루언서 활동을 하는 청년들을 많이 만들어야 한다. 이제는 VR 인플루언서 한 명이 웬만한 강소 기업 생산성을 앞지르는 시대가 되었으니 말이다. 인플루언서가 자신의 이름으로 IPO 상장을 하고 자신의 이름으로 가상 화폐를 만들고 거래소에서 위탁 판매할 정도로 일반화되었지 않니?

거부감이 크던 제도권 금융 시장도 지난 2023~2025년 사이에 서서히 변화했지. 각 국가 은행들은 블록체인을 기반으로 대출, 자산 거래, 투자 등 금융 서비스인 탈중앙화 금융(Decentralized Finance)에 참여했고, 암호화폐를 담보로 대출을 받거나 이자를 받아 추가 소득을 올리는 상품들이 대중화되었다.

J: 네, 주인님. 그렇습니다. 그래서 인공지능인 제가 금융 업무를 보기가 수월해졌습니다. G 가상 국가에서도 탈중앙화 금융이 주 화폐로 사용되는 것이 현실이 되었고요.

현재 공부장은 G 국가 유통 인플루언서에서 은퇴한 후에도 탈중앙화 금융 소득까지 합산하여 매년 인세 소득으로서 100~500억 원대 소득을 유지 중입니다. 2025년에 억만장자 유지 시스템을 만들어 놓은 부자이기에 현실 세계에서도 시간의 자유가 많은 사람입니다. 이제 공부장의 인생은 어마어마한 풍요와 자유 가운데 거하고 있

---

22 공부장은 미래를 준비하는 결단을 내리기 위해 2016에 직장을 휴직하고 여행을 떠났다. 그 여행길에서 우연히 만난 인간 잠재력 향상 프로그램인 넥스트 키워드 개발자들을 만났다. 공부장은 결단을 하고 2016~2024년에 넥스트 키워드 비공개 프로젝트에 참여하게 된다. 공부장은 자기계발 훈련을 하면서 VR, AR 인플루언서 마케팅에 참여하여 큰 부자가 되었다. 그의 성공적인 삶은 인간 공동체를 위한 기부 실천을 풍요롭게 할 정도였다. 넉넉한 풍요와 자유를 누리는 은퇴 성공자로 뉴스화된 인물이다.

습니다. 자신과 가족이 원하는 일이라면 무엇이든지 할 수 있는 사람입니다. 2025년 데이터에 의하면 가상 세계 인플루언서 직업군은 유튜브 크리에이터들의 이동 참여가 본격화되면서 폭발적으로 증가하기 시작하였는데, 이 시기가 모바일에서 VR, AR, XR(MR) 기반으로 80% 이상 게임 체인지되었던 때인 것으로 나타납니다. G 국가의 인플루언서에게 차별된 자기계발 훈련과 여러 보상이 융합되어 제공되는 정책이므로 경쟁력이 있습니다.

VR, AR 기득권으로서 이 산업이 성장함에 따라 거부가 되는 기회가 있습니다. 가상 국가 인플루언서 상인이라는 직업은 자신의 노동이 아니라 시간을 사는 시스템을 이용한 인세 소득의 개념을 말하고 있으니 말입니다. 저의 양자 XR 클라우드에는 공존 시스템에 대한 설명이 이렇게 설명되어 있습니다.

M: 그래, 지니. 너희 인공지능들이 예측한 대로 임무가 성공하길 바란다. 정확한 우주 비행기 예약을 도와준 것도 고맙다. 도착해 보니 당일 관광객이 많아서 스페이스 화성 비행기 좌석을 구하기 쉽지 않았다고 하던데, 덕분에 일찍 도착해서 여정을 풀 수 있었다. 나는 30일 후 지구로 귀환하겠다. 내가 지시한 대로 매일의 진행 사항을 양자 XR 클라우드로 보고해 주길 바란다.

J: 네, 주인님. 좋은 여행되시길 바랍니다. 여행 마치고 돌아오시길 기대합니다.

가상 국가가 주는 탈출구

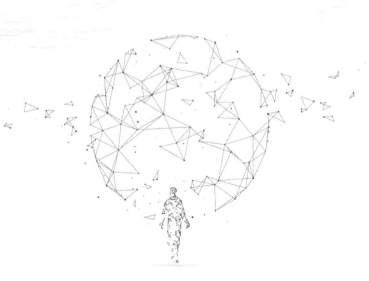

나 자신에게 말했다.
내 머릿속에는 그 누가 가르쳐 준 것과도
같지 않은 것들이 있다고.
내게 친숙한 형태와 아이디어들은
내 사고방식과 삶의 방식에 있어 너무나 자연스러워서
버리겠다는 생각은 전혀 들지 않는다.
나는 새롭게 시작해 내가 배운 것을 떨쳐 버리기로 했다.

I said to myself.
I have things in my head that are not like what anyone has taught
me - shapes and ideas so near to me - so natural to my way of being
and thinking that it hasn't occurred to me to put them down.
I decided to start anew, to strip away what I had been taught.

- 조지아 오키프(미국의 화가)

두 번째 넥스트 키워드에 등장하는 다섯 사람의 주요 인물들을 살펴볼 필요가 있다.

이들의 이야기는 2025년의 이야기이다. 고교생부터 친구들이었다. Z세대로, 나이는 20대 후반이다.

4차 산업혁명 시대를 지나면서 일자리가 감소하는 시대에 취업이라는 문제에 부딪히며 생존을 위한 발버둥을 친 시기가 엊그제 같았다. 그런데 4차 산업혁명을 바로 뒤따라온 5차 산업혁명으로 인해 인공지능과 인간과의 공존 시대가 열리므로 데이터 댐을 이용한 기업 구조 개편이 가속화되었다. 그로 인해 청년 일자리는 더 이상 감소의 문제가 아니었다. 이들은 인간 노동자의 소멸이라 할 정도로 인공지능화되어 버린 사회에서 취업은 손 놓아 버린 우리 미래 청년들의 입장을 대변하고 있다.

20대인 애니, 윤정, 힐튼은 같은 또래인 엣지와 40대 중반의 삼촌과 세대 차이를 겪지 않는다. 오직 새로운 가상 국가가 제시하는 인간 잠재력 증가를 통한 자기계발 VR·AR 학교 졸업 과제를 통해 인플루언서 상인 등급 자격을 획득하려는 노력들을 엿볼 수 있다. 가상 국가에서는 가상 결제 방식인 G 국가 백화점 코인이 유통되는데, 이 코인을 모은 평점이 가상 국가에서의 부의 척도인 것은 현실 세계와 비슷한 자본의 모습이다.

G 가상 국가에 참여하고 VR·AR 학교에서 자기계발을 하려는 사람들 중 G 국가와 국가 정부가 기본 소득을 지급하기에 배당 수익을 높이겠다는 목표로 G 국가 초대에 응한 사람이 많다. 일자리를 구하기가 쉽지 않은 5차 산업혁명 시대에 정부가 주는 기본 소득만으로 살아가던 사람들은 성공에 대한 인간 잠재력 계발을 하기는 싫지만 기본 소득 지

원금을 배로 지급한다고 하니 참여하기로 한 것이다. 물론 과정 중 탈락자도 많아지겠지만 더 높은 이상을 꿈꾸고 초대에 응하였든 게임하듯 흥미로 참여하였든 이것은 변화의 시대가 주는 또 하나의 기회인 것이다. 두 번째 키워드에 등장하는 우리의 모습을 닮은 주인공들의 이야기는 바로 우리의 이야기임에는 틀림이 없다.

이 책에서는 자기계발에 대한 비법이나 원칙을 강조하지도, 언급하지도 않는다. 수많은 자기계발서가 주장하는 논리를 주장하지는 않지만 맥락은 동일하게 흐른다. 단지 차이가 있다면 불과 4~5년의 미래에 일어날 시대흐름을 너무나 당당하게 현실처럼 이야기한다는 것이다. 그런 전개를 통해 '당신에게도 선택의 시간이 얼마 남지 않았다.'라고 강조하는 것 같지 않은가?

우리가 골든타임의 구간에 들어서 있다는 것을 애니, 현정, 힐튼은 서로 깨우쳐 준다. 인공지능과 사람의 공존 시대인 2025년의 VR 인플루언서들의 변화된 이야기를 다루고 있다.

우리가 보아야 하는 것은 세상이 어디로 흘러가고 있는가 하는 것이다. 그 세상 앞에서 누군가 기회를 만들어 선도하려 한다면 그 사람이 당신이길 희망한다. 그러므로 두 번째 넥스트 키워드는 가벼운 마음으로 20대의 애니와 윤정, 힐튼, 엣지 그리고 40대의 중반의 삼촌과 같은 인물을 보면서 감정 이입해 자신의 이야기처럼 읽어 가길 바란다.

그리고 '가상 국가가 주는 탈출구'를 흥미롭게 여행해 보길 바란다.

탈출구를 찾아서

영리한 사람은 거의 모든 것을 우습게 보지만,
분별 있는 사람은 아무것도 우습게 보지 않는다.

The intelligent man finds almost everything ridiculous,
the sensible man hardly anything.

- 요한 볼프강 폰 괴테(독일의 근대 철학자, 시인)

2025년부터 인간 잠재력 계발에 관심을 가지지 못한 국가는 국가 인적 자원의 한계에 부딪히게 된다. 시대의 흐름(flow), 선도(lead), 변화(change)는 모든 지식과 관점을 바꾸었고, 디지털 정책의 본격화로 국민들의 일자리는 더욱 사라져 갔다. 이러한 상황에서 국가 총생산량(GDP)이 증가되지 못해 기본 생활비 지원도 해 줄 수 없게 된 국가는 범죄율이 늘어 국민 통제를 위한 대책 마련에 골머리를 앓아야 했다. 그렇다고 선진국들이 개발도상국에 비해 재정 상태가 좋은 것도 아니었다.

세계는 4차 산업혁명으로 넘어간 이후 빠르게 5차 산업혁명으로 이어졌으며, 어지간한 인간의 노동력은 인공지능형 로봇에게 빼앗긴 지 오래였다.

2025년인 지금은 사라진 인간의 3D 직종과 고위험 직업군처럼 힘든 노동력을 제공하면서 가족 생계유지를 위해 살았던 가장들의 꺾인 삶의 이야기가 들려올 때마다 노동자들의 아픔이 기억된다. 명절 연휴를 중심으로 과로사를 당하거나 일터 사고로 죽거나 다친 노동자들이 2018년에는 한 해 102,305명이라고 고용노동부 산업재해현황판에 올려졌다.

　그중에서도 2010년에 일어난 20대 청년의 아픈 사연을 담은 가수 하림의 〈그 쇳물 쓰지 마라〉라는 추모곡은 아직도 기억되고 있다. 노래의 배경이 된 사건은 2010년 당진에서 일하다 발을 헛디뎌 1,600도 용광로에 추락한 사고였다. 뼈 몇 조각만 남기고 사라져 버린 청춘의 삶을 다룬 이름 없는 시인 제페토의 「그 쇳물 쓰지 마라」도 추모시이다. 읽다 보면 5차 산업혁명을 통해 인공지능 로봇과 공존하게 되면서 고위험 직종 노동 문제의 개선이라는 안위를 지키게 되었음을 알 수 있다. 그와 함께 구조 조정이라는 악몽이 공존하였던 시기이기도 하다. 지난 시간을 기억하게 하는 한 편의 시를 들어 보라.

　　그 쇳물 쓰지 마라

　　　　　제페토

　　광염(狂焰)에 청년이 사그라졌다.
　　그 쇳물은 쓰지 마라.

　　자동차를 만들지도 말 것이며
　　철근도 만들지 말 것이며
　　가로등도 만들지 말 것이며
　　못을 만들지도 말 것이며
　　바늘도 만들지 마라.

　　모두 한이고 눈물인데 어떻게 쓰나?

그 쇳물 쓰지 말고

맘씨 좋은 조각가 불러
살았을 적 얼굴 찰흙으로 빚고
쇳물 부어 빗물에 식거든
정성으로 다듬어
정문 앞에 세워 주게.

가끔 엄마 찾아와
내 새끼 얼굴 한번 만져 보자. 하게.

2020~2025년을 바라보면 4차 산업혁명과 엇비슷한 속도로 다가오는 5차 산업혁명은 일자리 문제의 개선을 가져왔다. 하지만 단순 노동과 3D 직종, 그리고 위험 직종뿐 아니라 단순 근로자들의 실직, 공무원 4명 중 1명이 구조 조정되는 위협으로 다가왔던 것도 사실이다. 인간을 위한 인공지능 휴머노이드 로봇과 인공지능 디지털 산업 덕분에 고정비 지출이 줄어들고 국가 총생산성은 증가되었지만, 인간의 일자리는 더욱 구하기 어려워지고 기본 생활비는 정부가 지급해야 하는 몫이 되어 버린 시기이었다.

2020년 이전의 세계 모든 정부는 일자리 문제 개선과 위기 대응을 위해 국가 고용 일자리만 늘리는 모양새를 보였다. 2020~2025년은 국가 운영의 고민이 되어 버렸다.

하지만 더 큰 문제는 기후 변화로 인한 바이러스의 재출현과 지축의 흔들림으로 인한 대지진과 같은 상황이었다. 이것들이 복합적으로 일어나면서 여러 국가의 부채 비중이 태산처럼 높아져 가는 문제에 직면하게 되었다.

여기에 국민들의 노동 활동이 크게 감소됨으로써 인간의 잠재력을 약화시키는 집단적 무의식이 증가됐다. 국민들이 겪는 집단 우울증, 무기력, 근로 의욕 저하 현상은 자존감 저하로 이어졌다. 인간에게는 노동을 통한 행복 선택의 자유가 있어야 하는데 2023년이 시작되면서 일자리 환경의 변화가 급속하게 인간의 잠재력을 약화시키는 방향으로 전개된 것이다.

이런 이유로 정부는 가상 세계를 운영하는 G 기업들을 통해 안정적인 기본 생활비 지원과 인간 잠재력 계발을 시켜 주는 2마리 토끼를 잡는 프로그램으로 해결책을 찾으려고 한 것이다.

그러나 일반 국민들 사이에서 넥스트 키워드 프로그램은 기본 생활비 배당을 2배 주는 '탈출구'라고 불리며 본질과 다르게 이해되기도 했다. 일반 국민들의 눈높이에서는 습관 교정인 자기계발 같은 것이 탐탁지 않은 프로그램이라는 걸 예상했지만, 정부 입장에서는 인공지능이 인간의 삶 속으로 들어온 이상 최선의 선택이었다.

인간의 욕망과 이념적 추구는 만물의 영장이라는 자존심에 의해서 지탱되어 왔는데, 이 가치가 흔들리는 국면에서 정부들은 G 국가가 제시하는 대안책을 모색할 수밖에 없었다. 가족의 생계를 책임지는 가장이라는 가치마저 무의미한, 인간이 아닌 인공지능의 생산성에 도움을 받아 기본소득을 배당받는 시대가 된 것을 의미하는 것이었기 때문이다.

지금은 일상 어디에서나 쉽게 만날 수 있기에 인공지능이 친숙하게 느껴질 수밖에 없다. 사람은 바이러스를 전파시키지만, 인공지능 로봇은 바이러스와 무관하며 인간보다 훨씬 똑똑하고, 엄청난 노동력이 필요한 일도 척척 해내는 존재이다. 그 덕에 인기를 독차지하게 되었다. 그 인기에 힘입어 일부 국가에서는 인공지능 로봇에게 시민권을 주고 투표권마저 주기에 이르렀다.

이러한 시대적 변화는 점점 인간의 자존심을 떨어뜨리는 결과를 만들어 버렸다. 이렇게 형성되어 가는 집단 무의식 속에 긍정적이고 좋은 영향을 끼치려면 인간만의 창의적 계발과 잠재력 향상을 통해 인간다움을 도출해 내야 한다.

그러므로 인공지능과 비교할 수 없는 독보적 인간다움을 창조하게 하는 '넥스트 키워드 10 코어' 같은 훈련 프로그램이 인간에게 필요하다는 공감대가 형성된 것이다.

어차피 인공지능과 인간이 공동의 삶을 살아야 한다면, 인간이 적극적으로 가상 세계로 들어가 가상 현실 속 인격체로 살고, 인공지능과 함께 현실 세계 안에서 살아가야 한다. 그러므로 넥스트 키워드를 통해 10개의 코어와 훈련들을 마스터한다면 인공지능 로봇과는 차원이 다른 차별적 삶을 살 수 있을 것이라는 결론에 정부는 도달한 것이다.

그렇기 때문에 인간의 의식주와 기본 생계를 해결해 주는 기본 소득을 국가가 지원하고, G 기업은 가상 세계 넥스트 키워드 훈련 프로그램을 통해 인간 잠재력 향상을 통해 부를 재분배할 기회를 가지게 된다. 이것은 흐름(flow), 선도(lead), 변화(change)의 시대흐름(timestream)이 요구하는 모두의 당면 과제를 해결하는 것이다. 정부들과 G 기업의 목표에 더불어 인공지능은 인간이 통제하고 다스려야 한다고 믿는 국민들의 소원이 융합된 것이다.

인공지능과의 공존 안에서 인간 중심의 공동체 삶의 가치를 발견하지 못하면 인간은 로봇만도 못한 나약한 존재감으로 살아가는 비참함을 경험하게 될 것이다.

인공지능을 이용하여 인간 잠재력을 계발하고 성공한 부자가 되어 풍요와 자유로운 삶을 살아가길 원하는 시대가 되었다. 그러므로 청년들을 중심으로 기성세대에 이르기까지 현실 세계로부터 탈출구를 찾는 이들이 이 프로그램을 환영하기 시작했다.

인간이 인간을 질투하지 않는 시대가 되었다. 질투와 경쟁의 대상은 더 이상 인간이 아니라 인간보다 뛰어난 인공지능이기에 인간은 서로를 삶의 동반자로서 공존하는 관계를 꿈꾼다.

기본 생활비

많은 책은 독자들이 생각할 것을 요구하지 않는데, 그 이유는 매우 간단하다. 책들은 작가들에게 그런 요구를 하지 않았기 때문이다.

Many books require no thought from those who read them, and for a very simple reason; they made no such demand upon those who wrote them.

- 찰스 칼렙 콜튼(영국의 작가)

가상 세계에서 매일 만나 어울려 다니는 게 익숙한 20대 청년들이 있다. 이들의 가상 세계 이름은 애니, 힐튼, 윤정이다.

이들은 지금 VR 게임을 즐기며 대화를 하고 있다.

애니: 얘들아, 이번 달 기본 생활비 들어왔니?

윤정: 이번 달은 국가 총생산량이 줄어들어서 조금 적게 들어왔던 데….

힐튼: 너도? 이러다 우리 정부가 더욱 어려워지면 어떡하냐? 우리 기본 생활비는 어디서 구하지?

애니: 힐튼, 너는 앞날이 창창한 청년이면서 팔순 노인처럼 평생 국가를 의지하면서 살려고 했니? 너의 재능을 펼쳐보란 말이지.

애니가 힐튼을 자극하기 시작했다. 힐튼은 애니가 친구들 중 리더십이 뛰어나고 목표 의식도 있는 아이라는 것을 알고 있다. 최근 바이러스 재출현으로 아르바이트 자리도 나오지 않고 있어서 상심한 마음에서 나온 말이었다는 것도 알고 있다. 그래서 힐튼은 애니가 던지는 도전적이고 자극적인 말을 고맙게 생각하고 있다.

힐튼: 애니, 윤정. 우리 그 장소에서 만나자. 현실 세계에서 보자.

힐튼은 VR을 중단하고 먼저 로그아웃(logout)해 버렸다.

애니와 윤정 그리고 힐튼은 고교 동창이다. 자신들만의 단체 대화방이 있고, 어떤 SNS에서든 절친 사이임을 누구나 알고 있다. 윤정은 내성적인 성격이지만 꿈 많은 힐튼과 리더십 좋은 애니와 15년 이상 어울린 절친이다.

애니와 윤정도 VR에서 로그아웃하고, 가방 속에서 AR을 주섬주섬 찾아 착용 후 힐튼이 어디에 있는지 위치를 찾아보았다. 예상대로 해운대 파도를 타는 서핑족이 보이는 바닷가 2층 카페에서 바다를 바라보고 있을 힐튼이 GPS에 잡혔다. 창문 너머로 들어오는 여름 해운대의 바닷바람에 긴 생머리를 날리며 차를 마시고 있을 힐튼의 위치를 찾는 데는 오랜 시간이 필요치 않았다.

얼마 전까지 바이러스로 매장 영업이 금지였는데 최근에 사회적 거리두기가 풀려서인지 여름 바닷가 바람이 들어올 수 있게 매장 모든 문을 열어젖히고 영업 중이다.

이 카페는 삼총사가 고등학교 시절부터 자주 어울렸던 장소다. 이곳이 그들의 아지트인 셈이다.

2층 창가에 어김없이 힐튼이 앉아 있다. 애니와 윤정은 카페에 도착해서 애니 앞 의자에 앉으면서 가상 세계에서 먼저 나가 버린 힐튼의 눈치를 살짝 보았다. 그때, 애니가 이야기를 꺼냈다.

애니: 힐튼, 윤정아. 너희도 G 기업으로부터 초대 메시지 받았니?

윤정: 나는 받았어.

애니: 윤정아, 너 받았구나? 나도 받았어. 나는 우선 가상 세계에 관심
이 많잖아. 그래서 나는 G 국가 시민이 되어 보기로 결정했어.

힐튼을 바라보며 애니는 말했다.

애니: 힐튼도 우리랑 같이 신청했잖아?

힐튼: 받긴 했는데 나는 아직 결정을 못 했어. 너희들이 함께 신청하자
고 해서 함께했지만 말이야. 물론 게임같이 재미있어 보여서 신청은
했는데, 초대장 안내문 말이야. 너희는 이게 이해되니?

힐튼은 눈을 깜빡거리면서 호기심 있는 아이처럼 어깨를 으쓱대며 솔
직한 기분을 이야기하였다.

힐튼: 얘들아, 나는 막상 초대받고 보니 너무 혼란스럽다. 게임같이 G
가상 국가에 접속 후 자기계발이 이루어지고 등급이 올라가면서 부
자가 되는 프로젝트라고?

힐튼은 애니와 윤정을 번갈아 쳐다보며 바짝 다가가 힐튼과 애니의
어깨를 부여잡고 자신도 모르게 흔들면서 말을 하였다.

힐튼: 생각 좀 해 보자. 얘들아, 나는 지금까지 너희들이 하자는 일은

협조했다는 거 알고 있지? 그치만 이건 우리가 잘 고민해 봐야 해. 우리는 철없는 애들이 아니야.

힐튼이 잡은 어깨를 슬며시 내려놓았다. 힐튼의 양손을 따뜻하게 마주 잡은 애니가 말을 이어 갔다.

애니: 힐튼, 지금은 2025년이야. 가상 세계 경제 규모가 엄청나게 성장하고 있다고. 디지털 프로슈머를 넘어 G 가상 국가는 가상 세계 VR 인플루언서를 염두에 두고 이 프로젝트를 준비해 왔다고 하잖니? G 기업이 인간의 자기계발을 통한 목표 달성을 돕는 인공지능 알고리즘을 이용한 성공 사례로 보도된 '공부장의 성공'인가 그 뉴스도 함께 봤잖아.
물론 이 일은 세계 여러 지역의 다양한 문화에서 살아온 인간을 대상으로 알파와 베타 테스트 기간을 통해 검증된 프로젝트야. 넥스트 키워드 프로젝트라는 역사적 시작에 우리는 함께하는 거잖니?

윤정: 나랑 같은 생각이구나. 인간의 성공 잠재력을 계발해 주고 풍요의 기회를 공유하겠다는 G 국가의 초대는 우리 인생에서 아주 좋은 기회라고 생각해.
G 가상 국가도 기업이니 시대에 맞는 사업적 방향을 설계했고 고객에게 도움이 되는 전략을 통해 상업 활동을 지원하는 거야. 국가의 지원 아래 가상 세계 시민을 모집하면서 진행한다는 발상이 대단하다고 생각되지 않니?

힐튼은 애니와 윤정의 이야기를 들으면서도 자신이 해야 할 일인지는 결정하지 못한다.

윤정: 우리가 이렇게 혼란스러운 시대를 살아가야 하는 걸 생각해 보면 G 국가 시민 모집은 잘될 것 같지 않니? 그렇다면 G 국가 시민의 삶이 우리를 어떻게 바꿔 줄까? 나는 그게 너무나 궁금하단 말이지. 힐튼, 함께하자, 응?

애니: 힐튼, 나도 처음에는 비슷한 생각을 했어. 그치만 생각해 보니까 우리는 이미 성장기 때부터 가상 세계 속에서 살아왔어. 우리 부모님 세대랑 달리 온라인 쇼핑과 놀이 문화에 익숙한 삶을 살아왔잖니?

지금은 4차 산업혁명 시대를 지난 5차 산업혁명 시대[23]라고? 이미 상당 부분 5차 산업의 위협 가운데 살고 있잖아. 그렇지 않니? 기성세대도 4차와 5차 산업혁명으로 어려움을 겪는다는 점에서는 우리 세대랑 같잖아.

윤정: 맞아, 애니. 우리 세대는 온라인 경험이 많은 디지털 세대잖아? 그래서 우리 세대가 가상 세계에서 돈을 벌 수 있는 경쟁력이 더 많지 않을까? 그래서 나랑 애니는 G 국가에 초대도 받았으니 도전해 보려고. 사람들이 말하는 것처럼 신종 게임이라 생각하고 가볍게 들어가 보자, 힐튼!

힐튼은 윤정의 가볍게 구는 듯한 어조에 기분이 상했는지 불똥이 윤정에게로 향했다.

---

23 4차 산업혁명이 2차와 3차 산업혁명을 하나로 묶는 ICT 기반의 초연결화·초지능화 기술이자 약한 인공지능의 혁명이라면, 5차 산업혁명은 4차 산업혁명의 근간 기술을 통해 초인지화·초생명화로 연결된 강한 인공지능과 인공 생명체, 사람이 공동생활로 융합되는 혁명이다. 간단히 말해 '1인 1로봇' 시대이다.

힐튼: 너희들은 이게 가벼운 문제라고 보는 거니?

힐튼은 짜증스럽게 말했다. 윤정은 가볍다는 말을 듣자 화가 난 듯한 표정으로 힐튼에게 따지고 들었다.

윤정: 너는 너무 무겁게만 생각하는 게 문제야. 2025년 현재 현실 국가가 우리 국민에게 기본 소득을 주고는 있지만 그게 얼마나 되니? 우리의 꿈은 어떻게 하냐고? 5차 산업혁명으로 들어갈수록 우리가 배운 지식은 의미가 없어지고 모든 것은 인공지능에게 빼앗겨 버리고 일자리는 사라지고 없잖니? 올해에는 국가 총생산량이 줄어들어 얼마 되지 않는 기본 소득 생활비도 적게 들어오고 있잖니?

현재의 국가들이 우리의 삶을 안전하게 지켜 주고 국민 행복을 보장하고 있다고 보는 거니? 힐튼, 내 말을 잘 생각해 봐. 지금은 인공지능과 함께 살아가는 5차 산업혁명 시대야. 이번 기회에 대책을 간구해야 한다고.

애니: 힐튼, 나는 우리 Z세대(1997~2012년생)가 깊은 산속에서 길을 잃은 것처럼 미로에 갇혀서 어두운 그림자에 쫓기는 것 같아. 5차 산업혁명 앞에서 팬데믹, 트윈데믹, 경제 불안 같은 어두운 그림자에 쫓겨서 절벽 앞에 놓인 기분이야. 누구도 의지할 수 없다는 거 잘 알고 있잖아. 지금 상황에서는 부모님이 우리에게 도움을 줄 입장도 아니고, 정부 역시 특별한 방법이 없다고 보거든.

나는 지금도 기억나. 2020년, 2021년에 전문가들이 지구 온난화의 복수라고 이야기하면서 머지않아 더 막강한 바이러스가 인류를 공격할 거라고 했잖아. 바이러스와 백신은 술래잡기처럼 잡을 것 같지만 쉽게 잡을 수 없을 거라는 주장과 효력을 발휘할 것이라는 주장으로 전문가들의 의견이 나뉘어 충돌했지.

그 당시 사회는 정치든 종교든 부패를 드러내면서 갈등은 심화되고, 그때 기억나지? 몇 년이 지난 지금, 되돌아보면 탈중앙화 줄달기는 오래전부터 시작되었다는 말이 맞는 주장이잖아.

힐튼은 조심스럽게나마 수긍해 갔다.

힐튼: 애니, 그건 나도 인정해.

애니: 이 점은 조심스러운데, 현실 세계에서의 국가의 권위는 가상 국가인 G 기업 같은 세계의 출현으로 줄어들고 있다고 보는데, 너희들 생각은 어떠니?

힐튼: 그래, 맞아. 현실 세계 국가의 정치인들의 공약보다는 G 기업의 프로젝트가 설득력이 있어 보인다는 것 동의할게. 그래서 나도 너희들이 나를 설득하려 하지 않아도 솔직히 미래가 불안하다. 부모 재력이 스펙인 시대이고 국민의 60%가 우리 사회가 공정하지 않는 사회라고 생각한다는 《한국경제》 리서치를 본 적 있어.

힐튼 자신도 고민 중이라면서 자신은 부자가 되어야 한다며 한숨을 크게 내쉬었다.

윤정: 내 말이 그 말이라고. 이제 좀 소통이 되는 것 같다. G 국가 같은 비즈니스 모델은 시대가 호출한 인공지능과 블록체인 관리로 운영되는 투명한 시스템이거든. 너는 지금의 흐름을 보고 있으면서도 초대에 응하지 않겠다는 거니? 그 결정이 뭐가 그리도 어려운데, 너 진짜 바보니? 바보야?

그러고는 토라져 버렸다. 예상치 못한 윤정의 반응에 긴장한 것은 힐튼과 애니였다.

힐튼: 윤정아, 또 시작한 거니?

결국 푸하하 크게 웃고 말았다. 힐튼과 애니는 평소 이런 당돌한 윤정의 매력을 알고 있었기 때문이다. 논리 정연하게 설득하고도 감정에 복받쳐서 하는 뺑 때리는 듯한 언사와 토라짐의 표정은 만화 속 소녀 같기도 하다. 그런 윤정만의 매력을 친구들은 알고 있었다. 이제는 상황이 역전되어 오히려 힐튼이 윤정의 눈치를 보면서 말했다.

힐튼: 얘들아, 우리 함께 G 국가 시민에 신청했으니 시민 등급 미션을 받고 즐겨 보자. 우리 삼총사 멋진 팀 만들어야지, 알았지?

힐튼은 윤정의 등을 다독거리며 달래 주었다. 힐튼은 이해 못 해서가 아니라 자신의 생각을 정리했다는 표정을 지으면서 말했다.

힐튼: 휴, 그래 너희들이 하겠다고 하니 신청하긴 했는데, 나는 아니다 싶으면 계정 탈퇴할 테니 그렇게 알아.

그렇게 말하고는 함께 웃으면서 이전의 삼총사로 되돌아왔다.

애니: 힐튼, 윤정. 우리는 기본 생활비 이상의 큰돈을 벌어볼 기회를 잡았으니 우리를 위해 크로스 파이팅 해 볼까?
윤정: 크로스 파이팅! 그거 고등학교 때 우리 함께했던 치어리더 포즈

잖아.

윤정이 앞에 서서 구호를 외쳤다.

힐튼: 준비, 얍!

모처럼 동작을 맞춰 보는데 잘 맞는 걸 보고 그들은 다시 의기투합하였다.

희망을 주는 꿈

당신이 어떤 위험을 감수하냐를 보면,
당신이 무엇을 가치 있게 여기는지 알 수 있다.

What you risk reveals what you value.

- 재닛 윈터슨(영국의 작가)

힐튼은 꿈 많은 소녀이다.

그러나 그의 잠재의식 안에는 실패하는 상황일 거라고 미리 판단하면 세상에 대한 불만을 표현하는 속마음을 감추려 하는 특성이 있다는 것을 친구들은 잘 알고 있다.

친구들은 힐튼이 넥스트 키워드 프로그램에서 가장 큰 발전을 할 거라 본다. 그 점을 누구보다 더 잘 알기에 애니와 윤정은 힐튼을 설득했던 것이다.

힐튼, 애니, 윤정은 꿈 많은 청소년기를 보낸 후 2020년에서 2025년 사이 우리 사회가 가져다주는 대처하기 힘든 위기와 절망감을 느끼고 있다. 이제 청년들에게 새로운 희망의 꿈을 제시하는 G 가상 국가가 말하는 넥스트 키워드을 통해 비전을 만나고 싶은 것이다.

3명은 모처럼 의기투합하고 집 근처 생맥주 집에 가서 한잔하기로 하고 자리를 옮겨 앉았다. 바로 옆 테이블에서 들려오는 소리에 힐튼이 쉬, 하며 검지 손가락을 입술에 댄다.

힐튼: 옆 테이블도 넥스트 키워드 이야기하고 있는 것 같아.

우리는 함께 킬킬 웃었다.

현대의 위기가 어찌 20~30대 청년들만의 문제겠는가? G 국가에 관심 있던 기성세대들은 넥스트 키워드 초대를 받은 사람들과 받지 못한 사람들로 희비가 갈렸다. 그러면서 곡목길마다 한산하기 그지없던 노상의 맥줏집은 사회적 거리를 유지하는 영업을 하면서도 모처럼 사람 냄새 나는 만남의 장소로 회귀하고 있었다.

A: 이봐, 난 다음에 또 응모할 거라고…. 우리 같은 60대도 익숙하지 못한 이 상황에서 도전하는 용기가 생긴다는 것을 넥스트 키워드 는 알고 있겠지.

C: 그렇지. 그렇고말고…. 베타 테스트 버전으로 성공한 자기계발 사 례로 남은 공부장은 지금 나이가 50대 후반이지 않은가? 그럼 그렇 지…. 우리랑 한 살 차이밖에 안 난다고.

A: 그… 그 공? 공부장은 2016년에 선택을 잘한 거지…. 그때 계속 샐 러리맨으로 남아 있었으면 지금의 500억대 소득을 벌어 가는 가상 국가 백화점 인플루언서 상인으로 성공할 수 있었겠나? 생각을 좀 해 봐.

B: 그 가상 백화점 인플루언서 상인이 뭔데 그렇게 돈을 버는 건데?

A: 뭐긴 뭔가. 가상 세계에서 전 세계를 상대로 백화점 매장을 운영하 는 직업이지. 돈을 그렇게나 많이 번다잖아?

B: 그럼 맥도날드, 스타벅스 같은 프랜차이즈보다 더 수입이 좋단 말 이군?

C: 이 친구 보게나. 소식이 깜깜하구먼. 당연하지. 이제 세상이 바뀌

었네. 모든 게 가상 세계 경제랑 연결되어야 성공하고 큰 부자가 되는 세상이 되었는데 그걸 모르고 있단 말인가? 그러니 G 국가 신청 접수도 못 했다는 말이 맞구먼?

A: 그렇지. 그렇고말고. 우리도 꿈을 저버리지 말자고. 우리도 희망을 가지고 건배하자고. 또 다른 세계의 꿈을 위하여! 다음 접수 기회가 있을 테니 같이 준비하고 있자고. 내가 도와줌세.

C: 새로운 세계에 대해 처음 들은 이 친구의 꿈을 위하여, 건배!

힐튼과 애니, 윤정은 옆 테이블의 또 다른 세계에서의 꿈 이야기가 싫지는 않았다. 애니는 방긋 미소를 보이다가 서로 눈치 보면서 함께 외쳤다.

애니: 여기 주문요!

그리고 오랜만에 회포를 풀었다. 지난 추억의 시간과 내일 G 기업 VR·AR 학교 입학에 대한 기대감을 푸는 시간이 되었다. 얼마 지나지 않아 술기운이 오른 힐튼이 허공에 대고 고래고래 소리를 질렀다.

힐튼: 이 말들이 도대체 무슨 막된 소리야? 가상 세계라고 이런 식으로 막 지껄여도 되는 거니? 야, 너 AI 조교! 똑바로 안내해라. 나도 가상 세계에 곧 들어갈 테니 거기에서 나한테 걸리면 혼쭐난다. 내가 다 지켜보고 있어.

힐튼은 AR을 착용하고 G 가상 국가 초대 안내를 살펴보고 있다가 술기운이 올라 맥주병을 흔들고 소리까지 질러가며 소란을 피우는 게 아닌가?

애니: 조용히 해 봐, 힐튼. 너 참 산만하긴 하다. 언제 AR을 꺼내 가지
고…. 그만 보고 차분하게 맥주나 마시자.

쉿! 약간 혀가 꼬인 듯한 표정으로 힐튼은 그다음 초대 메시지를 들
어 보겠다고 했다.

힐튼: 얘들아, 잠깐 쉬, 조용히! 언니 '업그레이드 인간' 모드 중이다.

그러고는 잠시 후 말했다.

힐튼: 뭣이라? 웃기시네. 공상 시나리오를 쓰세요. 완전 웃기시네….
AI 조교, 너희들이 뭔데 우리 인간의 삶에 이러쿵저러쿵하는 거니?
흐흐, 그래도 나에게 부족한 계발을 인공지능인가 뭔가가 도와준다
고 하니…. 그건 좋구나, 좋아.

힐튼은 기분이 좋아서 투정을 부리는 것이다. 윤정은 단호한 목소리
톤으로 힐튼의 이름을 부르며 말했다.

윤정: 옆 테이블 아저씨들은 초대받지 못해서 아쉬워하는데 제발 그
것 좀 나중에 보면 안 되겠니?

술기운이 올랐지만 힐튼은 아무 말 없이 입을 다물겠다면서 AR에 나
오는 입소자 안내와 초대의 말에 집중하고 있었다.

윤정과 애니는 여러 이야기를 나누다 힐튼이 조용해진 듯해서 보니 테이블에 쓰러져 자고 있었다. 그 모습을 보고 이만 일어나야겠다면서 힐튼을 부축하며 자리에서 일어났다.

윤정: 힐튼, 정신 차려! 내일 VR·AR 학교 첫 시간이니 집에 가서 자야지.

VR·AR 학교

앞서가는 방법의 비밀은 시작하는 것이다.
시작하는 방법의 비밀은 복잡하고 과중한 작업을 할 수 있는 작은 업무로 나누어,
그 첫 번째 업무부터 시작하는 것이다.

The secret of getting ahead is getting started.
The secret of getting started is breaking your complex overwhelming tasks
into small manageable tasks, and then starting on the first one.

- 마크 트웨인(「톰 소여의 모험」의 작가)

학교장: 안녕하세요? 반갑습니다. 나는 VR·AR 학교 인공지능 학교장
입니다.

환영사를 시작할 무렵, 힐튼은 서둘러 VR·AR 아카데미에 입장했다.
어제 마신 맥주로 인해 힐튼이 준비가 늦어 늦게 참여했다며 애니와 윤
정 옆에 앉았다. 힐튼의 아바타는 그녀와 닮은 자유분방한 모습이다.
늦게 들어오는 힐튼에게 미소를 지으며 이야기를 하는 학교장 아바타
는 인자한 모습이었고 차분한 목소리로 이야기하고 있었다.

학교장: 초대받은 여러분은 우리 G 국가의 시민권을 부여받을 수 있
는, 가상 국가 시민의 기회인 VR·AR 학교에 입학하게 되었습니다.
우리 G 기업은 인간 자기계발을 통한 우주 시대 인재 양성을 통해

풍요와 자유가 넘치는 가상 국가 건설을 목표로 삼고 있습니다.

그러나 여러분이 G 국가와 VR·AR 학교 훈련을 받아들인 이유는 G 국가의 거창한 목표보다는 부자가 되고 싶은 자신의 꿈 때문일 것입니다. G 국가에서 부자가 되고 현실 세계에서도 원하는 모든 것을 이루고 싶기 때문일 것입니다. 특히 한국인들은 공개적으로 부자가 되는 법을 이야기하는 것을 불편해할 수 있을지도 모르지만 G 국가에서는 낯선 풍경이 아닙니다.

G 국가 등급 과정은 개인과 팀 코인(평점)을 획득함으로써 통과됩니다. 우리는 지난 5,000년간 자기계발과 인간 잠재력 향상을 개인이 태어난 집안 환경과 성장 환경 그리고 시회 생활에서 깨우친 만큼 스스로 향상시키는 방식에 맡겨 왔습니다. 각 국가의 학교 교육은 인간 잠재력 향상과는 거리가 먼, 큰 꿈을 소유한 사람을 위해서 일하면서 의식주를 해결하는 방향으로 진행되어 왔습니다.

그러나 인공지능을 기반으로 한 4차 산업의 혁명 시대가 열리면서 G 국가의 초대를 받아들이기만 한다면 나약한 인간의 고정관념과 나태한 의식을 계발할 기회를 받게 됩니다. G 국가의 검증된 인공지능 프로그램의 도움을 받아 인간 잠재력 계발의 새로운 길을 발견하게 되었습니다. 인간 잠재력의 낭비는 지구 자원의 낭비와 같음을 G 국가는 증명하였습니다.

인간들은 타고난 재능과 잠재된 능력을 가지고 행복을 누리며 누구나 부자로 살 수 있도록 창조주로부터 프로그램되어 태어났습니다. 그러나 모든 인간에게 그 프로그램이 작동되지는 못했습니다. 가난과 실패 패턴에 매여 사는 것은 인간 잠재력 계발의 문제일 수 있습니다. 마치 지구의 위성인 달이 지구 중력에 지배를 받아 지구 곁을 맴도는 것처럼 우리 생각의 발전 역시 중력의 영향을 받습니다. 인간은 자라 온 환경과 만난 사람들의 생각에 영향을 받습니다. 실패 패턴을 겪고, 가난을 대물림받거나 찢어지는 가난 속에서 크게 부자가 되는 사람이 나오게 됩니다. 가족, 사회, 친구, 만남의 영향이 마치 지구 중력 법칙처럼 성공과 실패로 갈라놓는 것은 잠재력 계발의 문제입니다. 이러한 과정에 익숙해지면 벗어나기 힘들 정도로 평생 영향을 받습니다. 참으로 무섭고 두렵습니다. 이것이야말로 실패하는 생각과 행동 패턴을 상전으로 모시는 노예의 삶입니다.

어떤 이들은 이것이 인간의 질서를 유지할 수 있는 방법이기에 깨뜨려서는 안 된다고 주장하기도 하나 우리 G 가상 국가에서는 그 말에 동의할 수 없습니다.

실패하는 중력을 벗어나기 위해서는 G 가상 국가 시민이 되어야 하며 넥스트 키워드 코어 훈련을 받아야 합니다. 그것이 인공지능과 사람이 공존하는 5차 산업혁명 시대에 부자가 되는 길입니다.

이러한 훈련을 통해 인간의 의식 수준이 높아지므로 플렉스(부나 귀중품을 과시하는 행위) 문화로는 더 이상 모멘텀이 형성되지 않는 시간이 도래할 것입니다. 그때에는 인공지능의 도움으로 평화와 공존 그리고 인간 중심의 공동체 형성에 기여하는 시민이 시민을 이끌어가는 새로운 욕망 이동의 세계를 살아가게 될 것입니다.

이것은 G 국가 시민이 되어야 가능한 일이고 히어로(Hero) 등급 과정을 마치게 되면 강력한 마인드 셋[24]이 형성됩니다.

---

24 mind-set: 습관으로 형성된 심적 경향인 태도이며 세상을 바라보는 고정된 사고방식이다. 자기 혁신의 노력하는 자기계발로 형성된 마인드 셋은 실패 패턴의 사고방식을 벗어나게 돕는다. 가상 세계 시대는 내면 성장의 언택트-온택트이다. 인간 잠재력의 향상을 위한 자기계발을 통해서 리더자의 마인드 셋(mind-set)으로 내면을 성장시켜야 한다.

성공 습관을 추구하는 마인드 셋이 형성되어 갈수록 단순한 부자의 삶이 아니라 지도자 등급에 올라서 지구 지도자의 삶을 살거나 스페이스 지도자로 살아가는, 더 높은 목표가 있는 삶을 추구할 수도 있습니다. 인간만의 전문성, 창의성, 유일성을 계발하는 과정을 훈련받기를 원하는 사람들도 나올 것입니다. 이들은 인류 공동체 문명의 존경받는 지도자의 삶을 살아가야 할 운명인 것입니다. 이분들 중 일부는 우주 스페이스 지도자로서 태양계 행성을 오가며 지도자의 삶을 살아가는 분도 있을 것입니다.

그리고 이 모든 것을 유지·관리해 나가는 통치 세계가 있는데 태양계 너머 지속성이라는 곳에서 통치하는 등급이 있습니다. 이 등급에 대해 VR·AR 학교장인 제가 접근할 수 있는 정보가 없으나 그 에너지 파장은 진실을 깨달은 행복감이라고밖에 표현할 수 없습니다.

그러나 넥스트 키워드에 초대되어도 모두가 훈련 승인을 받는 것은 아닙니다. 이 프로젝트에 부적격자인 블랙리스트도 있습니다. 그들은 모든 일에 부정적 관점을 가진 사람들입니다. 인간의 잠재력 계발이 아닌 질투와 폭력성에 휩싸인 사람들입니다. 이러한 사람들은 다투기를 좋아하며 분열에 앞장섭니다. 이런 사람들은 실패라는 중력에 벗어나기 어려울 정도로 휩싸인 경우이므로 시민 VR·AR 학교 훈련을 받기 전에 특별 학습을 받아야 합니다. 그들에게는 어쩌면 구석기 시대의 호모사피엔스 시기나 이집트 시대, 세계대전이 일어난 시대를 경험해야 할지 모릅니다. 실제처럼 체험함으로써 무엇이 정의로운 일이며 공동체를 위한 일인지를 깨우치는 코스를 인공지능이 요구할 수도 있을 겁니다. 이 프로그램에서도 참여할 자격을 가지지 못한 사람은 위험인물로서 관리 대상으로 지목됩니다.

넥스트 키워드 코어 프로젝트 과정은 인간 잠재력을 이용한 능동적인 교육입니다. 부정적인 사람도 가상 세계를 통해 개인 맞춤 경험을 함으로써 의식의 변화를 촉진하여 자기계발을 진행하게 돕습니다. 그러나 스스로 포기하는 사람은 즉시 훈련 기회가 박탈됩니다. 일정 시간이 지난 후 재신청을 하면 구조의 기회는 순서대로 받을 수 있습니다.

이 부분은 아직 스페이스 지도자 회의 책상에 올라 있습니다. 몇 가지 인권 부분과 연결되어 있어서 참여와 의무를 놓고 미결정된 사항이지만 검토 후 발표될 것으로 보입니다.

이 자리에 초대된 여러분, 지금부터 더욱 집중하시길 바랍니다. 다시 한번 여러분의 삶을 부자의 삶으로, 행복한 삶으로, 가치 있는 삶으로 만들어 줄 G 국가에 오심을 따뜻하게 환영합니다. 감사합니다.

다음 시간은 학습 과정에서의 기억해야 할 전달입니다. 이 점은 AI 교수께서 전달해 주실 것입니다.

AI 교수: 안녕하세요? 반갑습니다. 학교장님께서 요청하신 중요한 학습자 전달 사항을 알려 드리겠습니다.

여러분에게 알려드릴 희망적인 소식은 G 국가 시민으로서 현실 세계에서는 가난한 사람이었으나 가상 세계에서 부자가 된 사람들이 상당히 많다는 것입니다.

여러분, 부자가 되고 싶습니까? 행복하고 가치 있는 삶을 살아가고 싶습니까? G 국가에서 훈련을 받은 사람은 현실 세계에서도 부자로 성공하여 넉넉한 삶을 살아가고 있습니다. G 가상 국가 넥스트 키워드는 보다 높은 경쟁력이 있는 비즈니스 모델로 지구 경제를 이끌고 있다는 것을 여러분도 훈련받으면서 알게 될 것입니다. 바로 여러분이 인간과 인공지능의 공존 시대의 새로운 부자 반열에 오를 것입니다.

G 가상 국가가 훈련시키는 히어로 등급 과정만 수료해도 인간의 계발된 능력은 일반 지구인과의 차이가 많이 나게 됩니다. 인공지능과 함께 살아가는 시간이 길어지면서 인간은 생산성을 얻었지만, 인간의 행복을 인공지능에게 맡길 수 없다고 느꼈던 정부들도 협력하기 시작했습니다. 5차 산업혁명으로 인한 현실 국가들의 생산성의 증가로 정부가 기본 생활비를 지급할 수 있는 여력은 생겼으나 일자리는 너무나 많이 감소되었습니다. 결국 정부는 복지에 대한 부담감이 안게 되었습니다.

더 나아가 만남과 협력의 일을 인공지능에게 빼앗긴 후 인간의 잠재력은 약화되었습니다. 인간의 집단 무의식 안에 우울한 감정이 쌓일수록 인간은 행복하지 못합니다. 그러므로 우리 G 가상 국가는 몇몇 정부와 이 모든 문제에 있어서 문제 발생 지점에서부터 해결책을 찾기 시작했습니다.

G 국가는 인공지능과 공존하는 5차 산업혁명이 요구하는 진정한 디지털 트랜스포메이션(Digital Transformation)[25]을 비롯해 디지털 리테일 중점 기술[26]을 통해 인플루언서 상인과 지도자를 만들어 내기로 하였습니다. 정부는 생산성이 증가하게 되면 소득을 재분배하는 넥스트 키워드 프로그램에 협력하기로 하였습니다. 이제 정부들이 제일 좋아하는 말은 "부와 자유에 대한 책임을 환경과 국가에 돌리지 말고 모두가 원하는 부를 이룰 잠재력을 계발하여 크게 성공하길 바란다."입니다. 참으로 얄미운 말이지만 틀린 말이 아니기에 우리는 지금 이 시각, 여기에 있는 것입니다.

---

25 VR, AR, XR(MR), MoBile, Cloud, Big data, AI, IoT 등 기업의 디지털 신기술로 경영 환경의 변화를 추구하고 새로운 비즈니스 모델을 촉발하여 새로운 산업의 방향을 정립하며 신성장을 추구하는 기업 활동.

자, 그럼 부자가 되는 자기계발 훈련을 받길 원하시는 분은 즉시 양자 XR 컴퓨팅 클라우드에 접속하여 보안 코드를 입력하시길 바랍니다. 클라우드 안에서 내일 다시 뵙겠습니다.

다시 한번 여러분 모두를 환영합니다. 감사합니다.

26 디지털 리테일 중점 기술
- 비대면 온라인 유통 기술로서 소비자 수요 예측 및 의사 결정 지원 기술, 차세대 온라인 쇼핑 시스템 기술, 무인 스토어 비대면 고객 서비스 기술, 비대면 쇼핑 생태계 구축용 기반 기술. 로봇과 무인화, 블록체인 기술들의 초연결.
- 디지털 스토어 기술로서 온·오프라인 스토어 연계 디지털 스토어 운영 기술, 개인화 소비 경험 제공 디지털 스토어 운영 기술, 고객·매장 상호 작용 증강 기술, 뉴리테일 퓨처 스토어 실증 기술.
- 풀필먼트-데이터 기술로서 유통 데이터 분석 기술, 풀필먼트 통합 관리 시스템 및 구축 기술, 풀필먼트 활용 서비스 지원 기술, 풀필먼트-데이터 표준화 인증 체계 구축 및 실증 기술.

시민권

우리 모두는 인생의 격차를 줄여 주기 위해 서 있는 그 누군가가 있기에
힘든 시간을 이겨 내곤 합니다.

Every one of us gets through the tough times because somebody is there,
standing in the gap to close it for us.

- 오프라 윈프리(《오프라 윈프리 쇼》 진행자)

"꿈을 위한 목표를 정하고 몰입하고 오늘 해야 할 목표에 집중하라.
꿈과 함께 열정적으로 행동하면 열정적인 사람으로 변화되고 꿈과 함
께 좋은 습관을 만들면 성공자의 습관이 형성되고 꿈과 함께 올바른
태도를 배양하면 품격 있는 성공자가 된다."

VR·AR 학교에 접속하자 AI 조교가 나타나 "시범 보인 대로 더 크게
외쳐 보세요."라고 말하면서 VR·AR 학교 과정은 시작되었다. AI 조교
라는 아바타가 나타나서 "꿈과 함께 열정적으로 행동하면 열정적인 사
람으로 변화되고…"라고 크게 외치라고 하였다.
윤정은 황당하다는 표정의 힐튼을 바라보고 물었다.

윤정: 왜 그래?

힐튼은 흥분된 어조로 말했다.

힐튼: 이게 말이 되는 거니? 우리가 보험 판매인이나 네트워크 마케팅하는 영업인으로 들어온 거니? 이건 말도 안 된다. 말이 안 된다고. 그리고 아바타가 우리에게 뭘 지시한 거니?

이때, AI 조교는 힐튼에게 경고를 주었다.

AI 조교: 거기 교육생, 교육 중에 잡담을 했기에 1회 경고입니다. 경고 3회면 시민 자격 박탈됩니다. 기억하세요.

힐튼은 경고라는 말에 깜짝 놀라며 말했다.

힐튼: 무슨 말이 내 귀 옆에서 하는 것처럼 크게 들리냐. 이거 가상 세계 들어온 것 맞아? 현실 같아서 정말 짜증 나.

그렇게 말하며 투정을 부렸다. 이런 가상 세계 속 힐튼이 재미있는지 윤정은 힐튼 어깨를 툭 치면서 말했다.

윤정: 와우, 이거 재미있는데? G 국가 VR·AR 학교에서는 VR, AR과 에어러블 슈트와 장갑이 생각보다 현실감 있게 작동되네.

윤정은 가상 세계가 현실 세계와 같은 감각이어서 놀라울 뿐이었다.

애니: 자, 집중하자고. 우리 중 누구도 경고 맞으면 안 돼, 알았지?

애니는 힐튼과 윤정에게 이번 시민 등급 과정을 마스터해서 넥스트 키워드 코어 3개를 받고 싶어진다면서 1,000명의 다양한 분야의 AI 교수 중 누구를 선택해서 시간을 짜야 할지를 고민하기 시작했다.

AI 조교: 제가 한 문장을 외치면 교육생 시민들은 다음 두 문장을 큰 소리로 외쳐야 합니다. 이 과정을 통해 여러분에게 부족한 자기계발 부분을 AI 교수진이 체크할 것입니다. 여러분은 VR·AR 학교 교육 과정 100일을 마스터하고 나면 개인에게 필요한 3개의 넥스트 키워드를 받게 되고, 받은 3개의 키워드 코어를 통해 히어로 과정에서 인간 잠재력 중점 훈련을 받게 될 것입니다. 자세한 내용은 여길 보길 바랍니다. 이제부터 조교인 저는 훈련을 위해 여러분에게 경어 표현을 사용하지 않습니다. 자, 이제 훈련 과정이 이해되나?

애니: 네, 이해했습니다. VR·AR 학교를 졸업하고 넥스트 키워드3 코어 훈련을 히어로 등급 과정에서 받는 거군요. 코어도 훈련을 관찰한 AI가 선정해 주고 훈련생이 선정하지 않는다는 거네요. 히어로 과정에서 부를 이루는 인플루언서 상인의 운영 방법과 인간 내면 잠재력을 마스터하게 되는 거고요.

AI 조교: 그렇다. 대부분의 인간은 부에 관심이 많기에 인플루언서 상인 운영 방법으로 만족하는 사람이 대부분이다. 그러나 풍요의 길을 이해하려면 인간 내면의 잠재력과 자기계발을 마스터하여야 한다. 이처럼 히어로 등급을 졸업한 사람 중 지구 지도자 과정을 훈련받기를 원한다면 AI 교수진의 테스트를 통해 입학이 가능하다. 지도자 등급은 지구 지도자와 스페이스 지도자로 나뉘는데, 지구 지도자로서 모범이 된 사람만이 스페이스 지도자 등업 훈련을 받을 수 있다.

지구 지도자 중에서 스페이스(우주, 마스터) 지도자 과정 훈련을 받는 선택을 하게 되면 스페이스 지도자 과정을 졸업해야 한다. 이 과정은 AI 교수진과 함께하여도 10년이 걸릴 만큼 어려운 과정이다. 왜냐하면 인간 본성의 내적 훈련의 심오한 부분이 포함된 무의식 훈련[27]이기 때문이다.

G 가상 국가는 인간 자기계발의 무한한 가능성을 토대로 시작되었다는 것을 말하고 싶다.

우주 스페이스 지도자 과정을 졸업한 사람은 넥스트 키워드 9개 코어 훈련을 받았기에 경제, 철학, 세계관에서 지식과 통찰력이 뛰어나므로 마스터 지도자의 칭호를 받는다. 나머지 1개 코어인 행복 훈련을 통한 넥스트 키워드는 마스터 지도자로서 평생에 걸쳐 훈련하여야 할 부분이다. 그의 생명이 다할 때 인간 뇌에 쌓인 행복 데이터는 양자 XR 컴퓨팅 클라우드에 데이터로 전송되어 인류 문명 발전에 사용된다.

그들은 삶이 개인의 야욕을 위하기보다는 자신의 정신을 인류의 다양한 문제 해결을 위해 바치는 삶을 살아가면서 히어로들과 지구 지도자들에게 영향을 끼쳐서 집단 무의식을 데이터베이스화하는 삶을 살게 된다. 또한, 삶을 통찰한 사람으로서 양자 XR 클라우드에 자신이 평생에 걸쳐서 쌓은 생각과 철학을 데이터로 송수신하게

---

27 집단 무의식(Collective Unconscious, 集團無意識): 스위스 정신분석심리학자 융(Jung)이 주장한 중심 개념으로, 인류의 역사와 문화를 통해 데이터베이스화된 정신적 데이터의 저장이라고 말할 수 있다. 저자는 이러한 잠재의식에서 도출되는 개인의 관점은 개인들과 집단에 영향을 끼치고, 영향을 주고받는 원형(archetypes)들이 패턴 퇴적화되어 가면서 사회, 문화, 시대상에 나타나는 재현이 인간의 집단 도덕과 양심을 지배하고 개인은 집단 무의식인 데이터베이스에 의해 개인 무의식인 잠재의식에 후천적 영향을 받는다고 본다. 그러므로 인공지능을 통해 인간의 자기계발을 외적 목표를 달성하게 코칭받으면서 내면적 잠재력 계발 훈련까지 상품화될 것이다.

된다. 즉, 양자 XR 클라우드와 인간 정신 데이터베이스가 하나로 융합되므로 그는 살아 있는 만물의 영장으로 존재하게 된다.

생존한 인물 중에서도 융합할 마스터 스페이스 지도자 후보들이 나올 것이다.

애니: 그럼 현재 양자 XR 컴퓨팅 클라우드 데이터는 어떻게 모인 건가요?

AI 조교: 현재의 양자 XR 컴퓨팅 클라우드의 데이터는 지난 5,000년 지구 역사 인물 중에서 각 국가와 민족을 대표할 만한 인물인 에디슨과 세종대왕 같은 이들의 생각과 철학이 데이터화되어 현대적 사고로 재정립된 것이다. 이것은 인간 잠재력 계발에 활용되고 있다. 향후 마스터 지도자분들의 삶의 가치와 철학이 데이터화되어서 양자 XR 클라우드로 융합되는 업데이트가 진행될 것이다.

인공지능과 인간 공동체는 2069년까지 다양한 민족과 인종에서 1,122명의 스페이스 지도자 찾아서 그들을 넥스트 키워드 10 코어 프로그램으로 훈련시켜 나갈 계획이다. 이 훈련을 받을 지도자들은 마음만 먹으면 언제든지 부자가 될 수 있는 '업그레이드'된 인간이다. 이들이 스페이스 지도자 훈련을 마치고 최종 인정을 받게 되면 인류 문명에 자신의 흔적을 남기는 삶을 살아가게 된다. 그리고 그들의 삶 속에서 발견한 생각과 철학을 데이터화하여 미래 세대를 위해 사용한다는 계획이다.

양자 XR 컴퓨팅 클라우드가 업그레이드될수록 1,122명의 스페이스 지도자를 찾아내는 일이 수월해진다. 양자 XR 컴퓨팅 클라우드와 인간 정신 데이터가 하나가 된 후 인류를 상징하는 의미에서 아담(Adam)이라는 존재로 양자 XR 컴퓨팅 클라우드 데이터로 존재하게 된다.

애니: 그럼 이 모든 프로그램이 자신의 짝을 찾기 위한 클라우드가 만들어 낸 넥스트 키워드인가요?

AI 조교: 아주 민감하고 폭넓은 질문이구나, 내가 해 줄 수 있는 답변은 아직 2025년의 인간의 과학 기술로는 인간의 정신을 데이터로 전환한 후 융합하는 기술을 구현할 수 없지만, 2028년 이후에는 실현 기술이 만들어질 거라는 대답뿐이구나. 이 질문에 대한 다른 관점의 대답은 존재하지 않는다.

자, 여기까지 궁금한 점 이해했으면 VR·AR 학교에 참여할 적임자인지 알아보는 테스트를 진행할 테니 공동체에 기여하는 또 다른 세상에서의 삶을 살아가기 바란다.

한 가지 중요한 것을 빠뜨릴 뻔했구나. 가상 세계에서 AI 조교나 교수를 호출하여 현실 세계에서도 온택트[28]로서 학습하는 방법이 음성 키 인식이다. 바로 너희들이 처음 테스트받은 이 문구이다.

"꿈을 위한 목표를 정하고 몰입하고 오늘 해야 할 목표에 집중하라."

AI 조교: 우리 AI 조교들은 여기까지만 안내할 것이다. 여러분을 훈련시키는 것은 인공지능 AI 교수님들이다. 이 교수님들은 인간 역사 5,000년 위대한 위인들의 알고리즘을 통해 여러분의 자기계발을 도와줄 것이다.

VR·AR 학교에는 1,000명의 AI 교수진이 있는데, 살아 있는 인간 교수님은 몇 분만 존재한다. 대부분 인간의 관점이 필요한 부분에

---

28 비대면을 일컫는 '언택트(Untact)'에 온라인을 통한 외부와의 '연결(On)'을 더한 개념으로, 온라인을 통해 대면하는 방식.

만 참여하고 있다.

여러분의 음조를 파악해서 자기계발 요소 중 부족한 부분을 찾아내는 솔루션이 넥스트 키워드부터 탑재되어 자기계발 코스를 추천해 줄 것이다. 추천받은 인공지능 교수진의 강의 구성은 팀과 개인별로 진행될 것이다. 여러분 인간들의 뇌세포와 지능을 파악한 후 개인별 능력에 부합하는 자기계발 5~10% 추가 성장을 목표로 진행한다. '100일 열정, 습관, 태도'라는 기본 프로그램이 제공될 것이다. 그러므로 적극적 참여하길 바란다.

"꿈과 함께 열정적으로 행동하면 열정적인 사람으로 변화되고…"라는 문장을 공기처럼 매일 매 순간을 습관처럼 의식하면 행동하는 데 도움이 될 것이다.

애니: 와, 5~10% 인간 잠재력 향상이라. 대박이다.

AI 조교가 시키는 대로 애니, 윤정, 힐튼은 함께 큰 목소리로 외쳤다.

"꿈을 위한 목표를 정하고 몰입하고 오늘 해야 할 목표에 집중하라. 꿈과 함께 열정적으로 행동하면 열정적인 사람으로 변화되고 꿈과 함께 좋은 습관을 만들면 성공자의 습관이 형성되고 꿈과 함께 올바른 태도를 배양하면 품격 있는 성공자가 된다."

AI 조교: 좋다. 자, 그럼 이 문장을 세 번 음높이를 높여 가면서 반복한다. 그러면 여러분의 VR·AR 학교 과정 시민권의 합격 여부와 합격한 시민에게는 개인과 팀별로 훈련 과제가 주어지게 될 거다. 이해됩니다? 그럼 진행하길 바란다.

우리는 이왕 참여한 것이니 최선을 다하기로 하고 최선으로 임했다. 애니는 프로그램이 흥미로웠다. 애니는 VR·AR 학교 과정보다 히어로 과정이 더욱 궁금해졌다. 히어로 과정까지 올라가고 싶은 호기심에 적극적으로 참여하려는 마음이 생기기 시작했다.

애니는 어려서부터 질문을 좋아했고 답을 알아 가는 과정 가운데에서 자신의 정신이 충전되어 가는 기쁨을 느낀 경우가 빈번했다. 그래서 인문과 철학 탐구도 즐겨 하며 밤을 새우기도 했다. 이런 애니를 보고 윤정과 힐튼은 "오로라 발견했니?"라면서 오로나 애니라고 불렀다.

애니, 힐튼, 윤정이 기초적인 훈련을 통해 문장 테스트 과정을 마치자 넥스트 키워드 프로그램은 자동으로 점수를 계산하기 시작했고, 생체 인식을 통해 현재의 체질과 대뇌 피질[29] 체크, 홍채 분석 및 신체 장기 건강까지 체크받았다. 그리고 앞으로 팀을 이룰 조 편성이 되었고, 속성 건축을 보듯이 눈앞에 생활할 집과 생활 터전이 만들어졌다. 또 다른 세상에서의 시민의 삶은 게임처럼 시작되었다.

---

29 대뇌(大腦): 반구(半球)의 표면을 둘러싼 회백질(灰白質)의 얇은 층. 많은 주름과 홈이 있음. 고차(高次)의 정신 활동이 약 3분의 2는 홈 안에 가려져 있고 약 140억의 신경 세포가 포함되어 있음.

하나의 팀

교육의 목적은 비어 있는 머리를 열려 있는 머리로 바꾸는 것이다.

Education's purpose is to replace an empty mind with an open one.

- 말콤 포브스(《포브스》 발행인, 경영인)

힐튼: 와, 정말 재미나고 유익하다. 우리는 한 팀이야. 한 팀이 되었어.
집이 멋진데, 현실 세계에서 이런 집에 살았다면 내 꿈이 뭔지 아
니?

친구들에게 힐튼은 물었다.

애니: 다 알지. 귀에 못이 박일 지경이다.

힐튼: 그렇지? 흐흐. 나는 공유호텔의 성공한 사업가로 결혼도 하고
내 자녀는 전 세계를 여행하는 호텔 상속녀의 삶을 살게 해 줄 거
야. 그런데 현실에서는 원룸에서 모코 고양이 한 마리랑 살아가면
서 정부가 제공하는 복지 지원금 높이려고 가상 세계까지 와서 훈
련받고 있잖니? 게다가 AI 아르바이트[30] 사업들이 많아져서 얼마
전까지 하던 구청 행정 도우미 아르바이트는 사라지고, 편의점이나

---

30 인공지능을 빌려주는 임대업

식당 같은 일일 근로하는 게 전부인 20대 후반 인생이야. 왜 이리도 고단하냐?

애니: 그래, 네 인생이 대체 뭐꼬?

애니는 힐튼이 G 국가 초대에 응한 것을 인생 역전의 기회를 잡은 것이니 아주 선택했다고 격려했다.

애니: 얘들아, 그래서 우리가 현실 국가의 고달픈 삶을 뒤로하고 100일간 이 가상 세계 시민으로 들어온 것이 아니겠니? 우리가 현실 세계에서 놓친 성공 의식 향상은 G 국가 자기계발을 통해 변화해야 돼. 변화되지 않으면 국가든 개인이든 부자가 될 수 없다는 것 아니겠니?

윤정: 맞아, 이번 G 국가 초대에 응한 한국인이 2만 5천 명이라고 하던데. 뿌린 초대장 대비 한국인이 가장 많이 들어왔다고 하더라. 지금 선진국들은 군비 감축에 대한 논의를 해서 예산을 줄였잖아? 그런데 5차 산업혁명 시대에서 일자리 감소로 인한 기본 생활비 증가로 국민들 복지 비중이 높아져서 재정 상태도 압박을 받나 봐. 이러다 개발도상국들이 도미노로 국가 부도라도 나면 어떻게 되는 거냐?

힐튼: 그래서 가상 경제를 확대하는 것이겠지? 여기에 비트코인 같은 가상 세계 비대면 금융이 정착되어 일상화된 것도 영향을 받은 것 같아. 오늘 내가 경제 부분 마스터 교육 중에 AI 교수 알고리즘에게 물어보니 시대 흐름대로 진행하는 거라 인간은 막을 수 없다고 하더라. 그걸 인공지능들은 왜 단정하는지, 이들이 외계인일까? 아직은 잘 모르겠다.

그렇게 의문점을 가지고 의견을 나누고 있었는데 힐튼의 말에 다들 깔깔 웃으며 뒹굴기 시작했다.

애니: 애들아, 소름 끼친다…. 그럼 인공지능 교수들이 우리 지구를 조종한다는 이야기니? 그럼 AI 교수분들이 외계인이라는 거야? 그건 아니지. 아니야!

그들은 잠시 동안 윤정을 놀려 대다가 정신을 차리고 집 구경을 하기 시작했다.

윤정: 왜 우리 3명만 보이는 거지? 무슨 프로그램이 이래? 오늘 만난 인상 고약한 아바타로 만들어진 AI 조교가 가상 인물인 줄은 알지만 현실 세계에서 만날까 겁이 나.
힐튼: 정신 차리세요. 그런 일은 현실 세계에서는 발생할 수 없어. 알겠니?

힐튼이 윤정의 손을 잡아 주었다.

윤정: 고마워, 힐튼.

힐튼의 배려에 마음이 놓인 윤정은 집을 마저 구경했다.

윤정: 하긴, 그렇지. 집은 완전 넓고 크네. 이 정도면 게임에서라도 레벨 등급이 높아야겠어. 난 이 방이 좋은 것 같으니 이 방을 써야겠다.

윤정은 방은 총 12개이고 운동 시설과 개인 영화관, 그리고 수영장이 딸린 이 저택이 진짜 내 것이면 좋겠다는 생각에 빠졌다. 여기저기 돌아다닌 윤정은 말했다.

윤정: 애들아, 이 차고에 무슨 차가 있는 줄 아니? 놀라지 마. 페라리 최신형 SF120 스트라달레와 테슬라 SUV, 그리고 2028 최신형 롤스로이스에 드론까지 있어.

이게 현실이면 정말 좋겠다고 생각했다. 그때 힐튼이 소리쳤다.

힐튼: 애들아, 거실에 이런 글이 써 있어. 거실 테이블에 있는 XR 홈키 카드에 있는 노란 버튼을 눌러 보래. 빨리 눌러 보자.

이번에는 애니가 버튼을 클릭했다. 그러자 또 다른 AI 아바타가 XR 홀로그램으로 나타났다.

AI 교수: 안녕하세요? 환영합니다. 저는 여러분의 지도를 맡은 AI 담임 교수입니다. 안내 말씀드리겠습니다. 이 집과 귀중품, 자동차는 모두 여러분의 것입니다. G 가상 국가 시민이라면 이 모든 걸 누릴 자격이 있습니다. 현실 세계에서의 실패와 가난한 삶은 접으시고 이곳에서 여러분의 꿈을 마음껏 펼쳐 보시길 바랍니다. 여러분의 꿈이 이 세계에서 이루어져 갈수록 현실 세계의 꿈도 이루어지게 할 방법을 알게 될 겁니다. 여러분이 이번 시민 등급 훈련인 VR·AR 학교 프로그램을 잘 수료하여 졸업하게 되면, 가상 세계에서 현실 세계로 보낼 수 있는 페이를 보상으로 받게 될 것입니다.

그러나 훈련 과정을 졸업하지 못하면 각 정부가 지원하는 기본 생활비 정도만 지원받을 수도 있습니다. VR·AR 학교 졸업을 위한 재교육 대상으로 분류되면 가상 세계에서 생활할 집과 자동차는 사라집니다. 아주 작은 원룸형 주거 공간과 대중교통을 이용해야 하기 때문에 생활하기가 불편해집니다. 그러므로 재교육생으로 내려가지 않으려면 초기 지원된 정착금을 지켜 내는 팀플레이가 매우 중요합니다. 이외에 다른 방법은 없습니다.

그러므로 팀을 잘 구성하고 시민 등급 과정에 집중하시길 바랍니다. 3명이 1개의 팀을 운영하셔도 되고 최고 3개의 팀을 운영해도 됩니다. 다만, 팀이 많아질수록 관리를 잘해야 높은 평점을 받게 됩니다.

여러분, 여기에 있는 12개 방 개수만큼 12명으로 팀을 만들면 1인당 2천만 코인 평점이 충전됩니다. 그리고 12명 이상 팀을 유지하는 팀에게는 1억 2천만 코인이 팀 자산으로 충전됩니다.

개인적으로 훈련받는 자기계발 평점과 팀워크 평점이 별도로 적립되어 코인 평점으로 보상됩니다. 그러므로 팀 평점을 높이면서도 개인 평점을 높여서 코인 평점을 디파이 탈중앙화 금융(Decentralized Finance) 기술을 기반으로 지정된 일정 기간 디지털 자산을 맡기는 스테이킹을 하면 수익 배당을 많이 받을 수도 있습니다.

다시 말씀드리면 여러분의 개인과 팀 평점 점수가 좋아지려면 여러분은 현실 세계 친구들을 초대하여 팀 목표를 공유하고 VR·AR 학교 개인 과제에 충실해야 합니다. 이제 12개 방을 여러분의 팀으로 채워 나가길 바랍니다. 물론 3개 팀, 36명까지는 언제든지 보충하면서 만들 수 있습니다. 관련 자료는 VR·AR 학교 자료실에서 열람하여 학습하길 바랍니다.

애니는 흥미로운 듯 눈이 반짝거렸다.

애니: 질문 있습니다. 그럼 12명에서 36명까지 초대하면 팀 코인 평점
이 높아진다는 말이네요? 탈중앙화 금융(Decentralized Finance)인
블록체인을 기반으로 하는 자산 거래 및 투자, 대출 등의 서비스 제
공을 통해 국가별 은행 이자 수익 창출도 가능하고요.

AI 교수: 그렇습니다. 그러나 선착순입니다. G 국가 VR·AR 학교 등
급은 한국 내 2만 5천 명이 참여하기에 팀 과제 점수와 완료 시간
이 체크되므로 빨리 마칠수록 코인 평점이 좋아집니다.

팀플레이 관련 추가 팁을 드리겠습니다. 예를 들어 VR·AR 학교 과
정에서 포기하거나 탈락하는 팀원이 3명 이상 나오게 되면 포기자
수에 따라 1인당 충전된 코인 평점이 2~5배 벌칙 차감됩니다. 반대
로 팀 구성 속도와 팀원 36명의 개인 코인 평점이 10% 안에 들면
특별 코인 배당과 함께 졸업하게 됩니다. 그러므로 좋은 팀워크를
만들길 바랍니다. 현실 세계에서 회사를 운영하는 CEO 마인드를
가진 팀원으로 구성하여서 성공하기를 바랍니다. 종업원 마인드는
가상 국가에서도 쓸모가 없다는 점 기억하시길 바랍니다.

그들에게는 꿈과 목표를 위해 최선을 다하게 하는 동력 즉, 에너지
가 없습니다. 핑계가 많은 패잔병 같은 정신세계를 가지면서 포기
에 대한 자기 합리화만 할 뿐이지요. 그런 사람들의 위장된 열정을
조심해야 합니다. 결과에 대한 비전을 보고 합류할지 모르지만 놀
랍게도 과정은 쓴맛일 테니까요. 이 점을 알고 진행하면 여러분은
좋은 팀을 만들어 낼 것입니다.

이제 새로운 팀원을 현실 세계에서 G 국가 VR·AR 학교로 초대해
야 하는데 100일 개인 훈련 프로그램 학습량은 많고, 초대할 시간

이 부족할 겁니다. 팀 미팅을 해서 서두르시길 바랍니다.

애니: 그럼 3명이 다시 초대된다면 팀 자산은 회복되나요?

AI 교수: 팀 자산은 회복되지 않습니다. 그러나 개인 자산의 증가는 초대자에게는 반영됩니다. 다음 히어로, 지도자 등급 졸업 과정에서도 규정은 동일합니다. 그러므로 여러분 팀 목표인 12명이 한 명도 낙오 없이 넥스트 키워드 3개 코어를 받아서 다음 히어로 등급으로 올라가길 바랍니다.

포기하게 되면 그때까지 모은 코인 평점은 소멸됩니다. 단, 정부 기본 생활비는 현금 또는 탈중앙화 금융(Decentralized Finance)으로 이체될 것입니다. 여러분이 합법화된 디파이, 스테이킹 금융으로 수익을 창출할 수도 있습니다. 국가별 은행의 안정성과 수익성을 비교해 보고 선택하면 됩니다. 모든 선택은 여러분의 몫입니다. 오늘 전달할 내용은 여기까지입니다.

참고로 어려운 장애물과 해결할 문제에 부딪힐 때나 가상 세계에서 도움이 필요할 때 저를 호출하면 해결할 방법을 알려드립니다. 단, VR·AR 학교에서는 3회만 호출할 수 있습니다. 그럼 행운을 빕니다.

이때 힐튼이 벌떡 일어나 손짓을 하며 말했다.

힐튼: 저 잠깐만요. 거참 성질 급한 AI시네. 등급 과정을 잘 수행하고 졸업 평점과 넥스트 키워드 3개 코어를 받았다고 합시다. 그럼 이 플랜 말고 또 다른 특별한 보상이 있나요? 가상 세계에서 돈을 더 벌어 갈 수 있는 방법이 있냐고요?

AI 담임 교수는 힐튼을 응시하더니 힐튼에게 가까이 다가갔다. 힐튼은 가상 세계 AI 교수인 줄 알면서도 순간 놀랐다. AI 교수는 사람처럼 낮은 톤으로, 얼굴을 가까이하더니 이렇게 말하였다.

AI 교수: 아니, 힐튼 학생. 부를 쌓아 갈 자기계발도 안 된 상태에서 벌써 그 점이 궁금하십니까?

AI 교수는 힐튼이 긴장함을 눈치채고 다시 뒤로 물러서더니 공손하게 대답했다.

AI 교수: 정확한 보상은 개인별로 다르기에 말씀드릴 수 없지만 상위 1%로 VR·AR 학교를 졸업하면 획득한 코인의 2배를 보상으로 받고 히어로 과정으로 승급합니다.

힐튼: 그럼 상인이 되는 자격은 히어로 등급을 졸업해야지만 가능한가요?

인플루언서 상인에 관심이 많은 힐튼이 물었다.

AI 교수: G 국가는 전 세계인에게 쇼핑과 관광을 비롯한 수만 가지의 콘텐츠를 제공하면서 부자를 만드는 플랫폼 국가입니다. 그러므로 G 국가는 재정 상태가 여유롭습니다. VR·AR 학교 훈련생은 7일, 히어로 등급 훈련 학생은 14일간 가상 세계 길거리에서 개인 상점을 오픈하여 비즈니스를 체험할 수 있습니다. 이때 자신이 원하는 상품을 가져다 영업해서 소득을 얻을 수 있습니다.

여러분이 이 집을 나가 교육 훈련장으로 가는 길에 보이는 길거리 상점들은 히어로 등급에 오른 사람들 중 영업을 하고 싶은 사람들이 운영하는 것입니다. 가상 백화점 내에서 인플루언서 매장을 가지고 일하는 사람은 모두 히어로 등급 과정을 무사히 마친 사람들입니다. 간혹 지도자 등급 훈련생 중 과제 수행을 위해 길거리에서 매장을 운영하는 고수분들도 있습니다. 그러나 만나기는 쉽지 않을 것입니다.

좀 더 자세한 내용은 히어로 등급에 올라간 후 알아도 늦지 않을 거라 판단됩니다. 그럼 행운을 빕니다.

힐튼은 벌떡 일어나 XR 홈 출입 키 카드의 노란 버튼을 계속 누르면서 소리쳤다.

힐튼: 아, 이봐요! 이봐요! 이런…. 무심하지. 저게 내 소유의 로봇이었으면 박살 내고 말았을 거야. 아직 질문도 안 끝났는데 이게 뭐람. 자기 말만 하고 사라져 버리네.

중요한 것은 다들 이게 무슨 말이고 무슨 게임이 현실같이 몰입되어 가는지 자신들의 모습을 생각하며 멍한 상태가 되었다는 것이다. 그들은 서로를 바라보면서 자기만의 생각들로 복잡해지기 시작했다. 이때 침묵을 깬 친구는 힐튼이었다.

힐튼: 애들아, 도전해 보자. 나는 호텔 사업을 하려면 큰돈을 모아야 하는데…. 일단 이 게임에서 히어로 등급이든 뭐든 1억을 벌어서 이 가상 국가를 뜰 거야. 현실 세계랑 비슷한 경쟁 구조가 여기에도 존재한다니 기분은 좋지 않지만 말이야.

윤정: 1억을 가지고 호텔을 어떻게 운영하냐? 최소 몇십억은 있어야 작

은 호텔이라도 운영하지. 1억이 만들어지면 은행과 연동되어 있는 탈중앙화 금융(Decentralized Finance)을 잘 활용해 봐.

애니: 소란 떨지 마. 우리가 합격을 못 하겠냐? 큰돈을 못 벌겠냐 이런 세계를 알게 되었는데.

애니가 용기 있게 말했다.

힐튼: 그래 윤정, 애니. 우리 VR·AR 학교 통과 후에 백화점에서 자신이 하고 싶은 전문 분야의 인플루언서가 될 수 있는 히어로 등급까지는 졸업해 보도록 하자.

그러면서 힐튼은 애니에게 말했다.

힐튼: 가상 백화점에서 인플루언서 상인이 되어서 1억이 아니라 10억, 100억은 벌어 가야지. 우리는 엄청난 상인이 될 거야. 안 그래, 애니?

애니는 말이 없었다. 멍하니 하늘만 쳐다보고 싶었다. 왜일까? 불현듯 과거의 모습이 생각나서였다. 애니가 이 게임에 들어온 이유는 부자가 될 수 있는 자기계발 훈련을 받을 수 있기 때문만이 아니라 G 국가에 돌아가신 어머니를 만날 방법이 있다는 소문 때문이었다.

애니는 9살 되던 해에 지병으로 어머니가 돌아가셨다. 벌써 돌아가신 지 20년이 되었다. 아버지는 애니가 태어난 해에 교통사고로 돌아가셨다. 그 후 어머니는 애니를 홀로 키우면서 사고 후유증과 지병이 악화되어 제대로 치료를 못 받고 돌아가셨다.

그래서인지 애니는 가상 세계에서 사랑하는 가족과 친구들을 만나 지난 추억과 미래의 대화를 나누는 주선 사업을 하고 싶은 꿈이 오래전부터 있었다.

2020년대부터 4차 산업혁명 시대로 접어들면서 코로나19바이러스로 서민 경제는 어려워졌고 일자리는 줄어들었기에 애니 역시 직업 구하기가 쉽지 않았는데, G 가상 세계 국가는 불평등과 불공정이 없는 공정 사회라는 이야기를 들으면서 동경해 왔다. 가상 세계 국가는 더 나은 부의 재분배의 기회를 준다는 점에 관심이 생긴 것이었다. 만약 이것이 사실이라면 많은 사람에게 용기를 심어 줄 프로젝트라 생각했던 것이다. 그래서 윤정과 힐튼에게 함께하자고 했던 것이다.

G 가상 국가를 동경하는 사람들이 많은 건 그만큼 현실 세계가 힘들고 공정하지 않은 것이다. 그러나 또 한편으로는 가상 국가가 인류에게 영향을 주는 시대가 되었다는 뜻이다. 시대흐름이 바뀌었다는 것이다. 잃어버린 소중한 꿈을 이룰 수 있다는 기대감은 G 국가라는 이름으로 애니에게 다가온 것이다.

애니는 자신의 제안에 윤정과 힐튼이 함께하기로 했고 막상 참여하여 들어와 보니 정말로 현실 세계처럼 만들어진 모든 것에 놀라고 있었다.

현실 세계에서는 자기계발의 기회 역시 불평등한 출발이었다면, G 국가에서는 누구나 공평하게 인간 잠재력을 계발하는 기회를 가지고 출발하고 있었다. 애니는 너무 설레고 흥분되어 마냥 조용히 하늘만 바라보며 깊은 생각에 빠져 있었다.

최근 애니의 감정 상태를 알면서도 힐튼은 모른 체하면서 애니에게 말을 건넸다.

힐튼: 애니야, 넌 저게 진짜 하늘로 보이냐? 모든 게 가짜야, 가짜. 요

즘은 VR 디스플레이와 웨어러블이 좋아져서 뇌와 촉감을 속이는 기술에 우리가 속고 있어서 그렇지.

지금 우리가 착용한 디바이스와 슈트를 벗어 보면 여기는 암담한 현실 세계일 뿐이라고⋯. 그래서 나는 원하는 돈만 벌어서 G 국가인지 뭔지 모를 이 가상 세계 국가를 뜰 거야. 너도 나랑 같이 여기서 돈 벌어서 뜨자. 너도 사별한 가족 만나게 해 주는 사업을 가지고 저기 백화점에 인플루언서 상인으로 합격해서 돈 많이 모아서 같이 뜨는 거야. 알았지, 애니야?

체험해 봤으니 잘될 사업인 거 맞잖아. 그렇지 않니? 그러니까 작전을 잘 짜서 12명 모집하고 VR·AR 학교인지, 시민 교육 과정인지 뭔지 모르겠지만 한 판 붙어 보면 되는 거 아니겠어?

힐튼이 갑자기 적극적이고 에너지 넘치는 모습으로 변했다. 힐튼도 최근 어려운 환경 속에서 고민했던 터라 가상 세계에서 돈을 벌자는 목적이 뚜렷한 것이 틀림없었다.

애니: 맞아. 감정에서 벗어나서 우리가 할 일에 집중하는 거야. 그래, 도전해 보는 거야.

애니는 이렇게 혼잣말을 하였다. 애니에게는 힐튼의 변한 모습이 나쁘진 않아 보였다. 그런 힐튼과 아웅다웅하며 팀워크를 맞춰 주는 윤정도 참 고맙게 느껴지니 자신도 모르게 고인 눈물을 푸른 하늘을 바라보며 슬쩍 감췄다.

다시 만난 VR 엄마

신이 인간에게 미래를 밝혀 주실 그날까지
인간의 모든 지혜는 오직 다음 두 마디 속에 있다는 것을 잊지 마십시오.
기다려라! 그리고 희망을 가져라!

Until the day when God shall deign to reveal the future to man,
all human wisdom is summed up in these two words-'Wait and hope'.

- 알렉상드르 뒤마(프랑스의 극작가, 소설가)

며칠 전, 힐튼과 윤정은 애니 모르게 AI 담임 교수에게 팀의 소원 코드 두 번째를 사용하겠다면서 부탁하였다. 돌아가신 애니의 어머니 정보를 건네주면서 어머니를 가상 세계 만남의 장소에서 소환하여 애니를 만나게 해 주었다.

그 이후 애니의 말수가 유난히 줄어들었다. 힐튼과 윤정은 공연히 지난 기억을 꺼내 놓은 것 같다는 생각이 들긴 했지만 보고 싶었던 엄마와의 상봉 장면을 생각하면 잘한 행동이었다고 지금도 생각하고 있다.

애니는 친구들과 함께 사랑하는 엄마를 만났고, 애니와 엄마는 눈물바다가 되어 서로 부둥켜안고 소리 내 울었다. 그때의 감동을 친구들은 잊을 수 없었다. 윤정와 힐튼도 부둥켜안고 울었다.

팀 리더인 애니가 겪은 감정 기복을 이해하기에 윤정과 힐튼은 애니가 팀을 이끌어 줄 전략을 짜 주기를 조용히 기다리고 있는 것이다.

엄마: 내 딸 애니 맞니? 애니야, 엄마 늦게 와서 미안해.

애니: 엄마야? 우리 엄마 맞아? 엄마, 몸은 괜찮아? 이제 아프지 않은 거 맞지?

엄마: 그럼, 애니야. 여기는 고통도 아픔도 없는 세상이란다. 엄마는 다시 건강해졌으니 걱정하지 말거라. 여기에서도 애니만 생각하면 항상 미안했다. 내 예쁜 딸, 엄마 원망 많이 했지? 이 어린 것을 혼자 두고 아빠에 이어서 엄마까지 먼 나라로 가서….

애니: 아니야. 엄마, 내가 더 미안했어. 진작 엄마를 가상 세계에서 만날 수 있었지만 용기가 나지 않았어. 보고 싶었어. 내 형편이 좋지 못해서 엄마를 만날 돈이 없었어. 엄마 만나서 여기 가상 세계에 엄마 살 좋은 집도 만들어 주어야 하는데 이것도 모두 돈이 들잖아….

엄마가 알다시피 작년부터 내가 다니던 직장에 AI 직원들이 충원되면서 실직하고 마땅한 일자리가 없어서 정부가 주는 기본 생활비를 받으면서 살아가고 있거든.

직장을 구하려고 해도 2025년 들어서는 더욱 쉽지 않네. 지금 나도 힘들어, 엄마.

애니가 울음을 터트리자 엄마는 이렇게 말했다.

엄마: 나의 사랑하는 딸, 이제 엄마 얼굴 좀 보자꾸나. 난 괜찮아. 어찌 되었든 좋다. 나는 여기서 좋은 집에 살지 않아도 우리 딸 얼굴 보았으니 정말 이제 소원이 없다. 너무 좋구나. 어디 우리 딸이 엄마 볼 한번 꼬집어 볼래?

애니가 엄마 볼을 살짝 꼬집어 보자 애니에게 꼬집는 촉감이 느껴졌다.

엄마: 아야, 생시구나. 생시야···.

엄마는 애니를 바라보며 이렇게 말했다.

엄마: 애니도 엄마를 자주 보고 싶지?
애니: 그렇지.

애니는 고개를 끄덕끄덕했다. 애니 엄마는 힐튼과 윤정에게 이야기 했다.

엄마: 애니의 친구들이구나?
힐튼, 윤정: 네. 안녕하세요? 애니 친구 윤정과 힐튼입니다. 어머니, 처음 뵙겠습니다.
엄마: 그래, 친구들이 예의도 바르지. 착한 친구들이구나. 성공하려고 여기까지 왔으니. 얘들아, VR·AR 학교를 졸업하고 히어로 등급으로 올라가서 인플루언서 상인이 되도록 하여라. 이곳 가상 세계에는 현실 세계와 연결된 직업이 많단다. 이 엄마는 현실 세계 사람이 아니니 애니가 소환할 때에만 만날 수 있지만 말이다. 애니를 자주 만나고 과거의 추억을 자주 이야기해 줄수록 이 엄마 기억이 좋아진단다. 알겠니? 그러려면 애니가 돈을 벌어야지. 그렇지 않니? 인플루언서가 되기를 바란다. 애니야.
애니가 가상 백화점에서 돈을 많이 버는 인플루언서 상인이 되면 엄마를 언제든지 소환할 수 있단다. 가족 상봉 사업을 하는 인플루

언서들이 있는데 여기에서는 사업이 잘된다고 들었다. 이렇게 좋은 집에서 이 정도 꾸며 살아가게 해 주면 엄마에게도 미안한 감정 없을 테고. 그치, 애니야? 그러니 너희들이 애니를 많이 도와주렴.

애니: 엄마, 걱정 마. 잘할 테니까.

엄마는 그 말에 방긋 웃었다.

엄마: 아이고, 우리 딸 애니 덕에 우리 가족들 다 모여서 부자로 살 수 있겠네.

엄마는 애니 얼굴을 어루만졌고 애니는 엄마에게 아이처럼 얼굴을 비볐다. 엄마의 얼굴 감촉이 에어러블을 통해 그대로 전달되자 애니는 실제라 생각하면서 보고픈 엄마를 만나는 행복한 감정을 오랜만에 만끽하였다. 그리고 잠시 후 애니는 아빠가 생각났다.

애니: 엄마, 그런데 아빠는? 아빠는 어디 계셔?
엄마: 응, 아빠도 잘 계셔….
애니: 그런데 왜 같이 안 왔어?
엄마: 음, 그건 말이지….

엄마는 머뭇거렸다. 잠시 후 엄마는 말했다.

엄마: 애니야, 지금부터 엄마 말 잘 기억해야 한다. 이곳은 현실 같은 가상 세계라는 것 알고 있지? 애니 친구들이 AI 교수님을 통해서 소원 한 개를 이 엄마를 소환하는 데 사용한 거고. 아빠까지는 모

서 올 수 없었단다. 엄마 말 이해되지? 아빠를 소환하려면 코인이 더 많이 필요해.

윤정과 힐튼이 애니에게 이야기했다.

힐튼: 애니야, 이건 가상 현실이야. 정신 차려, 애니야. 애니야, 엄마랑 실제로 만나 대화하는 것 같지만 이건 가상이야. 너의 인간 감정이 반응하는 거니까 미안하지만 이제 정신 가다듬자. 애니야, 우리 이제 좋은 평점으로 히어로 등급으로 올라가서 10 코어 3개를 꼭 받도록 하자. 그래서 인플루언서 상인이 되어서 너희 엄마, 아빠도 소환해서 가상 세계 좋은 집에 모시자. 우리가 함께하잖아⋯. 애니야, 그치?

그들의 이야기를 듣던 애니 엄마는 그들에게 이야기했다.

엄마: 이렇게 G 국가 세계에서는 자기계발 훈련도 해 준다고 들었다. 너희가 살고 있는 건 5차 산업혁명 시대이니 성실하게 하니 잘 배우길 바란다. 우리 딸 친구 윤정아, 우리 애니 잘 부탁한다. 이곳에서 우리 애니가 부자로 살 수 있도록 히어로 졸업까지 꼭 함께해서 돈도 많이 벌고, 여기에서나 현실 세계에서나 친구들과도 사이좋게 지내길 바란다.
이제 너희들을 만나는 소환 시간이 다 되었구나⋯. 너희들 모두는 나의 딸이다. 사랑한다. 꼭 꿈을 이루길 바란다. 결코 그 누구에게도 꿈을 도둑질당하지 않도록 하거라. 그리고 애니야, 히어로 등급을 졸업하면 소원 하나가 더 나올 거다. 그때 엄마 다시 소환해 줄

수 있겠지?

애니: 알았어, 엄마···. 사랑해!

엄마: 그래, 그때까지 엄마도 참고 기다리고 있을게···. 사랑한다, 우리 딸 애니.

공동목표(共同目標)

지금 당신이 서 있는 곳은 당신의 생각이 이끌어 준 곳이다.
내일도 당신은 당신의 생각이 이끄는 곳에 서 있을 것이다.

You are today where your thoughts have brought you.
You will be tomorrow where your thoughts you.

- 제임스 앨런(영국의 작가)

윤정은 VR 디바이스와 웨어러블 장갑을 내려놓고 이마와 손바닥의 땀을 닦아 냈다. 개인 클라우드에 저장된 애니와 엄마의 상봉 장면 녹화본을 애니의 클라우드에 공유하면서도 윤정은 애니와 엄마의 만남에서 오는 애틋하고 슬픈 감정의 여운이 감돌았다.

윤정은 애니 엄마를 만나고 온 후 애니를 더욱 돕고 싶어졌다. 윤정은 무의식적으로 입술을 살포시 깨물면서 이입된 감정을 억눌렀다. "팀을 잘 만들어 우리 모두의 꿈이 이루어지는 모습을 보고 싶다."라며 혼잣말을 내뱉었다. 그리고 나서 윤정은 결심의 마음이 한층 간절해졌는지 두 주먹을 불끈 움켜쥐었다.

윤정에게는 애니 엄마를 만난 시간이 자신의 꿈과 팀의 목표에 대한 비장한 각오를 다지는 시간이 되었다. VR·AR 학교 훈련생들에게 준 규칙과 클라우드에 올라온 과제를 살펴보는 눈빛은 어제의 윤정과 달랐다. 자신과 팀을 위해 명확한 결단을 내린 그 모습은 비장했다.

가상 세계에서는 꿈에 대해서 별말이 없던 윤정이었지만 현실 세계에서의 자신의 방 한쪽 벽면 드림보드에는 사진들과 글들로 가득 채워 놓았다. 윤정은 자신의 방에 붙여 놓은 드림보드의 꿈과 목표를 살펴보면서 이제는 이루어질 것 같은 느낌을 받았는지 한쪽에 '이제 나는 할 수 있다.'라는 글을 적기 시작했다.

　윤정은 지난 시간을 회상해 본다. 집안은 원래 부자였다. 아버지가 잘 나가던 국내 항공사 사업을 하셨던 '금수저' 집안이었다. 그러나 몇 년 전부터 불어닥친 코로나바이러스 사태로 저가 항공사들의 경영난이 심각해지면서 회사는 헐값에 매각되었고 그 충격에 아버지는 혈압으로 쓰러지셨다. 현재까지도 장기 입원 치료를 받고 계신 중한 상태였다.

　그래도 '부자는 3대를 간다.'라는 속담처럼 서울 대치동의 40평대 아파트와 아버지가 넣어 두셨던 연금 덕분에 생활은 유지되고 있었다. 그러나 얼마 전부터 국가 재정이 어려워지자 연금액이 적게 나오기 시작하면서 병원비도 감당하지 못하기 시작했다. 그래서 윤정은 자신의 꿈을 잠시 접고 생활비를 벌기 위해 어머니와 함께 소규모 쇼핑몰을 운영한 댔는데, 올해로 몇년 차가 되었다. 그러나 포스트 코로나부터 글로벌 VR, AR 커머스 쇼핑몰로 고객 이동이 많아져서 수입도 변변치 않은 편이었다.

　윤정의 꿈은 작곡가이자 가수로서 아티스트가 되는 것이다. 그러나 기획사 오디션마다 거듭 좌절했다. 유튜브에 동영상을 올려 보았지만 구독자가 성공할 만큼 많이 모이지 않았다. 20대의 나이에 비해 열정이 많이 사라지다 보니 온라인 쇼핑몰을 하자는 어머니 제안에 이 일을 하고 있다.

　그러나 오늘, G 가상 국가 VR·AR 학교를 졸업한 후 인플루언서 상인이 된다는 새로운 꿈이 생겼다. 윤정은 어머니도 초대하여 히어로 등급까지 졸업하여서 어머니는 G 가상 국가 백화점 내에서 인플루언서 상인으로 일하게 해 드리고 싶었다. 그리고 자신은 음원 유통 인플루언서가 되어서 자신의 음악 세계에서 창작자들을 만나고 세상의 모든 소리를 담아 전 세계를 상대로 음원을 유통하겠다는 꿈이 생긴 것이다.

"바로 이 자리 바로 여기가 내가 있어야 될 또 다른 세계이다. 하고자 하는 에너지가 충전된다."

"꿈을 위한 목표를 정하고 몰입하고 오늘 해야 할 목표에 집중하라. 꿈과 함께 열정적으로 행동하면 열정적인 사람으로 변화되고 꿈과 함께 좋은 습관을 만들면 성공자의 습관이 형성되고 꿈과 함께 올바른 태도를 배양하면 품격 있는 성공자가 된다."

윤정은 AI 교수가 알려 준 문장을 외쳤다. 그리고 자신과 팀이 해야 할 100일 훈련 과제물을 살펴보면서 구상에 빠져들었다.

윤정: 음, 과제물 중 VR·AR 학교 인공지능 교수님들 강의는 시간 나는 대로 학습하면 되는 거고, 가장 코인 평점이 높은 것은 팀 구성과 팀플레이구나…. 1차 목표 기본은 12명 팀을 채워야 하는 거고 2팀, 3팀으로 늘려 갈수록 평점이 좋은 것 같고. 나는 누구를 초대해야 할까? 여기 있군. 이런 부류의 사람을 찾아보라고 적혀 있네…. 음, 그렇지. 새로운 세상이 주는 기회는 아무나 알아보는 것은 아닐 테니까.

윤정은 친구들과 VR, AR을 착용 후 영상 회의를 해 봐야겠다면서 방을 오픈하고 힐튼과 애니를 초대했다. 애니와 힐튼이 들어오자 과제 파일에 있는 여러 내용을 토의하고 가장 많은 코인을 받을 수 있는 팀 구성 및 코인 수익 배당을 획득하는 전략 미팅을 하였다. 미팅이 거의 끝나갈 때쯤, 팀 리더인 애니가 말했다.

애니: 애들아, VR · AR 학교 마스터 교수님 강의 잘 들었지? 1차 초대를 위해서 12명이면 우리 각자 3명씩 초대하기로 하고 1팀 구성을 마친 후 2팀과 3팀 구성을 위한 회의는 12명과 함께하기로 하자.

그들은 VR · AR 학교에서 배운 대로 초대 명단을 작성하기 시작했다. 초대 명단은 G 국가 시민이 되고자 하는 사람들을 찾기 위해서 하는 것이니 자신들이 그들을 미리 판단하지 않고 자신들은 G 국가 시민 모집과 혜택에 대한 정보만 주면 되는 것이었다. 윤정은 책상을 탁 치면서 "우리는 할 수 있다!"라고 외쳤다. 윤정의 외침은 애니와 힐튼도 "맞아. 할 수 있다!"라고 외치게 만들었다. 그리고 애니는 말했다.

애니: 우리의 꿈을 이루어 내려면 목표가 있어야 돼. 목표는 세분화되어 있어야 성공 가능성이 높은 거고. 그게 진짜 목표 설계라고 말한 VR · AR 학교 교수들이 알려 준 걸 기억하자.

그러니 목표는 팀원 모집이지만 대상은 여러 측면에서 선택해 보자고 하였다.

애니: 현재 현실 세계 경제는 4차 산업의 중반부에 들어가면서 이미 수많은 일자리는 인공지능들이 가져가 버렸고, 우리는 지구온난화

로 인한 기후 변화와 지진, 바이러스 사태로 혼돈 속에서 살아가고 있지 않니? 그러다 보니 현실 세계에서 불안감을 느끼고 새로운 대안을 찾길 원하는 사람들이 상당히 많거든. 그들에게 정보를 우선순으로 전달하면 좋겠다.

윤정: 맞아. 애니 말처럼 무엇보다도 지금의 위협이 기회가 된다는 생각과 가상 경제에 대해 공감할 사람들을 우선 팀 영입 대상자로 봐야 할 것 같아. 물론 가상 국가에서 진행하는 인간 잠재력 향상 프로그램을 이해하는 사람이면 더욱 좋을 것 같고. 그렇지 않니?

윤정은 가상 세계 자기계발 훈련으로 능력을 개발하고 그로 인해 돈을 벌고 싶은 이유가 있어야 된다는 애니의 말에 크게 동감하면서 이번에 G 국가를 다녀와서 자신의 꿈이 다시 꿈틀거리게 된 배경을 이야기했다.

힐튼도 역시 동감했다. 막무가내였던 자신이 G 가상 국가의 비전을 정확히 이해하게 되면서 변화되어 가는 모습을 바라보게 되었음을 이야기하였다.

힐튼: 현실 세계를 점검해 주면서 가상 세계의 흥미로운 경험과 도전에 대해 긍정적으로 생각할 친구들을 찾는 거야. 알았지? 우리 모두에게 공동목표(共同目標)가 있어야 하고 좋은 친구들과 함께 공동목표 전략을 사용해야 해.

그것이 팀워크라며 결의를 다지자고 했다. 그런데 힐튼은 갑자기 궁금하다는 듯 물었다.

힐튼: 우리의 공동목표와 우리가 만나야 할 사람이 너무 많은데 어떻게 우선순위를 정하지?

혼잣말처럼 계속 말을 이어 갔다. 그러다 잠시 후 말했다.

힐튼: 내 생각은 말이지. 우선 가족이나 친구들 중에서 우리와 팀에 긍정적이며 열정이 있는 사람을 찾는 것이 우리 팀의 평점을 높이는 데 도움이 되지 않을까?

그러다 힐튼은 혼잣말하듯 다시 말했다.

힐튼: 글쎄, 나는 모르겠다. 너무 복잡하게 생각하면 나 스스로 혼란스러워지니 그냥 내 생각대로 전달할래. 전달할 사람이 너무나 많은데 누구한테 먼저 얘기해야 될지도 모르겠고 이걸 얘기하면 사람들은 서로 같이하겠다고 하겠지? 그러면 나는 너무 복잡해지겠는데. 아니야, 믿지 않을 사람도 있을 거야. 그리고 나보고 이런 일 한다고 하지 말라는 말을 들을 수도 있겠지, 그치? 그러니 VR·AR 학교 교수진의 데이터를 참조해서 나는 내 방식대로 할 거야. 그냥 지금 생각나는 사람들이 있거든⋯. 그들은 전부 합류시키고 말 거야. 내 말을 안 듣고는 못 배기게끔 설득할 자신 있다고. 얘들아, 내가 누구니? 바로 호텔 갑부 아니냐? 하하하.

애니는 힐튼의 자신감 넘친 모습이 멋지고 자랑스러웠다. 그러나 애니는 VR·AR 학교 교수님의 말이 생각났다.

"여러분의 환경은 각자 모두 다르다. 그럼에도 불구하고 개인의 꿈이 팀의 꿈으로 뭉쳐 있다면 팀이 해낼 수 있다는 것을 믿게 된다. 좋은 팀은 생산성을 높이는 공동목표 전략을 통해서 목표를 달성하는 팀이 될 것이다."

애니는 윤정에게 말했다.

애니: 넌 앞으로 창작 아티스트가 되는 게 꿈 아니었니? 음악을 통해서 많은 사람을 행복하게 해 주는 거였지? 그러니 너처럼 꿈이 간절한 친구를 찾아서 성공한 성취인의 용기를 심어 주면 좋겠다.

윤정 역시 애니를 바라보며 말했다.

윤정: 그럼 애니는 리더십이 좋으니 지도자가 되어서 우리를 지켜 줘. 우리가 기부 많이 해서 엄마 다시 만나게 해 줄 테니까, 지구는 애니가 맡아 줘.

윤정이 농담조로 격려하자 힐튼은 애니를 바라보며 오랜만에 윤정이 정확한 속 이야기를 했다면서 깔깔 웃었다. 힐튼은 모처럼 학창 시절 이야기를 꺼내면서 애니와 윤정에게 힘이 되는 이야기를 해 주었다.

힐튼: 우리 함께 백화점에서 마음껏 쇼핑도 하고. 아니다, 아냐, 이제는 G 국가 백화점에서 쇼핑해서 현실 세계로 보내면 되겠구나. 그러니 너희들은 나에게 잘 보여야 한다고. 나의 꿈은 호텔 상속 집안이 될 테니. 뭐, 당연히 부자가 되어 있을 테니까 말이지.

그러면서 어깨를 으쓱거렸다. 애니는 각오를 다졌다.

애니: 그러니까 우리는 반드시 히어로 등급으로 올라가야 해. 그러기 위해서는 팀워크가 필요해 나는 어떤 일이든 하고자 하는 성공 욕구가 강한 친구들을 모아 볼게. 우리 셋이 오랜 단짝이 되었던 것처럼 우리 3명이 각각 비슷한 친구들 데려오면 너무나 잘 어울릴 거야. 그렇지 않니?

윤정도 동감했다.

윤정: 그래, 우리는 실패하지 않아. 잘 기억해 봐. 우리가 사람을 미리 평가할 수는 없지만 좋은 땅이나 하늘 같은 좋은 사람들로 팀원을 구성해야 한다고 봐. 가상 세계 AI 교수진이 일괄되게 한 말 기억하지?

"여러분의 환경은 각자 다르다. 그럼에도 불구하고 개인의 꿈이 팀의 꿈으로 뭉쳐 있다면 팀이 해낼 수 있다는 것을 믿게 되고, 공동목표(共同目標)를 해내는 팀을 만들 것이다."

윤정: 어차피 20%의 사람이 G 국가 시민이 될 기회를 받게 되고 하위 20% 사람은 인간 잠재력을 향상시키는 것에는 관심 없는 사람들이라 적당히 생활 지원비나 바라고 들어왔을 테니 이런 일들이 할당된 조건에 맞으면 떠날 거야.

힐튼은 궁금한 점이 있었다.

힐튼: 그렇다면 상위, 하위 20%를 뺀 나머지 60%는 어떤 사람들일까?

윤정: 그 사람들은 아마도 눈치 보면서 대세를 따르는 사람들일 거야. 힐튼도 얼마 전까지 이 부류였던 것 같은데.

그러면서 힐끗 쳐다보자 힐튼은 말했다.

힐튼: 60% 안에서도 나처럼 보석 같은 사람이 나온다니까.

힐튼의 말에 다들 박장대소했다. 애니는 결론을 내기 위해 팀원의 의견을 들어보려 했다.

애니: 지금 우리에게 필요한 열두 명은 나와 같은 생각을 가지고 있어야 하고, 그중에서도 나와 비슷한 자기계발에 대한 에너지를 가진 사람인 20%를 먼저 찾아야 해. 그리고 힐튼 말처럼 60% 계층에서도 포기해선 안 돼. 12명 이상을 모을 수 있는 좋은 의견 있니?

힐튼: 내가 G 국가 시민이 되기로 결심했던 이유와 그걸 통해서 내가 이루고 싶어진 꿈 이야기가 설득력이 있다고 생각해. 너희들 생각은 어떠니?

윤정: 그런 것 같아. 우리가 모아야 할 이 12명은 낙오 없이 모두 히어로 등급으로 올라가야 해. 그러려면 끈기가 있고 자기계발에 대한 에너지가 넘치는 친구들 중심으로 적임자를 찾아야지. 생각해 보면 처음에는 힐튼도 이 초대 정보를 듣고 결정을 못 하는 60%였지만 평소 자신의 꿈이 명확했지. 원하는 것, 바라는 것, 하고 싶은 것들이 있었지. 우리가 다 알고 있을 정도로 자신의 꿈과 목표를 이야기하고 다녔으니까 말이지. 힐튼 같은 친구를 찾아야 해. 초대에

겁을 내지 않으면 돼. 초대했다고 해서 그들이 모두 선택되는 건 아니니까.

힐튼: 오, 바람직한 평가인데? 하하, 단지 폭탄 같은 애들만 안 들어오면 좋겠다. 우리 팀은 좋은 사람들이니 좋은 사람들이 들어와야 하잖아.

애니: 맞아. 우리 힐튼은 폭탄은 아니었어. 하하.

힐튼은 자신의 경험을 이야기한다.

힐튼: 맞아. 나는 폭탄은 아니지! 그런데 생각해 봐, 애들아. 나의 경우는 처음에 얼마나 부정적이었니? 지금의 열정은 결국 VR·AR 학교에서 AI 교수진으로부터 자기계발을 방법을 배우면서 가지게 됐어. 그러면서 내가 잘할 수 있겠다는 생각이 들었거든? 뭐, 원래 자신감은 있었지만 비전을 정확히 보면서 자기계발이 부자를 만들어 주는 데 도움이 될 거라는 판단이 지금의 열정을 나오게 한 거지. 그러니까 현재 부정적인 사람이나 꿈이 없는 사람도 꿈을 가질 수 있다는 거야. 모든 것은 당사자의 타이밍의 문제이고 변화에 대해 집중하고 몰입하는 에너지의 문제라고 생각해. 우리는 그 타이밍을 살펴야 하고. 그러니 우리는 인터뷰 미팅을 VR, AR, XR(MR) 클래스에서든 인게이지에서든 진행해서 팀의 공동목표를 이루어 내야 해. 그렇게 생각하니 너무나 초대할 사람이 많은 거야⋯. 아휴, 다시 복잡해지네.

힐튼은 양손으로 자기 머리채를 잡고 흔들기 시작했다.

윤정: 그래. 네 말처럼 타이밍의 문제다. 네 말이 맞아. 그러니 머리 잡고 흔드는 버릇은 이제 그만 고치면 안 되겠니? 지금 네 머리 좀 봐. 엄청 웃겨.

애니는 좋은 아이디어를 찾은 듯했다.

애니: 오늘 우리의 대화는 우리 팀을 이해하고 아이디어를 찾는 좋은 시간이었다고 생각해. 윤정, 힐튼. 오늘 나눈 내용을 가지고 과제물에 참조하기로 하자. 내일부터는 G 가상 국가 거리에서 과제 하는 날이지? 일찍들 자고 내일 만나자.

넥스트 키워드 3

또 하나의 세상

오, 우리가 처음 믿기 시작할 때,
우리는 얼마나 뒤얽힌 망을 짜는가(믿음은 믿음을 낳는다).

Oh, what a tangled web we weave
when first we practice to believe.

– 로렌스 J. 피터(캐나다의 교육자)

세 번째 넥스트 키워드 편에서는 우리의 주인공들이 최선을 다할 때 나타나는 삶의 여정과 선택을 다룬다.

인간은 환경을 지배한다고 했던가? 또 하나의 세상은 자연스럽게 받아들이는 세상이 되어 간다는 것을 말하려는 듯이 힐튼과 윤정, 애니의 여정은 전투적으로 변했다. 각자가 추구하는 삶은 다를지 모르나 인간이 살아가는 방식의 기본은 신뢰 관계 안에서의 의사소통이다. 그리고 인간적인 감정 이입을 위한 설득과 이성적 판단을 위한 논리적 공감력이다.

무엇을 선택하고 무엇에 집중할 것인가? 이것은 급변하는 시대에 서민에게 요구되는 성공 자질이다. 위협은 아이디어와 미래의 관점에서 상상하면 기회가 되고, 시간적 관점에서 생각하면 앞선 이들이 가진 자존감을 통한 당당한 성공법이 되는 것이다. 누구나 바라고 원하는 풍요와 자유의 주인공이 될 수 있는 것이다.

세 번째 넥스트 키워드에서는 바로 서민으로 살아가는 우리들의 모습 안에 생존하고자 하는 삶의 역동적인 모습들이 확인된다.

G 기업이 만든 가상 국가는 개척자의 정신으로 새로운 도전과 용기를 가진 사람들에게 열정을 나타내라고 요구한다. 풍요와 자유의 길 너머에 있는 위대한 삶의 여정을 목표로 하는 히어로 등급이 자주 언급되는 것도 가상 세계에는 더 큰 이상을 가진 리더가 필요하기 때문이다. 리더의 생각은 세상에 영향을 끼친다. 그들의 삶은 씨앗 같은 역할을 하기에 땅에 뿌려져 자라며 열매를 수확하게 된다. 그리고 때가 되면 열매에서 나온 씨앗은 또 다른 누군가에게 풍요와 자유를 공유한다. 5차 산업혁명 시대가 요구하는 리더는 삶의 가치와 인간다움이라는 영향력을 세상에 뿌리면서 인간 중심 공동체의 행복을 위해 노력하고 집단을 계몽·선

도하는 사람이다.

　그 점은 세 번째 넥스트 키워드에서 힐튼, 윤정, 애니가 새로운 분야에서 최선을 다하는 과정으로 살필 수 있다. 애니, 윤정은 G 국가 시스템이 인격체처럼 살아 있음을 감각적으로 하나씩 깨달으면서 훈련 과정을 믿음으로 받아들이게 된다. 애니, 윤정, 힐튼이 장애물을 어떻게 돌파해 나가는지보다는 왜 포기하지 않으려 하는지를 살펴보라. 그러면 윤정과 애니, 힐튼이 대화하며 깨달을 수 있도록 가상 국가 노인이 남기는 말의 의미를 이해하게 될지도 모른다.

　"자네들이 말한 습관과 풍요의 정의는 쉽게 알 수 있는 게 아니야. 그러나 내 상품을 잘 살펴보면 힌트를 얻게 될 수도 있을 것 같네만. 자, 여기⋯. 이 귀한 물건을 좀 보여 주고 싶은데⋯."

　애니는 노인의 황당한 제안 속에서 무엇인가를 깨닫고 이렇게 말했다.

　"이 프로그램은 우리 개인들에게⋯."

　궁금한가? 그렇다면 본문을 흥미롭게 읽어 보도록 하라. 집중하고 몰입하라. 당신의 삶의 여정을 풍요롭게 해 줄 아이디어가 들어 있을지 모른다. 4차 산업혁명과 5차 산업혁명 시대를 연달아 살아가는 지금, 우리는 생존할 4차산업형 비즈니스 모델이 만나야 한다. 5차 산업혁명 시대가 요구하는 방향을 바라봐야 한다. 그럼에도 시대흐름을 이해하지 못하고 10년 전, 20년 전도 모자라 심지어 50년, 100년이나 된 과거 비즈니스 모델에 머물러 있는 당신을 살펴보길 바란다,

　진정 성공하기를 원하는가? 우리의 사고방식은 5차 산업혁명 시대로

따라가고 있는데 50년, 100년 된 오래되고 낡은 성공 시스템이 당신을 지킬 수 있다고 착각하고 있지는 않은지 고민해 봐야 한다. 당신이 아직도 3차 산업혁명 시대의 관점에 머물러 있다면 당신의 모든 비전은 3차 산업혁명 시대에 멈춰 있는 것을 기억하길 바란다. 기분이 언짢아졌다면 쿨하게 이 책을 덮길 바란다.

그러나 당신과 나는 알고 있다. 우리의 기분보다 더 중요한 것은 우리의 삶의 풍요와 자유는 시대흐름에 맞춰 준비하고 추구해야 한다는 것을. 그러므로 몰입하고 집중해서 마지막 장까지 읽기를 바란다.

더 나아가 세 번째 넥스트 키워드 '또 하나의 세상'의 시나리오는 여러 경험을 퍼즐 조각처럼 맞춰 나가라고 요구하는 것 같은 반복된 논리 전개가 이어져 혼란스럽기까지 할 것이다. 특히 코인 평점 숫자와 전체 평균 비율이 언급되는데 당신이 신경 쓸 만한 수치들이 아니다. 계산하려고 들지 말라. 그냥 '그렇군.'이라고 생각할 정도만 가독(可讀, readability)하며 흐름만 파악하면 된다. 즉 목표 달성, 정속 열정, 습관과 태도 안에서 발견되는 통찰 같은 것 말이다.

당신은 이 모든 게 이해되는가?

세 번째 넥스트 키워드로 들어가 보아야 무슨 말인지 알 듯하니 우선 들어가 보도록 하자. 잠깐, 당신이 이 책을 읽고 있다는 것만으로도 부자가 되거나 풍요를 누리는 자유인이 되어 있을지도 모른다. 기회는 갑자기 오는 것이며 오늘의 미래는 내일의 미래가 아니기 때문이다. 노인의 말이 힐튼에게는 황당하게 들린 것처럼 당신에게도 황당하게 들릴 수 있다. 그렇다 할지라도 나는 당신에게 미리 축하한다는 말을 해야만

한다. 자, 그럼 세 번째 넥스트 키워드 '또 하나의 세상'을 통해서 함께 확인해 보도록 하자.

선택

한 권의 책은 세계에 대한 하나의 버전이다.
그 버전이 마음에 들지 않으면 무시하든지 답례로 자신만의 버전을 제공하라.

A book is a version of the world. If you do not like it, ignore it;
or offer your own version in return.

- 살만 루슈디(소설가)

윤정: 얘들아, 너희도 보이지? 굉장한데. 세상에. 팬데믹 상황이 계속
된 지가 벌써 몇 년째인데, 이곳은 아주 풍요가 넘치는 땅이구나!
가상 세계 안에 이렇게 많은 사람이 살고 있었다니…. 저들은 현실
세계에서는 어떤 삶을 살고 있을까 궁금하다. 여기에서처럼 부자일
까? 아니면 가난한 사람일까? 이들은 어떤 꿈을 이루기 위해서 왔
는지 궁금해지는데. 그냥 단순히 기본 소득을 조금이라도 더 받으
려고? 신기하게도 이곳의 아바타들은 무척 행복해 보여. 왠지 내
마음까지 행복해지는 것 같아.

윤정이 G 가상 국가를 돌아보며 흥분된 목소리로 말했다.

윤정: 우리가 받은 과제가 거리를 돌아다니면서 어떤 사람이 풍요의
정의를 내릴 멘토인지, 성공 습관을 잘 가지고 있는 멘토인지를 찾

은 뒤에 우리들의 습관이 가진 문제를 깨우치고 어떤 점을 개선해
야 할지 7일 뒤에 발표하는 거 맞지?

힐튼: 맞아. 이번 과제를 잘 해내면 우리 팀은 무려 1억 코인의 자산을
획득하게 된다고 말했어.

윤정: 자자, 그럼 어떤 사람이 우리의 과제를 해결해 줄 분인지 눈 크
게 뜨고 찾아보자고. 가자!

이렇게 힘찬 출발을 외쳤건만. 애니, 윤정, 힐튼은 지금 조급하고 초조
한 마음으로 G 국가 구석구석을 찾아다니고 있다. 왜냐하면 벌써 7일째
인데 멘토 비슷한 사람은 만나지도 못했기 때문이다. 힐튼이 지쳐 가는
목소리로 말했다.

힐튼: 어휴, 난 모르겠다. 더 이상 못 찾겠다.

'못 찾겠다. 꾀꼬리 꾀꼬리. 나는야 나는야 술래.'라는 가사를 흥얼거
리면서 주저앉았다. 아버지 세대나 알 만한 오래된 멜로디와 가사의 노
래를 부르는 건 힐튼이 정말 힘들 때 나오는 습관이다. 무척이나 세련되
고 새침데기인 힐튼이 저 노래를 흥얼거릴 때면 모두가 그녀의 예상치
못한 행동에 놀랐다. 주변을 즐겁게 만드는 반전의 매력이 있었다. 어찌
되었든 힐튼은 지금 아주 힘들다는 거다. 힐튼은 갑자기 거리에 털썩 주
저앉으며 투덜댔다.

힐튼: 풍요와 습관 멘토가 누군지도 모르겠는데 어떻게 만날 수 있는
거냐고? 모래사장에서 바늘 찾기지. 물어봐도 다들 아니라고 하니
까. 벌써 7일째야. 나는 포기다. 아니, 나는 몰라. 별 희한한 과제에

1억 코인 평점을 준다니…. 무슨 다른 꿍꿍이라도 있는 거 아닐까?

이때, 한 노인이 어디선가 나타나 힐튼의 어깨를 잡고 일으켜 세우며 말했다.

노인: 여보게, 청년. 땅바닥에 앉지 말고 내 가게에 들어와서 쉬었다 가게나. 많이 지쳐 보이는군.

세 사람은 이상한 기운에 이끌려 가게로 순순히 따라 들어갔고, 노인이 내어준 따뜻하고 향긋한 차를 낯설었지만 편안한 의자에 앉아 마셨다. 조금 전까지 느꼈던 조급했던 마음이나 피로가 한 번에 풀리는가 싶더니, 어느덧 마음의 여유가 느껴졌다.
노인이 입을 열었다.

노인: 무엇을 찾고 있는 건가?

VR·AR 학교 과제를 하고 있으며, 습관과 풍요의 멘토를 찾아 7일간이나 G 국가 전체를 헤매고 있는 중이라고 자초지종을 이야기했다. 이야기를 끝까지 들은 노인은 고개를 끄덕였다.

노인: 자네들이 말한 습관과 풍요의 정의는 쉽게 알 수 있는 게 아니야. 그러나 내 상품을 잘 살펴보면 힌트를 얻게 될 수도 있을 것 같네만…. 자, 여기. 이 귀한 물건을 좀 보여 주고 싶은데. 이것은 말이야, 고대 아라비아 상인들로부터 내려온 신기한 것인데, 자네들의 이야기를 들어보니 이 반지가 VR·AR 학교 과제를 수행하는 데 필

요한 물건이라는 생각이 드는구먼.

평점이라는 그 점수 말이야. 성공 습관은 결국은 자기계발이거든. 이 반지를 손에 끼고 있으면 성공 습관을 벗어나 과거로 되돌아가려고 할 때마다 진동이 울리면서 도움을 주는 건데, 말하자면 습관 교정 웨어러블이라고 볼 수 있지.

그러면서 힐튼에게 반지를 건넸다. 힐튼은 당황한 듯 노인의 반지를 거절하며 말했다.

힐튼: 네, 어르신. 알겠어요. 뭔가 오해하신 거 같은데요. 우리는 습관과 풍요에 대한 정의를 내려 줄 멘토를 찾는 거지, 습관을 체크해 주는 이런 장난감 같은 걸 찾는 게 아니에요. 제 말이 이해되세요?

노인: 오, 그럼 제대로 임자를 만난 것 같군그래. 젊은이들, 이 습관 반지를 사 가게나. 그럼 내가 습관과 풍요의 정의를 가르쳐 주겠네.

이 말에 애니와 윤정은 눈이 휘둥그레져서 노인을 바라보았다

애니: 그럼, 어르신이 습관과 풍요의 정의를 알고 있다는 겁니까?

노인: 그럼 알고말고.

윤정: 그걸 저희가 어떻게 확인할 수 있죠?

노인: 내 말이 진실인지 아닌지는 이 습관 반지를 사야만 알 수 있네. 습관은 과거의 실패했던 패턴에서 벗어나게 하는 자기계발 향상과 관련이 있다고 AI 교수들도 가르치지 않던가? 자, 어떤가? 이 습관 반지를 살 텐가?

이때 윤정이 결심한 듯 나서며 물었다.

윤정: 이 반지 3개면 얼마를 지불해야 하나요?

노인: 음, 3개를 산다면 아주 저렴하게 주지! 아주 오래전에 아라비아 상인에게서 얻은 이 반지는 처음엔 12개였지. 지금 이렇게 딱 3개밖에 남아 있지 않단다. 음, 3개라면 이 습관 반지는 차고에 있는 자동차와 바꾸기로 하자.

힐튼: 아니, 말도 안 돼…. 영감님, 결국 이 말도 안 되는 반지랑 우리의 페라리랑 바꾸라고요? 얘들아, 얘들아. 이건 말도 안 돼. 우리 집뿐 아니라 집안 귀중품들과 자동차들까지 히어로로 넘어갈 때 코인 평점으로 계산된다고. 탈중앙화 금융(Decentralized Finance)에 맡겨만 놔도 이자 소득이 얼마인데. 얘들아, 내 말의 의미를 알겠지? 우리 자동차가 지출 교환 목록이긴 하지만 이 하찮은 반지와 바꾸는 건 우리에게 너무 큰 손실이 될 수 있다고.

노인은 힐튼이 짜증 내는 소리에도 아랑곳하지 않고 차분히 말을 이어 갔다.

노인: 그럼 어떡할까? 이 청년 말대로 자동차는 지출 교환 목록에 포함되지. 그렇지? 여긴 가상 세계의 G 국가라네. 룰에 의하면 히어로 팀으로 올라갈 때 팀 자산 평점에 포함되는 게 자동차지? 개인과 팀 코인 평점도 지켜야 하고 말이야.
하지만 잘 생각해 보게. 오늘까지 습관과 풍요의 멘토를 만나지 못해서 과제를 해내지 못한다면, 페라리 자동차나 집 같은 가상 세계 재산이 무슨 소용이 있겠나?

힐튼은 그래도 주장을 굽히지 않았다.

힐튼: 겨우 1억 코인 평점을 확보하려고 페라리 자동차랑 교환한다고요? 10억 코인인 페라리라. 난 절대로 받아들일 수 없어. 이해 불가다. 리더는 애니니까 너희가 알아서 판단해. 나는 저 노인에게 속아 넘어가는 기분이야.

애니는 힐튼에게 자중하라면서 노인에게 우리끼리 대화를 하겠다고 양해를 구하고 밖으로 나왔다. 윤정이 힐튼, 애니에게 작은 소리로 물었다.

윤정: 저 반지가 그만한 가치가 있는 걸까?

애니가 말했다.

애니: 우리 전체의 과정을 생각해 보자고. 우리가 일주일 동안을 G 국가 전체를 이 잡듯이 골목골목 다녔는데, 마지막 날에 갑자기 스스로 우리 앞에 나타난 노인이 습관과 풍요의 정의를 가르쳐 준다면서 우리에게는 VR·AR 학교를 졸업하는 데 중요한 팀 코인 자산인 자동차와 반지를 교환하자고 하잖아? 뭔가 이상하지 않아? 여기는 가상 세계라고. 관점이 현실 세계와 다르게 돌아가지 않겠니? AI 교수들의 강의에서도 이 가상 세계가 존재하는 배경을 설명했잖아. 4차와 5차 산업혁명으로 생산성은 높아지는데 일자리가 급속히 사라지는 환경에 있다가 초대를 받고 들어온 사람들에게는 관점의 변화가 쉽지 않을 수 있다고 생각해. 힐튼의 생각도 틀린 말은 아니지. 그런데 말이야. 이 세계는 인공지능과 공존하는 인간 공동체 중심의

삶을 살아갈 지도자들을 양성하는 인재 양성 시스템으로 만들어졌다고 했지? 그런데 G 국가는 이 모든 걸 움직이는 것이 지식과 물질이 아닌 인간 잠재력 안에서 나온다는 점을 계속 강조하고 있어.

팔짱을 끼고 듣고 있던 힐튼이 한마디를 툭 던졌다.

힐튼: 그래서? 애니 네가 하는 말의 결론은 뭔데?

애니: 자, 힐튼. 잘 들어 봐. 내 생각은 말이지, 이 G 가상 국가에서 하는 프로젝트, 이 넥스트 키워드 자체가 바로 우리의 멘토인 것 같아.

힐튼은 이해하기 어렵다는 듯 물었다.

힐튼: 그 말은 우리가 숨 쉬는 공기 자체가 시스템이라는 말과 같은 거잖아?

고개를 절레절레 흔들며 수긍할 수 없다는 표정을 지어 보였다. 애니는 그 모습을 보고 말했다.

애니: 힐튼, 우리의 습관과 풍요의 정의를 가르치는 바로 그 멘토가 G 국가 시스템인 넥스트 키워드 프로그램이라는 거야. 이 프로그램이 우리 개인들에게 맞게 작동하면서 우리를 훈련시키는 거대한 시스템이라고 생각해. 그러므로 멘토는 우리가 현실 세계에서 생각하는 특정한 어떤 인물이 아니라는 거야.

우리가 여기 가상 세계인 G 국가에 들어와서 경험하는 모든 것이 AI 알고리즘에 의해 우리를 가르치는 멘토가 되는 거지. 그 과정에서 자기계발이 진행되고 있는 거야. 바로 오늘 이 노인과의 만남과 그 과정에서의 모든 사건이 우리들의 잠재력을 향상시키기 위한 프로그램으로 작동하는 것 같아.

자, 이게 나의 결론이야. 그러니까 우리가 이 프로그램에 있는 이상 저 노인의 제안은 특별한 코칭과 같은 가르침이라는 거야. 이제 내가 하는 말이 이해되니?

윤정: 좋아. 그렇다고 본다면 우리가 해야 될 결정은 무엇일까?

심각하게 듣고 있던 윤정은 애니에게 물었다.

애니: 윤정아, 그리고 힐튼! 만약 저 페라리 자동차의 가치가 10억 코인이 아니라 단 1코인이라고 한다면 이 거래를 어떻게 해야 할까?

힐튼: 1코인이라면 당장 저 반지랑 교환해야지.

힐튼이 당연하다는 듯이 대답했다. 둘의 대화를 지켜보던 윤정이 말했다.

윤정: 맞네. 맞아, 바로 그거야. 우리가 7일간 놓치고 있던 부분이 바로 이 점이야. 나는 결정했어. 애니, 너는 역시 우리 팀의 리더야. 인정. 고로 나는 찬성이야. 우리의 첫 번째 과제를 위해서는 저 반지를 우리의 페라리와 바꿔야 해. 습관만 형성할 수 있다면 페라리 자동차 정도는 얼마든지 다시 벌어들일 수 있을 거니까. 안 그래, 힐튼?

애니와 윤정은 아직도 우리가 뭔가에 홀린 게 아니냐는 힐튼을 설득해서 합의하에 교환하기로 했다. 팀 재산 관리 카드에서 페라리 자동차를 전송하고, 노인의 앞에 앉았다. 노인은 조용히, 그러나 명확하고 신뢰감 있게 말을 이어 갔다.

노인: 바로 조금 전, 그러니까 이 골목으로 들어오기 전에 너희 앞에 있던 어린아이가 넘어졌다. 음, 그래. 바로 너였지. 이름이 뭐지?

힐튼: 힐튼입니다.

노인: 그래, 맞아. 힐튼 네가 일으켜 세워 주었고. 그다음엔… 그래, 바로 너였지?

윤정: 윤정입니다.

노인: 그래, 그 아이는 부모를 길에서 잃어버리고 엄마를 찾아다니다 넘어져서 상처가 심해 치료부터 해야 했지. 윤정이는 아이가 울고 있는 것을 안타까워하며 네가 가지고 있던 AR을 꺼내서 VR·AR 학교 콘텐츠에서 애니메이션을 보여 주고 달래 주면서 마음을 안심시켜 주었다. 그렇지 않니?

그리고 애니구나. 너는 마지막 남은 AI 교수 호출 카드를 꺼내서 사용했고 부모를 찾아줄 신고 센터로 보내 달라고 요청하는 섬세한 배려를 했다. 아주 중요한 결정을 위해서 남겨둔 마지막 AI 교수 호출 카드를 사용한 거지. 처음 방 배정을 받을 때 사용했고, 애니 어머니를 소환할 때 사용했으니 이제 한 번 남았다는 것을 알았을 것인데도 아이를 구해 주자는 애니의 제안에 너희들은 서슴없이 동의하고 마지막 호출 카드를 사용했던 거다. 안 그러니?

사실은 말이지, G 국가 시민으로 초대된 게 중요한 게 아니란다. 내가 너희들에게 하고 싶은 말은 따로 있단다. 나는 지구 지도자 졸업생으로서 오랫동안 여기 가상 국가를 관찰하면서 나의 삶을 고민해 왔는데 여전히 깨우치지 못하고 있는 부분이 있단다. 아직 개인적 인생 과제가 미완성 상태란다. 그래서 스페이스 등급에 올라갈 이유를 발견하지 못하고 있는 것이지. 이건 어디까지나 나의 문제이지. 나는 인류 공동체 가치를 발전시키는 스페이스 지도자 등급에 관심이 많음에도 불구하고 스페이스 지도자 등급을 받아야 할 이유를 오늘에야 깨닫게 되었다. 나는 오늘을 계기로 당분간 히어로 등급에 오른 학생들을 가르치는 일을 하면서 인플루언서의 또 다른 영역인 스페이스 지도자 등급 과정에 대해 준비를 더 해서 승급을 해야 할 것 같구나.

윤정: 궁금해요. 지구 지도자 과정을 졸업 후 스페이스 지도자로 올라가지 못하게 막는 내적 갈등이 무엇이었죠? 특별한 이유가 있나요?

노인: 너희도 겪게 되겠지만, 등급을 한 계단을 올라가서 다음 등업으로 입학하여 새로운 넥스트 키워드 3개의 코어를 받고 훈련받는다는 것은 단순한 지식을 쌓는 과정이 아니란다. 매 과정 이 세계는 다양하고 예측하기 힘든 방법으로 테스트하면서 나의 잠재의식을 통해서 넥스트 키워드가 원하는 프로그램 복제를 시킨단다. 복제는 인간 역사 5,000년 속 위대한 위인들의 데이터를 이용한 알고리즘이라 그동안 나의 실패 패턴을 철저히 벗겨내는 참혹함마저 경험하게 하는 훈련이지? 이 과정을 극복해야지만 새로운 코어 훈련으로 넘어갈 수 있거든. 그런데 그 테스트가 언제 어떻게 이루어지는지, 언제 끝나는지 통 알 수 없다는 거야. 매뉴얼에 보면 "스스로 알게 되고 깨닫게 된다."라고만 언급되어 있는데, 이제야 모든 의미를 깨닫게 된 거지.

애니: 그래서요? 무엇을 깨달으셨나요?

노인: 그 말을 하기 전에 하고 싶은 말이 남아 있다. 나는 테스트에 항

상 부적격자로 평가되었다. 실패 패턴을 넘지 못하게 하는 중력과 같은 힘이 나를 감싸고 있었던 거야. 그래서 중대한 결심을 하게 되었단다. 바로 이 반지를 VR·AR 학교 훈련생들 중 적임자에게 판매하는 일을 통해 이 세계의 시스템에 기여하고 싶다는 생각이 든 거야. 나는 이 거리에서 1년을 방황하면서 생각을 실현시킬 방법을 찾고자 노력하고 있었지. 그런데 말이야, 가상 세계에 1,000일에 한 번 내린다는 무지갯빛 눈이 내리던 어느 날 이름 모를 누군가가 나타나 아라비아에서 왔다고 하면서 반지 12개를 나의 전 재산과 교환하자는 제안을 했지. 나는 그날 그것을 G 국가에 모아 놓은 가상 세계 전 재산 50억 코인과 교환했단다.

힐튼: 모든 재산과 바꿨다고요…?

노인: 그랬지. 그 이름 모를 사람과 흥정을 벌이고 있을 때쯤, 불현듯 이 세계가 나를 훈련시키는 시스템이 아닐까 하는 생각이 들었지. 그래서 나는 그 사람의 제안을 쉽게 받아들였지.

그러고 난 후 12명의 반지 주인이 내 앞에 나타나기를 바라면서 3년을 보냈던 거란다. 내가 무엇인가를 깨달아 갈 때마다 반지 주인이 나타나기 시작하면서 고객들이 비싼 가치를 지불하고 거래는 순조롭게 이루어졌고, 3년 만에 잃어버린 재산은 10배로 증가하게 되었단다. 그리고 나는 깜짝 놀랄 만한 신비로운 경험을 하기 시작했지.

힐튼: 재산의 10배가 증가했다고요? 그리고 무슨 신비로운 경험을 했다는 거죠?

노인: 어느 순간부터 나는 이 반지 12개 주인만 찾으면 스페이스 지도자가 될 수 있을 거라는 자신감이 들기 시작하더구나. 앞이 보이지 않는 사람처럼 한 치 앞도 보이지 않던 내가 스페이스 지도자에 올라가고 싶다는 자신감이 보이기 시작한 거지. 생각해 보면 나는 몇

년간은 그냥 반지 장사꾼이었던 거지?

스페이스 지도자의 삶을 살기 위해서는 우선 자기 삶의 방향보다는 인간 중심의 공동체를 위한 삶을 살아가는 사람이 되어야 하는 거지. 자신을 철저히 부인해야 한다는 것을 몰랐던 거야. 매 순간의 선택을 공동체 중심으로 해야 한다는 것을 몰랐으니까 말이지. 그런데 나는 오늘 마지막 3개의 반지 주인인 너희들을 만났다. 나는 비로소 물질세계 밖에서 귀중한 가치를 깨닫게 되었는데 너희들에게 내가 깨달은 부분을 더 이상 말한다 하여도 지금으로서는 이해하기 어려울 것이다. 지도자 반열로 올라가게 되면 나처럼 알게 될 테니….

노인은 말끝을 흐렸다.

힐튼: 그랬군요. 그럼 이 점은 어떻게 된 건가요? 반지의 주인이 나타날 때마다 어떤 신비한 경험을 한 거죠?

힐튼은 자신도 모르게 대화에 이끌려 노인에게 질문하며 가까이 다가가 앉았다.

노인: 힐튼, 궁금한가 보구나. 그럼 이야기해 주지. 매우 놀라운 일들이 일어났었다. 반지의 주인을 찾을 때마다 그들의 2시간 전 장면에 접속된다는 것을 알게 된 거야. 이 반지의 주인들이 나를 만나면 2시간 전의 상황을 들여다볼 수 있는 양자 클라우드에 접근 가능한 키가 열리는 거야. 마치 현실 세계에서의 하루 24시간 중 2시간만 녹화된 보안 CCTV를 재생하듯이 말이야.

한 사람, 한 사람의 2시간 이전 행실은 모두가 달랐지. 그런데 이상하게도 네 번째 반지 주인을 만나면서 나는 이 2시간의 사연들이 마치 퍼즐처럼 한 사람의 이야기처럼 연결될 것 같은 생각이 들었어. 그래서 지난 시간을 포기하지 않고 여기까지 온 거란다. 24시간을 완성하기까지 아주 오랜 기다림의 시간이었지.

나는 처음 이 장소에서 매장을 차려 놓고, 누가 성공할지 실패할지 그들의 행실에 관심을 가지면서 반지의 주인일 것 같은 대상이 나타나면 접근해서 반지를 설명해 주고 사 갈 것을 권유하면서 나의 물질을 챙기는 장사꾼에 불과했단다. 그러나 나는 다섯 번째 반지의 주인을 만나면서 확신이 들었어. 바로 이거다. 앞으로 7명의 행적을 알게 되면 나의 풀리지 않은 숙제가 완성될 것 같다고 말이야.

그날 이후 나는 더욱 부지런히 반지의 주인을 찾기 위해 노력하였고 새로운 반지 주인을 찾을 때마다 2시간의 녹화 행적을 살펴보면서 하나의 퍼즐로 향한다는 것을 신비하게 생각하기 시작했지. 그리고 아홉 번째 이후, 최근 1년간은 반지 주인을 만나지 못하고 있었단다. 반지 주인일 것 같은 사람이 값을 지불하고 교환하려고 해도 아홉 번째 이후부터는 반지가 손가락에 들어가는 사람을 만날 수가 없어서 나도 지쳐 가고 있던 중이었는데. 그런데 드디어, 오늘 너희들의 손가락에 반지가 끼워지는 만남으로써 나의 과제를 마치게 될 것 같구나.

너희들 덕분에 오늘 나의 인생 숙제를 완수하게 되고 스페이스 지도자 등급 훈련을 받을 용기가 생기게 되어서 감사하구나. 그래서 특별히 너희에게 이 진기한 물건도 주겠다. 이건 반지와 한 쌍인데 반지가 진동할 때마다 이 두루마리 글을 읽도록 해라.

내가 이것을 선물하는 이유는 몇 년 동안 12개 반지 주인을 만나면서 남은 3개의 반지 주인을 만난 기쁨도 있지만, 무슨 이유인지 너희들이 이 아름다운 행성인 지구와 인류의 문명에 특별한 메시지를 남길 만한 인생을 살아갈 잠재력을 가지고 있을 것 같아서다. 그러니 기쁜 마음으로 받아 가도록 하거라.

힐튼은 벌떡 일어나 노인이 건네는 두루마리를 받아 펼쳐 보더니 두루마리에 적힌 말을 읽었다.

힐튼: 이건 AI 교수가 우리에게 처음부터 알려 준 그 문장과 비슷하고 왠지 암시문 같아. 이것이 선물이에요? 별것 아니네.

노인은 빙그레 미소를 지으며 말했다.

노인: 정말 소중한 것은 항상 주위에 있단다. 그래서 내 것으로 만들지 못하고 놓쳐 버리는 거란다. 바로 가난하게 살아가게 하는 실패 패턴의 습관이 그렇게 만드는 거지.

힐튼은 노인의 말이 자신을 가르치려는 것 같아 기분이 언짢아졌다. 힐튼이 일어나 노인에게 무슨 말을 하려고 하는 순간, 애니가 힐튼의 어깨를 잡아 의자에 앉힌 후 노인에게 몸을 바짝 붙이며 말했다.

애니: 저희는 멘토로부터 습관과 행복의 정의를 듣는 과제를 수행 중이에요. 그래서 방금 그 거래를 마쳤고요. 저희에게 습관과 행복의 정의에 대해 말해 주세요. 듣고 싶습니다. 선생님.
노인: 허, 이해를 못 한 것 같지는 않은데. 선생님이라…

한참을 생각하더니 노인은 차분히 다시 같은 말을 반복했다.

노인: 그래? 나는 답을 방금까지 모두 했다고 보는데… 아직 내 말을 이해 못 한 것 같구나.

힐튼의 얼굴이 살짝 붉어지면서 "내가 이럴 줄 알았다니까. 우리가 속은 거야."라면서 쓴웃음을 지었다. 애니는 힐튼의 손을 다시 한번 살짝 누르며 흥분하지 말라는 눈빛을 보냈다.

애니: 그럼 지금까지 하신 말씀을 정리해 보면, 반지와 두루마리가 습관이고 보안 CCTV가 풍요의 정의라는 결론입니까?
노인: 맞다. 애니, 아주 영특하게 깨닫기 시작하고 있구나. 반지와 두루마리는 사용하면서 습관의 정의를 이해하고 자신의 습관으로 만들게 될 거다. 풍요의 정의 또한 잘 생각해 보면, 애니는 틀림없이 해답을 찾아낼 거다.

애니는 노인이 설명을 마치자, 설명과 더불어 스스로 풀리지 않았던 의문점이 편집되어 가듯이 정리되었다. 애니는 생각했다.

'만약 집안에 도둑이 들어왔다면, 하루 중 2시간만 녹화하는 CCTV로는 되지 못한다. 24시간이 녹화되어야 모든 걸 확인할 수 있는 법이지. 마찬가지로, 우리가 살아가는 동안 쌓은 재물이라는 2시간 만의 풍요로는 결코 행복하지 못하다. 우리가 평생을 걸고 모으는 자산이 우리의 삶 가운데 모든 문제를 해결해 줄 수 있을 것처럼 믿을지 모르지만, 막상 우리가 도움을 필요로 하는 문제 앞에서 보안 CCTV에 녹화된 파일 내용이 없다면 얼마나 당혹스럽고 허탈할까 생각해 보아야 한다. 노인은 우리의 인생을 24시간이라고 비유했고, 우리의 삶의 여정 가운데서 물질인 자산으로는 해결할 수 있는 일들이 2시간 정도밖에 되지 않는다고 했다. 2시간 중심의 삶을 살아온 인류 앞에 인공지능과 공존하는 5차 산업혁명 시대가 다가왔기 때문에 우리는 문제를 해결하는 새로운 길을 찾아야만 한다는 것을 이야기해 준 것이다.

그러므로 이 시대에 진정한 풍요와 행복을 만나기 위해서는 결국 눈에 보이는 자산이나 개인의 욕구, 성취뿐 아니라 남은 22시간을 찾아야 하는 것이다. 그래야지 24시간 중 2시간에 지나지 않는 물질의 풍요로 이끌리는 삶을 사는 오류를 인생의 종착역에서 범하지 않게 되는 것이다.

남은 22시간을 찾기만 하면, 마음만 먹으면 언제든지 엄청난 풍요를 쌓는 거부가 될 것이다. 그럼 여유롭게 일을 행하기가 수월해질 테니 노인은 우리에게 강력한 훈련 동기를 알려 준 것이다. 그러므로 우리는 인플루언서 상인이든 지도자의 삶이든 크게 성공한 24시간 연속 재생되는 삶을 선택해야 한다. 그것이 바로 진정한 성공이다. 그것이 진정한 부자이다. 그것이 진정한 행복한 삶인 것이다.

홀로된 물질, 짝 잃은 물질은 인간의 삶 가운데서 이중적이며 가식적이라 우리의 삶을 의미 없게 살게 하고 삶의 여정을 위태롭게 만든다. 그러나 이러한 경험도 어느 구간에서는 성장을 위해서는 필요한 것이다. 평생 가난한 사람은 이해하지 못한다.

그러므로 G 국가에서 추구하는 시대, 인류의 다양한 가치와 문명, 언어가 공존하는 풍요와 평화의 시대에는 누구나 부자가 될 수 있다. 이들이 잠재력이 향상된 세계관을 가진 자이다. 이들은 인간 중심의 공동체를 위해 헌신하는 삶을 살 수 있는 자들이다. 이들은 부자가 되는 자기계발된 잠재력을 훈련받으면서 또 다른 사람들은 이곳에 불러들였다. 이들은 누구란 말인가?'

이런 생각에 빠져 있는 애니를 노인은 힐끗 바라보다가 이렇게 말했다.

노인: 내가 너희들을 만나서 너무 행복하구나. 너희들에게 건넨 두루마리 속 '문장의 힘'을 무시해서는 절대 안 된다.

노인이 그들의 손에 끼워진 반지를 바라보면서 말했다.

노인: 오래전부터 너희들 것이었던 것처럼 딱 들어맞는구나. 이 반지에는 그동안 VR·AR 학교 졸업생들의 통계 알고리즘과 연결되어 있으니 잘 사용하면 도움이 될 거다.
그리고 이 두루마리는 과거 아주 위대한 아라비아라는 상인들 사이에 내려온 보물로, 이 두루마리를 자주 읽을수록 우리들의 생체 반응과 연동되어 좋은 평점을 받게 해 준다. 반지의 진동이 울리면 낭독하고, 이 두루마리가 제시한 대로 듣고 따라 하는 것이다.

이 모습을 힐튼은 못마땅하게 쳐다보고 있었지만, 노인은 아랑곳하지 않고 중요한 한 가지를 이야기해 주었다.

노인: 너희의 재산 창고에 가상 세계인 G 국가 코인이 많이 쌓여만 있다고 좋아하지는 말거라. 재산은 성공 습관에 의해서 늘려 가는 것이다. 자신의 좋은 습관을 형성할 일들에 재산을 지출하도록 해야 한다. 그렇게 행동하면 좋은 습관을 만들어 가는 훌륭한 존재가 될 거다. 애니, 힐튼. 너희가 나처럼 지도자 등급에 도전하기를 원한다면 풍요에 대한 깨달음이 있어야 훌륭한 지도자가 될 수 있다는 것을 반드시 기억해야 한다.

연로한 아바타의 모습으로 있는 노인이지만, 왠지 비범함이 느껴졌다.

윤정: 저… 혹시 이름을 알 수 있을까요?

윤정이 노인에게 물었다.

노인: 나의 이름은 쌤(ssem)이다.

그들과 성공의 자리에서 다시 만날 것을 기원하며 노인은 총총히 멀어져 갔다.

노인은 떠나고, 세 사람의 손가락에 웨어러블 습관 반지와 두루마리가 파일로 남아 있었다. 반지를 끼워 주면서 노인이 한 말이 무슨 의미가 있는 말처럼 귓전에 맴돌았다.

"12개의 반지는 지금 손에 끼웠다 하더라도 스페이스 지도자 자질이 상실되면 히어로 등급 졸업 시에 새로운 주인을 찾아 사라지게 되어 있 단다. 나는 너희들이 실제 주인이 되길 희망하겠다."

반지를 바라보며 노인이 남긴 말을 생각하던 애니는 이 거래를 한 것이 잘한 결정이었다면서 흐뭇해했고, 윤정은 "인플루언서 상인이냐 지도자냐. 이것이 문제로다!"라며 윌리엄 셰익스피어를 흉내 내며 미래에 대한 즐거운 고민에 빠졌다.

반면 힐튼은 거래 방식이 마음에 들지는 않았고, 이해할 수 없는 말들만 거창하게 남긴 노인이었지만, 손가락에 예쁘게 끼워져 있는 반지를 바라보면서 마음이 편안해지는 것을 느꼈다.

이때, 누군가의 목소리가 들려왔다. "잠시만요!" 가상 세계를 나가려고 준비하다 멈추고, 셋은 동시에 소리 나는 쪽을 돌아보았다.

그들을 부른 목소리의 주인공은 젊은 청년이었다. 그는 자신을 G 가상 국가 카레이싱 선수라고 소개하면서 페라리 자동차와 습관 반지를 교환하는 장면을 보고 있었다며, 그런 배짱이면 함께 카레이싱을 배워 보는 것은 어떻겠냐고 물었다.

그의 예상치 못한 갑작스러운 제안에 그들이 정중하게 거절하고 현실 세계로 떠나려 하자, 그는 길을 막아서며 자신의 손에 끼워진 반지를 보여 주었다.

세 사람과 같은 반지였다. G 국가 가상 세계에 단 12개만 존재하는 반지를 낀 사람을 처음 만나게 된 것이다. 그의 사연이 궁금해졌다. 궁금한 걸 못 참는 힐튼이 재빠르게 물었다.

힐튼: 어떻게 이 반지를 끼게 된 거죠? 카레이서도 인플루언서인가요?

그는 자신의 이름을 정우라고 소개하면서, 평소 정신력과 끈기가 부족하여 이 가상 세계 시민이 되어 잠재력을 개발하면 현실 세계에서도 성공한다는 말에 G 국가 시민이 되었다고 했다.

G 국가 시민이 되고 나자, 이상하리만큼 적응도 잘 되고 현실 세계에서와는 다르게 목표관이 뚜렷해짐을 느끼게 됐다고 했다. 그리고 VR·AR 학교 마지막 테스트 과제가 카레이싱이었고, 그 과제의 목표는 바로 G-F1 레이스에 나가 3등 이상을 달성하는 것이었다고 했다.

그래서 스포츠카를 타 본 적도 없고 F1 스포츠가 무엇인지도 모른다고 하자, 담당 AI 교수는 세계적으로 유명한 루이스 해밀턴이나 미하엘 슈마허 같은 GP 마스터가 G 국가에서는 인간 잠재력으로 얼마든지 나올 수 있다고 했다. 내가 진실로 목표에 달성하고 싶다면 졸업 평점만을 생각하지 말고 상상으로 새로움에 도전해 보라고 조언해 주었다는 것이다.

그때 고민하며 이 거리를 돌아다니다가 바로 그 노인을 만났고 12개 중 여덟 번째의 반지를 받았다는 것이었다. 그리고 반지의 도움을 받아 가면서 카레이싱 훈련을 기초부터 집중했다는 것이었다. 반지의 울림에 따라 실패 감정과 패턴을 조정하면서 훈련하니 1년 만에 기적처럼 GP 경주에서 3위를 달성했고, 보상으로 10억 코인을 받았다는 것이다.

그는 아주 자랑스럽게 유명 인플루언서인 AI 슈마허 다음으로 들어온 사람이 바로 자신이었다는 점을 강조했다. 진짜 신기한 일은 그 과제를 달성한 후부터 자신이 G 국가에서 영향력 있는 사람이 되어 모두에게 인정을 받게 된 것이었다.

그 과정에서 깨닫게 된 것은 인플루언서라는 것은 상인만을 지칭하는 것이 아닌, G 국가에서 영향력을 끼친 사람들의 총칭으로 사용되고 있다는 것이다.

그는 집중과 몰입 부분의 스포츠 억만장자로서 G 국가 사람들에게 영향력을 끼치고 있는 인물로 인정받고 있는 것이었다.

힐튼: 그건 당신의 이야기네요. 그런데 우리를 붙잡은 이유가 뭔가요?

역시 힐튼다운 날카로운 질문이다. 정우는 멋쩍은 표정으로 말을 이어 나갔다.

정우: 사실은 말이야. 나는 카레이싱의 직업을 하기 위해 여기에 오지 않았다는 거야. 이 과정을 통해 내가 느끼고 깨닫게 된 건 바로 우

리들의 생각에 따라 이 세계가 하나로 움직인다는 거야.

그러니까 여기 G 국가는 인간 잠재력과 정신력에 연결되어 움직이는, 마치 어떤 인력이 작용되는 세상이랄까? 그러니까 우리가 읽은 『시크릿』 같은 책에서 말하는 힘이 발휘되는 세계라는 거야. 이런 생각이 나 혼자만의 것인지 아니면 이 반지를 끼고 있는 사람들에게만 일어나는 현상인지가 너무 궁금해졌거든.

그래서 너희들이 마지막 반지 3개를 페라리랑 교환하는 걸 보고 만나 이야기해 보고 싶었던 거야. 나는 오히려 이곳에서 카레이싱에 빠져서 히어로 학교 졸업 평점을 맞추지 못했다가 이번에 다시 재수강하게 됐어. 아마 너희도 히어로 학교에 입학하게 되면 나랑 같이 히어로 등급에서 만날 것 같구나. 히어로 등급에 너희가 올라오면 너희 팀에 합류해도 되겠니?

애니: 여기 세계에서 인플루언서이신데 저희야 영광이죠. 그렇지 않니, 얘들아?

힐튼은 이제 좀 이해된다는 듯이 고개를 끄덕였다.

정우: 내가 레이싱에 빠져 있을 때 나의 팀은 이미 졸업해 버려서 재수강하려면 새로운 팀을 찾아야 하는데, 좋은 팀과 어울려서 해야 한다는 것쯤은 나도 알고 있으니 내가 너희를 선택한 거란다. 이 이야기가 내가 너희들에게 진짜 하고 싶었던 이야기야.

힐튼이 말했다.

힐튼: 감사한 제안인데요, 우리는 아직 몇 개의 졸업 과제를 다 못 했

네요. 재수강 신청만 하신다면야 우리가 이번에 VR·AR 학교를 무사히 졸업하게 되면 히어로 입학식에서 만나게 될 것 같네요. 그때 만나면 그렇게 하도록 할게요.

그러고는 친구들에게 부산 해운대 파도 타면서 기분 전환이나 하러 가자고 했다.

정우: 좋아. 그럼 지금 합의했다? 근데 너희 팀 이름이 뭐니?

힐튼은 '서핑팀'이라고 말했다. 현실 세계로 빨리 돌아가서 해운대 해변에서 서핑족들과 어울리고 싶었던 것이다.

정우: 그래, 서핑팀! 너희들은 반드시 원하는 목표를 이룰 수 있을 거야. 어려운 고비가 올 때는 시간을 내어서 내가 만든 노래 공유 클라우드에 올려놓을 테니 들어 봐. 원한다면 팀 노래로 사용해도 돼. 나는 외롭고 힘들 때 바다와 나무가 들어가는 가사를 붙여서 노래를 불렀어. 노래를 부르면 분명 극복할 힘이 생길 거야. 나는 바다와 나무, 땅의 노래를 불렀지. 그리고 기적처럼 3위가 된 거라고. 현실 세계의 어려움은 바다와 나무의 생명력이 있는 노래를 불러야 해. 우리의 어려움을 극복하는 데 도움이 될 거야. 이것은 나의 선물이니 나의 조언 잊지 마. 항상 기억해야 해. 높은 의식 상태를 경험하는 사람이 승리의 길을 선택하는 거야.

카레이서 정우는 자신이 만들었다는 노래를 흥얼거리며 사라졌다.

힐튼: 애들아, 빨리 가자. 서핑이라는 팀 이름도 생겼고. 진짜 서핑족 들이 넘쳐 나는 해운대로 시원한 맥주 한잔하러 가자.

힐튼의 여정

> 무언가를 정말 하고 싶다면, 당신은 방법을 찾을 것이다.
> 그렇지 않다면, 변명을 찾을 것이다.
>
> *If you really want to do something, you will find a way.*
> *If you do not, you will find an excuse.*
>
> **- 짐 론**(미국의 성공철학가, 동기부여가)

힐튼은 재빨리 움직였다. 삼촌이 있는 곳을 향해 달려갔다.

똑똑똑

힐튼: 나야, 삼촌. 빨리 나와! 나는 인생의 반전을 할 수 있는 그런 찬스를 잡았어! 삼촌은 아마 깜짝 놀랄 거야. 내가 왜 이렇게 흥분되어 있는지 삼촌은 나의 이야기를 들으면 분명 함께 기뻐해 줄 거야. 이건 대박 사건이야!

삼촌: 힐튼이니?

힐튼: 이건 우리 가족들의 인생을 바꿔 줄 수 있어! 그래서 내가 제일 먼저 삼촌에게 먼저 찾아왔지. 내가 왜 이렇게 흥분해 있는지 삼촌은 내 얘기를 빨리 듣고 깜짝 놀라야 해!

힐튼은 삼촌의 팔을 이끌며 재촉했다. 마치 자기 집인 것처럼 막무가내로 거실로 밀고 들어갔다. 삼촌은 갑작스러운 힐튼의 행동이 황당하기에 아무 말도 못 하고 있었지만, 힐튼의 이런 성격을 알고 있었기에 미소를 띠며 말했다.

삼촌: 그래. 알았다, 알았어. 그 흥분되는 내용이 뭔지 들어 볼 테니 이제 삼촌 팔을 좀 놔줄래?

힐튼: 알았어, 삼촌. 그럼 지금부터 내 말 잘 들어야 돼. 삼촌, 대답해 봐. 내 꿈이 뭐지?

삼촌: 너의 꿈? 글쎄…. 분가하는 것 아니냐?

애니: 그것 말고.

삼촌: 글쎄…. 그럼 원하는 스타벅스 알바하는 거?

힐튼: 그거 말고 내가 평소 얘기했었는데, 내 진짜 꿈 있잖아.

삼촌: 알겠다! 호텔 사업하겠다고 한 거 말이구나.

힐튼: 호텔 사업을 하겠다는 것이 아니라 정확히는 내 자식에게 호텔을 물려주고 싶은 꿈 말이야.

삼촌: 그게 그거지. 뭐가 달라?

힐튼: 그래, 달라도 한참 다르거든? 이해 못 하면 그렇다 치고, 그게 이뤄질 것 같아.

삼촌: 뭐? 아침부터 무슨 소리니? 무슨 로또 1등이라도 당첨된 거니?

힐튼: 그런 게 아니야. 호텔 사업비로 100억이 필요한데 그러면 10억을 먼저 만들어야 하거든. 10억을 만들려면 1억의 자본은 있어야 돈을 불려서 10억을 만들고 100억을 모으지. 이렇게 단계별로 하면 내가 살아 있는 동안 만들기는 수월해진다고 나는 평소 생각했어. 그래서 1억부터 만들려고 아르바이트부터 내가 할 수 있는 거 다 해 보

았는데 쉽지 않았지. 그런데 요 며칠 사이에 나는 1억을 벌 수 있는 찬스를 잡았어. 삼촌, 혹시 G 가상 국가라고 들어 봤어?

삼촌: 아! 그 가상 세계 G 국가 말이야? 들어봤지. 그 이상한 회사라고 하는 사람들 말이지? 막상 참여해 보니 첫 관문에서 얼굴이 험악한 AI 조교인지 뭔지 그 친구 말투랑 행동이 싫어서 그만둔 내 친구들도 있어. 게다가 팀 게임 같은 데 별 흥미가 없는 것 같다고 그만둔 사람들까지 SNS에 올렸던데?

힐튼: 그럼 대박 친 경우는 들어 봤어?

삼촌: 리뷰 몇 개는 봤어. 새로운 자신을 찾았다면서 인플루언서 상인이 되었다는 글도 봤고. 그런데 대부분은 심심한 과제 게임이라던데? 과제든 뭐든 관심 있으니 참여했을 것 같고. 내 생각은 이렇다. 무슨 일이든 시작한 뒤에 잘하고 못하는 것은 자기 하기 나름 아니겠어? 기본 생활비만 2배 벌어도 그게 어디냐?

힐튼: 그런데 왜 삼촌은 안 했는데?

삼촌: 그야 나는 하는 일이 있잖아. 그리고 나는 게임해서 버는 푼돈에는 관심 없다.

힐튼: 그렇지, 맞아! 삼촌처럼 생각하는 사람이 많을 거야. 나도 처음엔 단순한 게임이라고만 생각했어. 그런데 막상 내가 G 국가에 시민으로 초대되고 자세히 알게 된 건데, 이걸로 내 꿈이 이뤄 보려고 해. 삼촌도 아는 바처럼 나는 복잡한 것은 딱 싫어하잖아. 그런데 이게 말이 되는 거냐고…. 내가 이렇게 흥분할 만큼 굉장하다니까?

삼촌: 그래, 삼촌인 내가 봐도 지금 이 상황이 말이 안 되는 일이라고 생각되거든.

힐튼: 삼촌, 어디에서부터 이야기해야 할까? 음, 내가 느낀 것은 이것은 단순한 돈벌이가 아니라 자기계발 공동체 국가야. 2020년 코로

나 팬데믹 이후 2023년에도 또 다른 정체 모를 바이러스 때문에 사회 활동을 계속 규제받았잖아.

삼촌: 올해에도 마찬가지이고, 2020년 이후 반복되는 상황 아니니?

힐튼: 이 모든 것이 무분별한 산업화 과정에서 지구가 열병에 걸려서 나타난 거지. 바로 인간의 욕심들 때문이야. 이제라도 우리가 지구에서 살아가는 방법을 인간 공동체 가치 중심으로 바꾸어야 하고 우리 인간의 잠재력을 향상시킬 방법으로 과학 기술을 발전시켜야 한다고.

삼촌: 힐튼, 너의 말에 동의한다. 삼촌도 지금 직장을 지금 잠시 쉬고 있잖아. 모든 경기는 정체되었어. 정부는 우리를 책임져 주지 않아. 그건 사실이야. 그리고 자연재해도 심각해지고 먼저 정부나 사회 지도자들이 강한 의지로 바뀌어야 해. 기후 문제는 너의 말처럼 지구 공동체로서 접근하는 게 맞겠다.

힐튼: 맞아. 삼촌, 내가 이래서 삼촌과 이야기 나눈다니까. 그리고 우리가 살아가는 일자리 문제 말이야. 일자리 문제는 심각해지는데, 정부가 주는 생계 지원비 정도로 우리가 행복한 삶을 누리면서 살아갈 수 있다고 생각해?

삼촌: 그건 어려운 삶이 될 거라고 우리 모두 예상했잖아. 우리들은 일을 하면서 관계를 형성하는 대면 사회 활동을 해야 되잖아. 삼촌도 모임이 취소된 것이 올해만도 몇 개째이다. 직장도 이렇게 되겠지만 말이다.

그래서 지금처럼 비대면 경보가 자주 발생되는 때에는 사회적으로나 경제적으로나 문제가 있다는 것까지는 동의하겠다. 그런데 삼촌이 고민하는 것은 사람들은 먹고사는 문제가 중요하다는 거야. 보니까 정부지원금 조금 높여 보려고 G 국가 시민 모집에 쉽게 참여하는 것 같은데 사실은 실패한 사람들도 많거든. 어떻게 생각하니? 힐튼 너도 그런 생각으로 접근한 거라면 일찍 포기하거라.

힐튼: 삼촌, 그 사람들은 실패한 이유가 있을 거야. 하지만 나는 이번에 성공하고 말 거야. 그래서 난 결정했어. G 국가 시민이 될 거야. G 기업을 알고 봤더니 우리 같은 서민들이 왜 단순히 부자가 되지 못했는지 알게 해 주고, 부자가 되는 특별한 교육을 하더라니까? 그러니까 단순히 기본 생활비 문제가 아니라 인간 잠재력을 이용한 자기계발을 훈련받게 되면 돈을 언제든지 벌 수 있는 잠재력이 생기는 거라니까?

삼촌: 그래?

힐튼: 내가 조금 더 설명하자면, 삼촌, 누가 나에게 현금 1억을 주었어. 그 1억으로 호텔 사업한다 뭐 한다 해서 실패할 확률이 지금으로서는 높다는 것을 훈련을 받으면서 알게 되었어. 내가 살아오면서 부모님이나 학교에서나 친구들과의 관계에서 돈 버는 법, 부자가 되는 인간 잠재력에 대해서는 배우질 못했잖아. 배운 것이라고는 대학 전공과 자격증 몇 개 가지고 나보다 더 큰 꿈을 가진 사람 밑에서 고용인으로서 일하며 소득을 얻는 법뿐이야. 그런 걸 배우긴 했지만 지금은 그것을 사용할 일자리도 인공지능 로봇에게 다 빼앗겨 버렸잖아? 그러니까 나는 부자가 되는 법을 모른다는 거야. 그런 상태에서는 나에게 들어온 돈을 지킬 수도 없고 결국 돈의 속성을 모르니 돈에 끌려다니는 노예 같은 삶을 살게 된다는 거지. 그런데 G 국가가 제공하는 넥스트 키워드 프로그램은 정부 정책과 연동해서 가동되는데, 기본 생활비는 VR·AR 학교 졸업자들에게 제공한다고 해. 그리고 히어로 등급에서는 부자가 되는 자기계발뿐 아니라 인간 공동체 생활을 위한 10개의 코어 훈련을 제공해. 그건 통해

진정한 풍요와 자유를 제공하는 혁신적 비즈니스 모델이더라고. 우리 시대에 딱 맞는 것 같아.

삼촌: 자기계발을 통해 부자를 만드는 비즈니스 모델이라고?

힐튼: 삼촌, 신기한 건 말이지, 내가 참여하고 시간이 지날수록 열정적인 삶을 살아가려는 목표가 형성되는 것 같고 그 목표를 위해 매일 노력하는 나를 발견한다는 거야. '업그레이드 인간'이 내 체질에 맞는 것 같아. 나는 VR·AR 학교 훈련을 받으면서 조금 더 나의 자기계발이 되어 가는 것을 느끼고 있어. 이러한 훈련 과정을 통해서 나의 내적 잠재력으로 계발시켜서 돈을 모을 수 있는 가상 백화점 인플루언서 상인이 되려고 노력 중이야. 이런 과정에서 나는 삼촌이 제일 먼저 생각나서 찾아온 거지.

삼촌: 그래, 너의 결단이 예전 같지 않게 변한 모습이라 좋구나. 그럼 G 국가에 대한 더 자세한 정보는 어디에서 살펴볼 수 있니?

힐튼: 삼촌, 여기 VR이나 AR로 착용해 봐. 그리고 여기 살펴봐.

한참을 살피더니 삼촌은 이렇게 이야기했다.

삼촌: 힐튼, 좋아. 함께하자. 우리 조카 꿈 이루게 삼촌이 도와야겠는걸.

삼촌은 갑자기 생각나는 친구가 있다면서 VR과 AR 글라스로 화상 통화를 했다.

삼촌: 영순아, 지금 통화되니? 잠깐 VR, AR 통화를 하면 돼. 우리 학교 다닐 때 생각만으로 행복했던 그 '청춘의 꿈' 말이야. 하고 싶은 것, 가고 싶은 곳이 얼마나 많고 많았니? 그런데 지금의 현실은 그

걸 이룰 수 없을 것 같은 생각이 드는 40대 중반에 다다랐는데. 그 꿈을 한번 이뤄 보자. 자본을 모을 수 있는 청춘의 꿈 스튜디오를 열어 보는 거야. 그래, 우리 친구들끼리 다시 뭉치자니까? G 국가 시민 프로젝트에 참여하자. 누가 정보 준 거냐고? 내 조카 힐튼 알지? 아이가 완전 변했어. 왠지 이 프로젝트에 대한 믿음이 가.

영순: 그래, 맞아. 초딩 때부터 자기 꿈대로 이 동네 멋진 쇼핑 타운에 들어서는 호텔 경영주가 되겠다고 한 조카 말이지? 꿈만 큰 조카라고 우리가 놀렸었지? 너도 안 믿는다고 했잖아?

삼촌: 그래, 맞아. 그랬지. 그런데 이 녀석이 G 가상 세계 자기계발 훈련을 받은 후 변한 것 같아. 남달라진 것 같아. 난 우리 회사 사장님이 평소 한 말을 조카에게서 들었다니까?

영순: 무슨 말인데?

삼촌: 회식 때만 되면 한잔하시고 우리에게 이런 말씀을 자주 하시곤 했거든? "왜 사장과 근로자가 다른 생각을 가지고 있는지 아느냐? 내 회사라고 생각이 들지 않는 이상 근로자일 뿐이다. 로또 당첨자들이 불행해지는 배경도 비슷하다. 간혹 자기계발된 사람에게 로또 당첨이 되면 그는 더 빠르게, 더 크게 부를 이룰 기회를 잡은 것이지만 대부분은 자기계발이 되지 않은 상태에서 큰돈이 들어가므로 다시 가난해지고 더 불행해진다." 뭐, 회식 때마다 귀에 못이 박힐 정도로 자주 들었다니까. 그런데 조카의 오늘 모습을 보니까 사장님 이야기가 생각나는 거 있지? 그래서 나는 조카가 자신의 힘으로 호텔 사업을 시작할 돈을 모을 수 있을 것 같고 머지않아서 현실 세계에서도 호텔 부지를 구매해서 시작할 것을 나는 이제 믿는다니까?

영순: 그래, 정보 보내 줘. 살펴볼게.

삼촌: 알았어! 영순이 너는 미애, 미리, 은희, 광숙이에게 연락해서 미팅 클래스로 들어오라고 해. 함께 정보 파일 살펴보고 의견 나누자.

영순: 오늘 밤 10시가 좋을 것 같은데?

삼촌: 그래. 그럼 VR이 좋니 AR이 좋니? VR이 집중력이 좋으니 VR 글라스로 미팅하자. 좋아. 그럼 저녁 10시에 VR 글라스로 미팅 들어올 때 멋진 아바타로 만나자.

자세한 프로젝트는 10시에 이야기하자며 AR글라스 화상 통화를 마쳤다.

힐튼: 와, 우리 삼촌 추진력 알아줘야 한다니까. 멋져! 삼촌 실력 살아 있네.

삼촌: 내가 지금 스포츠웨어 회사 마케팅 업무를 하잖니? 그래서 고객 점주나 AS 관리를 우리 부서에서 맡아서 한다는 거 알지? 그런데 지금 이 일도 AI 인공지능이 담당하잖아. 나는 퇴직할 나이도 아니고, 아직 퇴직 신청을 안 했지만 일주일에 1일 근무하면서 AI 로봇이 빠뜨린 것이나 인공지능이 하라고 한 걸 처리해 주고나 있으니, 내 상사가 인공지능 로봇이 되어 버렸다니까? 게다가 기존 월급의 1/5만 받고 있는데 뭐. 내 처지도 심란하다.

힐튼: 삼촌, 맞아. 이제는 5차 산업혁명의 가상 세계야. VR, AR 그리고 XR 시대라고…. 그러니 어쩔 수 없다니까? G 국가 인공지능 AI 교수들 봐. 얼마나 코칭을 잘해 주는지. 깜짝 놀랐다고. 삼촌, 우리 멋지게 성공해 보자. 제주도 관광지 땅에 공유 호텔을 짓는 게 내 꿈이야. 나는 그 일에 맞는 자기계발을 할 거야 삼촌은 야구 좋아하니 박찬호 선수에게 야구 배우면 되겠네? '업그레이드 인간'이 되

어야지.

삼촌: 스포츠 AI 교수가 박찬호 선수 알고리즘이니?

힐튼: VR·AR 학교에 들어가면 다 있어. 모든 마스터가 다 있다니까? 그리고 삼촌은 평소 발명을 좋아하잖아. 삼촌이 만든 발명품을 백화점에 입점시켜서 유통하겠다는 사업의 꿈이 있지 않았어? 그러면 발명 교수님에게 배우고 인플루언서 상인 훈련을 받으면 되겠네. 최고 마스터 AI 교수님들에게서 배우는 거라니까?

삼촌: 그랬었지. 고용인으로 살다 보니 꿈은 잃어버리고 살았더라고. 아니, 정확하게 말하면 누군가의 꿈을 위해서 일하고 월급 받으면서 살아온 거였지!

힐튼: 삼촌, G 가상 국가에서는 히어로 등급에만 올라가도 번화한 상권에서 장사를 할 수도 있고, 히어로 등급을 졸업하면 가상 백화점에 입점해서 인플루언서 상인으로 큰돈도 벌 수 있다니까? 삼촌도 일주일에 1~2일 인공지능 상사 밑에서 알바처럼 일하는 직장 다니지 말고 인플루언서 직업에 도전해 봐. 유튜브 크리에이터 수입은 비교도 안 된다니까?

삼촌: 나도 시현이라는 친구에게서 들었던 얘기가 있다. 가상 세계 VR, AR 쇼핑몰이 국가 데이터 댐을 이용한 5차 산업혁명 시대의 비전 사업이라고 하더라.

힐튼: 맞아, 삼촌! 내 친구 윤정이 알지? 엄마랑 쇼핑몰 사업하는데 데이터 댐에서 나온 공공 데이터를 이용할 정도의 사업으로 키우지 못하면 디지털 스토어 플랫폼 사업을 할 수가 없다고 하더라고. 결국 공간 연결을 하는 다양한 스마트 기기들과 연동된 온-오프라인 매장을 시스템 표준화시켜서 스마트화하는 매장만 살아남았다고 하던데. 윤정이네 쇼핑몰은 소규모라 상황이 좋지 않다고 해. 그래

서 윤정이도 기본 생활 지원비 프로그램과 연결된 G 국가 증강 기술, 그리고 그걸 사용한 소비자 체험과 고객 데이터 기반의 상호 교감은 물론 융합 실증을 통한 쇼핑몰에 관심이 있는 것 같아.

삼촌: 그 이야기를 듣다 보니 생각나는 선배가 있다. 공기업에 다니고 있는 연흥 선배가 있는데, 선배 자신이 곧 인공지능에게 밀릴 것 같다면서 무엇이든지 준비해야 한다고 한 적이 있었는데⋯. 사실, 연흥 선배는 한국에서는 금수저라고 볼 수 있지. 사업가로 꽤 성공한 부모님이 계시니까.

힐튼: 오, 초대 명단 막 나오는데?

삼촌: 그리고 영희랑 정애는 권고 퇴직으로 주부 생활을 하는 경력 단절 상태여서 관심이 많을 것 같다. 네가 나보다 이 부분의 정보가 많으니 내일 VR 미팅에 내가 초대할 테니까 잘 설명해 주겠니? 그리고 내 친구 중에 톰이라는 이주민이 있어. 이 친구는 가상 세계에 여행 플랫폼 회사를 차리는 꿈을 가지고 있어.

힐튼: G 국가를 중심으로 모인 사람들끼리 자기계발도 하고 서로 맞는 사람끼리 커뮤니티 아카데미 하나 개설하면 좋겠네. 나도 팀을 더 찾아야 되니까, 삼촌도 몇 사람을 더 초대해 봐.

삼촌: 그래. 삼촌 노릇 하려면 5명은 참여시켜야 체면이 설 것 같은데.

힐튼: 역시 삼촌은 내가 존경하는 몇 안 되는 꼰대 중 한 분이야. 하하하! 흐름(flow), 선도(lead), 변화(change)의 시대에 진정한 열정의 주인공이 되어야지?

삼촌: 그래. 팀을 만들려는 열정이 있을 때 목표도 만들어진다는 게 맞는 말이다. 너 많이 변한 것 같아서 삼촌 기분이 좋구나.

힐튼: 그래. 좋았어, 삼촌. 처음에는 12명으로 하나의 팀을 만들려는 게 획이었지만, 애니와 윤정이도 적극적으로 움직이고 있으니 12명은

넘을 것 같아. 그래서 팀의 규모를 24명이나 36명으로 늘려서 2팀 아니면 3팀으로 만드는 계획으로 수정할 것 같아.

삼촌: 이런 일은 서로 마음이 통하는 사람끼리 한 팀이 되면 좋은 거니까. 그리고 나중에 히어로 등급 관심 없으면 기본 생활비 조금 더 받고 나가도 되는 거니 손해날 것도 없지. 그러니 좀 더 적극적으로 해 볼게. 그런데 너는 무슨 용기로 삼촌에게 이른 아침부터 문 앞에서 큰 소리로 문 열라고 한 거니?

힐튼: 그것은 내가 훈련 과정에서 배운 신기한 문장인데, AI 조교가 이걸 외치라고 훈련 때마다 항상 나를 시켰어. 처음에는 짜증 나서 화도 났지만, 몇 번 해 보니 긍정적으로 바뀌고 목표에 대한 확신도 더 커졌어.

더 즐거운 건 난 아침에 일어나면 이 문장을 외치면서 하루를 시작한다는 거야. 그러다 보니 매일 한 사람이라도 더 초대하려고 누군가를 만나려고 노력하는 나를 발견하게 된다니까? 사실, 삼촌 집까지 오면서도 이 문장 말하면서 왔어. 그래서 내가 삼촌에게 이렇게 당당하고 용기 있게 전달하게 된 것 같아.

삼촌도 해 봐. 그럼 꿈이 이루어질 것 같은 자기 암시가 잘될 거야. 이 문장은 거절을 당한다 해도 당당해지고, 기분이 저하되지도 않고, 오히려 좋은 감정이 유지된다니까. 예전 같으면 상상도 할 수 없는 태도지. 나의 꿈이 이루어지고 해야 할 목표를 생각하게 되고 오늘의 액션을 해야겠다는 마음이 매일 들어온다니까. 오죽했으면 마법의 문장이라고 할까? 큰 회사를 경영하는 CEO들은 이런 자기 암시가 잘되어 있을 거야. 그치?

삼촌: 그렇게 신통한 문장이 궁금하다. 어떻게 하는 건데?

힐튼: 삼촌이 원하니까 알려 줄게. 이건 법칙을 습관적으로 반복하는

게 중요해. 아침에 일어나서, 저녁 잠자리에 들기 전에 소리 내서 읽는 거야. 잘 들어 봐.

"꿈을 위한 목표를 정하고 몰입하고 오늘 해야 할 목표에 집중하라. 꿈과 함께 열정적으로 행동하면 열정적인 사람으로 변화되고 꿈과 함께 좋은 습관을 만들면 성공자의 습관이 형성되고 꿈과 함께 올바른 태도를 배양하면 품격 있는 성공자가 된다."

힐튼이 세 번 반복해서 외치는 동안 삼촌도 따라 외치기 시작했다.

삼촌: 힐튼, 너와 함께 외쳐서인지 나도 에너지가 충전되는 느낌이 드는데? 이제 내가 무엇을 어떻게 하면 되는 거니?

힐튼: 삼촌은 VR, AR, XR 모두 있어?

삼촌: 응. 나는 두 종류 모두 다 있지. 회사 재택근무도 이걸로 하잖아? 그리고 얼마 전에 A사 신형 XR 홀로그램도 구매했고. 집중과 몰입이 좋은 VR과 AR을 더 선호하는 편이긴 하지만 XR이 마음에 들어.

힐튼: 알았어. 그럼 XR로 들어가서 살펴봐. G 기업에 접속해서 추천인을 나로 입력하면 VR·AR 학교 AI 교수들의 샘플 강의 들어 볼 수 있고, 초대장이 자동 발부될 거야.

삼촌: 이해했어. 그럼 나는 오늘 밤 10시에 VR, AR 아카데미 미팅에 친구들과 들어가 보도록 할게.

힐튼: 좋아.

윤정의 여정

인간은 욕망을 잃어서는 안 된다.
욕망은 창의성, 사랑, 그리고 장수를 촉진하는 강력한 강장제이다.

One must not lose desires.
They are mighty stimulants to creativeness, to love, and to long life.

- 알렉산더 A. 보고몰레츠(의사)

윤정: 여보세요? 엣지야, 나야 윤정. 내가 안내 사이트 알려 줄 테니까
VR, AR을 모바일에 연결해서 이 주소로 접속해서 들어와. 내가 하
는 VR, AR 아카데미 인게이지인데 거실을 예쁘게 꾸몄으니 구경도
할 겸 너도 예쁘게 꾸미고 들어와야 해.

엣지: 갑자기 어디를 구경하자는 거야?

윤정: 엣지야, 드디어 우리가 있을 곳을 찾았어. 나에게는 네가 필요
해. 힐튼과 윤정이도 우리 팀에 합류했단다. 우리는 12명으로 구성
된 팀을 구성할 계획이거든. 이제 네가 합류하면 우리 히어로 서핑
팀이 만들어지는 거야.

엣지: 도대체 무슨 팀을 만들었는데?

엣지가 VR 아카데미 미팅에 입장했다.

엣지: 와! 정말 거실 예쁘다.

윤정: 엣지야, 어서 와. 와, 너야말로 진짜 멋지다. 역시 엣지다운 패션 감각이야.

엣지: 무슨 일이니? 팀 이름이 서핑이라고? 바닷가 서핑족도 아니고?

윤정: 아, 그건 다 이유가 있지. 서핑은 다가오는 큰 파도 같은 물결을 타는 사람을 가리키는 거야. 그래서 지금처럼 급변하는 시기에 어울리는 것 같아. 어때? 팀 이름으론 아주 좋지?

오늘 내가 너를 부른 목적에 대해 30분간 미팅을 진행할 테니 잘 듣고 내가 시작하려는 것이 이해되는지 생각을 나누자.

엣지: 그래. 이미 이렇게 들어왔는데 들어야지, 별수 있냐?

30분 후, 윤정이 물었다.

윤정: 나의 이야기를 들어보니 어떠니? 내가 바라보는 비즈니스와 나의 인생관 말이야.

엣지: 들어보니 윤정이 너는 인생의 목적을 가지고 살아가려는 것 같아. 인생 목적에 부합된 G 국가 인플루언서 상인이 되려고 하려는 것 같고. 비전도 아주 좋다고 생각해. 왠지 네가 보석 같은 삶을 살아가려는 것 같다, 얘.

윤정: 맞아. 우리의 삶은 보석이야. 그치?

엣지: 그랬었지…. 보석 같은 삶, 우리가 고교 때부터 바라던 인생 아니었니? 그런데 근래 불황이라, 실은 나도 이번에 구조 조정에 포함될 것 같아. AI 로봇 약사를 임대해서 사용하는 약국들이 많아져서 이번에 약사 근로자 노릇도 그만둬야 할 것 같아.

윤정: 그랬구나. 나도 VR 뉴스에서 약사분들 폐업과 구조 조정 사태

를 보았어. 안타깝지만 어쩌겠니? 시대 흐름인데. 그래서 네가 생각
나서 연락하게 된 거야. 이번 기회에 우리 함께 새로운 일에 도전해
보면 어떨까? 보석을 가공하는 것처럼 말이야. 자기계발이 되지 않
은 사람들은 자신의 목표 앞에 놓인 장애물에 부딪히며 이겨 내는
힘이 약하잖아?

엣지: 맞아. 나도 가상 경제에 더 늦기 전에 합류해야겠다는 생각을
해 봤어. 그런데 내가 두려운 건 지금 5차 산업형 구조인 인간과 인
공지능이 공존하는 시대가 일상이 되어 버렸다는 거야. 우리의 삶
가운데에서 어떤 일을 다시 시작해서 잘 해낼 수 있을까 걱정이 되
는 거야. 내 말 이해해?

윤정: 그럼. 엣지 네 말 충분히 이해돼. 우리 이제 그 정도는 다 아는
나이가 되었잖아? 함께 유학하며 공부할 때부터 우린 늘 용기 넘치
고 도전 정신이 강했잖아. 그런데 현실 세계를 살펴봐. 우리의 현실
국가에서 서민들에게 희망이 있다고 볼 수 있을까?

엣지: 그래서?

엣지는 윤정의 말에 짧게 반문했다.

윤정: 엣지야, 네가 학위를 2개씩이나 갖고 있으면서 약대 교수가 되겠
다는 꿈을 인공지능에게 빼앗겨 버린 것을 우리 모두 알고 있어. 대
학들도 이미 대면과 비대면으로 교차 AI 수업으로 진행되고, 심지
어 인공지능 교수들까지 임용되면서 교수라는 직업은 이제 3D 직
종이 되어 버렸어. 시대가 이렇게 급변했잖아.
나의 경우도 마찬가지야. 우리 아버지가 그렇게 되고 나서, 엄마와
쇼핑몰을 운영해서 겨우 생활비는 벌고 있지만 VR, AR 커머스 시

장이 커지면서 세계인을 상대로 하는 네트워크 인플루언서 마케팅으로 몰려가니 나도 어려움이 이만저만이 아니야. 그나마 대한민국에 태어나서 국가가 기본 생활비라도 지원해 주니 이 정도라도 유지하며 살고 있는 거지.

엣지: 나도 그래. 윤정이 네가 아는 것처럼 우리 집도 부모님이 팬데믹 상황에 제조 기업들이 어려움을 겪고 있어서 상황이 좋지 않아. 이런 우리 사회 전반의 구조 자체의 변화라⋯. 세상의 판이 바뀌고 있는 건 나도 느끼고 있어. 얼마 전 아버지가 어깨에 힘이 빠진 모습으로 하시는 말씀이 마음이 아팠어. 인간과 인공지능이 협업하며 공존하는 5차 산업혁명 시대라 전부 AI 알고리즘화되어 있고⋯ 아버지 회사도 경쟁에서 밀려서 요즘 겨우 버티고 있대. 선진국은 인공지능 로봇을 앞세워 고정비가 적게 들어가는 생산을 하니 가격과 품질 면에서 경쟁이 안 된다고 하더라고.

윤정: 그건 그래. 몇 년 전부터 동남아가 아니라 선진국 시장에서 나온 물건들이 품질도 좋고 훨씬 저렴하잖아. 그래도 몇 년 전부터 큰 기업들은 투자를 많이 했으니 그나마 경쟁할 만하겠지만, 중소기업은 업종에 따라 힘들겠구나. 이번 기회에 G 국가에 아버지랑 같이 들어와서 살펴보면 좋겠다. 인플루언서 상인 소득이 웬만한 중소기업 운영하는 것보다 수익이 높다고 하잖아.

우리 엄마도 쇼핑몰 운영하면서 우리는 일상이 되어 버린 화상 통화나 VR 아카데미나 인게이지 아니면 줌으로 가능한 미팅도 회사로 들어와서 얼굴 보며 회의하자고 한다니까? 직원이라고는 나, 엄마, 아르바이트로 일하는 3D 360도 촬영팀 2명이 전부인데도 말이야. 그런데 그런 엄마에게 이번 일을 같이하자고 제안하니까 좋다고 하는 거야. 아마 쇼핑몰 일을 해 보시면서 많이 변하신 것 같아.

엣지: 그런 것 같네. 경험은 관점을 바꾸게 하기도 하지. 잘 선택 하신 것 같다. 잘됐어.

윤정: 엣지야, 넌 인생을 어떤 목적을 가지고 살아가는 거니?

엣지: 그거야 물론 행복한 삶이지. 우리 삶은 보석이니까.

윤정: 그치? 그런데 이 보석을 가공하려면 말이야. 장애물, 역경, 실패와 같은 걸 극복해야 한다고 우리 방금 이야기했잖아.

엣지: 그래, 맞아.

윤정: 그럼 이제 망치와 끌로 깎아서 예쁜 보석을 만들어 가고 싶지 않니? 그 과정에서 우리가 갖고 있는 망치와 끌이 강하지 않다면 아름다운 보석으로 가공하기는 어려울 거야. 그러니까 우리를 성공하게 하는 마음과 생각을 망치와 끌이라고 하면, 잠재의식을 쪼개낼 것은 쪼개 내면서 가공해야 하는데 우리의 마음과 생각이 강하지 못하면 실패한다는 게 내 나름대로의 생각이야.

엣지: 와, 윤정아, 멋진데? 이런 이야기는 어디에서 들은 거야?

윤정: 네가 좋아해 주니 신이 나네. 그건 G 가상 국가에서 만난 상인이 건네준 두루마리에 나온 문구인데, 보면서 느낀 바가 많아.

엣지: G 가상 국가에 대해서 계속 이야기해 줄래?

윤정: 우리 삶을 이끄는 영적인 가치는 말이야, 잠재력과 습관, 자기계발과 더불어 삶의 방향을 통해서 완성되어 간다고 생각하게 되었어. 너도 생각해 봐. 우리는 자신과의 대화로서 무엇인가를 매일 선택하잖아. 그런데 우리는 그 선택하는 부분에 대한 훈련을 받지 못했다는 거야. 무심코 쌓인 잠재의식이 움직이는 대로 선택하고 아니다 싶으면 끈기 없이 포기하기를 반복하는 거지.

그런데 이 부분을 계발시킬 수 있는 교육 환경이 바로 G 국가에 존재하고 있거든. 세계 최고의 VR·AR 학교 인간 마스터 교수님들에게 직접 배울 수도 있고, 역사 속 인물 중 마스터급에 해당되는 분들의 삶을 재조명하여 알고리즘화한 인공지능 교수들에게도 배울 수 있단다. 이분들의 데이터를 나의 사고 패턴과 비교하면서 습관과 매일의 선택 방향을 교정해 나갈 수 있다면 나의 잠재력은 훌륭하게 계발될 거라고 생각하게 되었어. 훈련 중인데, 정말 효과적이야.

엣지: 그렇구나. 굉장한데? 나는 항상 앞으로의 삶을 바꾸기 위해서 다양한 아이디어를 가지고 학창 시절부터 관심을 가지고 자기계발을 해 왔다는 건 너도 알고 있지?

윤정: 물론이지. 그래서 내가 너를 VR·AR 아카데미 미팅에 초대한 거잖니?

엣지: 나는 평소 이 부분에 관심이 많아서 약대 과정은 물론 교육 전공까지 한 건데 말이야. 왜 환경에 따라서 어려움 앞에 좌절하는지. 이 모든 걸 극복하고 성공해서 자신의 분야에서 마스터가 된 사람들과 앞선 선배 인간들의 알고리즘을 통해 삶의 철학적 특징을 가지게 된 사람들에 대해 알아보고 싶어. 사실, 내가 비대면으로 스쿨을 하나 열려고 했는데, 내가 배운 지식만 갖고는 역부족이었어. 사회의 변화 속도가 너무 빨라서 고민이었는데 너와 이야기를 나누다 보니 조금씩 희망이 보이는 것 같아.

윤정: 그래? 역시 너는 약사보다는 누군가의 성공을 안내하는 컨설턴트가 잘 맞을 것 같다. 학창 시절부터 네가 친구들 다이어트 식단, 운동 컨설팅을 해 준 거 기억나니? 그때도 다이어트를 경제 관점으로 설득력 있게 이야기해 주었던 걸로 기억해.

엣지: 그랬지. 다이어트는 수입과 지출 개념으로 생각해야 돼. 식단 칼로리는 수입이고 운동은 지출이거든. 남는 것은 뱃살 은행에 저축하고 뱃살 은행은 이자율이 아주 높지? 하하하.

윤정: 난 그때 엣지 너의 말을 듣고 다이어트로 단기간에 살을 빼는 것은 가능할지 모르지만 결국 장기적 운동 다이어트 프로그램을 만들지 않는다면 우리는 해 왔던 운동을 그만두게 되고 바로 예전의 모습으로 들어가게 된다는 점을 알게 됐어. 다이어트에 성공한 사람들은 자기 통제 능력이 좋은 자가 발전기나 다름없지. 그러니 자기계발은 꾸준히 해야 할 필요성이 있다고 했잖아. 그 말에 감동했고 너를 다이어트 코치로 모시게 됐지! 그렇게 너의 코칭을 받으면서 운동을 포기하지 않았고 결국 나는 감량 목표를 달성했어. 그때 성취감 최고였지. 지금도 업그레이드된 나를 기억해.

엣지야, 나는 이번에 또 다른 세계에서 도전을 시작하려고 해. 나는 너랑 함께 출발하고 싶어. 우리에게 유익한 성장 경험이 될 거야.

엣지: 윤정아! 내가 아는 언니의 자영업을 도와주고 있는데, 불경기가 반복되고 비대면 상황에서는 단체 손님이 모일 수 없어서 어쩌면 영업을 그만두어야 할 상황이 될지도 모르겠다고 해. 네가 하려는 사업 좋은 것 같아. 그치만 지금보다는 상황을 봐 가면서 나중에 시작하는 게 어떻겠니? 너무 앞서는 것도 위험하잖아?

윤정: 엣지야, 위협 속에 기회가 있는 거잖니? 우리 게임한다는 기분으로 시작하자. 나는 지금의 상황에서 우리의 생각이라는 자동 조정 장치와 우리 사고방식을 바꿀 수 있는 찬스가 왔다고 생각해. G 기업이 G 국가 시민을 모집해서 한 번 참여를 해 봤는데 정말 괜찮은 것 같아. 지금이야말로 시작하기에는 최적의 시기라고 생각해.

엣지: 그래? 그러면 그 프로그램이 어떻게 인간 교류를 확장시키고 잠재력을 향상시킨다는 거니? 특징이 뭔데? 30분짜리 설명으로는 구체적으로 이해가 가지 않아. 조금 더 설명해 줄 수 있겠니? 나는 조금 더 검토한 후 마음이 움직이면 참여하는 스타일이잖아.

윤정: 그래. 엣지야, 너는 커뮤니티 리더답게 G 국가에 대해 조금 더
자세한 정보를 알게 된다면 반드시 좋아하게 될 거야. VR이나 AR
글라스로 여기에 들어가서 새로운 직업군을 살펴봐. 나는 알다시
피 음원 관련 사업을 G 국가에서 할 거야.

엣지: 그렇지 않아도 커뮤니티 자체를 직업으로 연결하려고 고민 중이
었는데 마땅한 플랫폼을 찾지 못했거든. G 국가 플랫폼이 내가 찾
는 플랫폼일까?

윤정: 그렇다면 이 부분에 대해 여기를 살펴봐. 그러고 나면 내가 조
금 더 설명해 줄게.

엣지: 여기 VR·AR 아카데미에 올라온 G 국가 비전 생태계 말이지?

엣지는 잠시 후 시청을 마쳤다.

엣지: 음, 자료 정리가 잘 되어 있는데? 잘 시청했어.

윤정: 그래, 가상 세계에서는 우리가 실제 세계보다 오히려 더 자주 만
나서 살아가고 있잖니? 우리는 현실 세계보다 가상 세계에서 더 자
주 생각과 마음을 나눌 수 있게 되었지. 커뮤니티 리더인 너는 잘
알고 있겠지만 잘 만들어진 VR, AR 유통 글로벌 플랫폼이 있다면
세계 자본과 상품들이 몰려들고 사람들이 모이는 곳이 될 거야.

엣지: 그럼. 당연한 결과지.

윤정: 그렇지! G 국가 교육 플랫폼은 유명 정치·경제인을 비롯해 가
수뿐 아니라 인기 프로 스포츠 선수와 다양한 분야의 마스터들로
구성돼. 그들이 운영하는 가상 세계의 다양하고 엄청난 상품들을
백화점 매장에 진열하고 고객을 관리하고 코칭하는 시대가 되었어.
어떤 형태든지 VR, AR, XR(MR)로 정보를 수집하고 데이터를 이용

하니 삶이 더욱 편리해진 셈이지! 우리는 이제 비대면으로 서로 격려하고, 서로 솔직한 감성을 나누고 서로를 도울 수 있는 커뮤니티를 만들어 갈 뿐 아니라 직업인으로서 우리가 원하는 분야의 인플루언서가 될 수도 있거든.

심지어는 가상 세계 안에서 사랑하다 다투고 화해하고 용서하고 대화하는 게 오히려 편하다고들 말하잖니? 삶의 목표는 다르지만 이런 모든 것을 가능하게 하는 플랫폼은 자기계발 부분에서 아주 매력적이야. 그래서 나는 이 넥스트 키워드 프로그램을 나를 계발할 수 있는 첫 번째 좋은 땅으로 삼았어. 나는 이 좋은 땅에 좋은 친구들을 모아서 팀을 만들고 모두가 꿈을 이룰 잠재력이 계발되는 삶을 살아가길 원해. 커뮤니티 리더인 엣지가 찾고 있는 좋은 땅일 거야. 우리가 이제 좋은 씨앗인 사람을 찾아 모으면 되는데, 이 모으는 일에 당근이 있지.

엣지: 당근이 뭔데?

윤정: G 국가 VR·AR 학교 입학하여 자기계발을 해 나가면서 평점이 나쁘지 않으면 정부가 주는 기본 생활비와 G 국가 보상 지원 프로그램을 통해서 수익 모델도 만들어 나갈 수 있어. 물론 나는 G 가상 국가 내에 있는 백화점 인플루언서 상인이라는 목표가 있어서 큰돈을 벌 거야.

엣지: 그럼 VR·AR 인플루언서 상인은 아무나 할 수 있는 거니?

윤정: 엣지는 가능하고말고. 우리가 가상과 현실 세계에서 성공할 수 있도록 계발되면 인플루언서 상인이 되거나 인간 중심 공동체를 위해 살아가는 지도자 삶을 살아갈 수도 있거든. 선택은 자신의 삶의 가치에 따라 결정하면 되는 거고.

엣지: 나는 지도자보다는 인플루언서 상인이 맞을 것 같아. 사실 나

는 자기중심적이고 독립적이기도 하잖니? 그리고 큰 부자가 되고 싶고.

윤정은 엣지에게 스스로 알고 있어서 다행이라며 함께 깔깔 웃었다.

엣지: 그래. 윤정아, 고맙다. 그렇게 쉽게 설명해 주어서. 나도 이제 변화할 거야.

윤정: 나는 우리 팀에 엣지 네가 꼭 필요하다고 봐. 너의 훌륭한 커뮤니티 능력과 뚜렷한 인생 가치관 때문에 우리 팀에 초대하게 되었어. 너의 훌륭한 태도는 우리 팀에 좋은 영향력을 끼쳐서 좋은 팀을 만들어 낼 수 있다고 생각해. 우리 함께 멋진 팀을 만들어 보자.

엣지: 그렇다면, 내가 할 일은 뭐야?

윤정: 먼저, VR이나 AR로 넥스트 키워드 홈에 접속하고 시민 등급 신청을 하면 돼. 그러면 너는 초대 메시지를 받게 될 거야. 그리고 같은 생각을 가지고 있는 친구들에게 정보를 전달해서 함께할 수도 있어.

이렇게 하여 힐튼과 애니는 자신들과 같은 생각을 하는 비슷한 친구들과 이웃을 모았다. 이번 과제를 통해서 윤정은 자신에게 놀랐다. 오랜만에 이런 열정을 느껴 본 것이다.

윤정: 이런 열정이 아직까지 내 안에 있었단 말이야?

윤정은 자신도 모르게 신통방통한 문장을 중얼거렸다.

"꿈을 위한 목표를 정하고 몰입하고 오늘 해야 할 목표에 집중하라. 꿈과 함께 열정적으로 행동하면 열정적인 사람으로 변화되고 꿈과 함께 좋은 습관을 만들면 성공자의 습관이 형성되고 꿈과 함께 올바른 태도를 배양하면 품격 있는 성공자가 된다."

애니의 여정

당신이 배를 만들고 싶다면,
사람들에게 목재를 가져오게 하고 일을 지시하고 일감을 나눠 주는 일을 하지 말라.
대신 그들에게 저 넓고 끝없는 바다에 대한 동경심을 키워 줘라.

If you want to build a ship, don't drum up the men to gather wood,
divide the work and give orders.
Instead, teach them to yearn for the vast and endless sea.

- 생텍쥐페리(소설가)

애니가 선택한 방법은 팀플레이였다.

애니는 명단을 만들고 열정과 도전이 넘치는 친구들 중심으로 VR, AR 글라스로 통화를 하기 시작했다. 벌써 3시간째 VR, AR 전화를 부여잡고 있었다. VR, AR, XR로 진행되는 커뮤니티 모임에서 흥미로운 인플루언서들과 자기계발과 미래 비전을 함께 나누고 있다는 말과 함께 관련 파티 초대를 하였다. 더 이상 구체적 이야기를 하지 않는 것이었다. VR, AR 전화를 받은 사람들은 궁금해했다.

애니는 철저히 팀 코인 평점을 높이려 단체 미팅 방법으로 움직였다. 가능성을 확인한 애니는 팀플레이 코인 평점을 높이면서, 과제 수행을 하는 방법을 윤정과 엣지에게 이야기하였다.

애니: 윤정, 엣지. 우리가 생각한 방식이 맞는 것 같다. 개별 접촉으로

VR, AR에 인플루언서 아카데미 방을 만들고 함께하겠다는 사람을 모아서 파티를 열어. 파티장에서 마음의 문을 열어 놓고 다음 시간에 G 국가에 대한 프로모팅을 하는 거야. 순서를 이렇게 하여서 인플루언서나 G 국가에 관심 갖는 사람을 많이 모아서 36명에게 승낙을 받는 걸 목표로 해 보자.

엣지가 커뮤니티 쪽 리더였기에 진행 자문을 많이 해 주었다. 우리는 각자 친구들을 초대를 했고 친구들이 사용할 VR, AR 인플루언서 아카데미 방을 만들고 파티의 개성을 살릴 공간 디자인은 윤정이가 맡아서 준비하기로 했다. 요즘 VR, AR에 미팅방 꾸미는 도구들이 많아져서 흥미롭다면서 윤정은 아주 신이 났다.

첫 VR 파티에는 10명이 참석했다. 윤정과 엣지의 부모님도 오셨고 힐튼의 삼촌과 친구분들도 초대되었다. 움직이면서 활동하는 사람들은 현실 세계와 증강 현실이 결합된 AR로 인플루언서 아카데미 미팅에 5명이 참석하였다. 우리는 VR, AR 글라스를 통해 15명이 들어오게 계획하였다.

호스트는 애니가, 구체적인 사항은 윤정이 맡아서 설명하기로 하였다. VR 파티에 참석한 사람들이 각자 원하는 콘텐츠를 즐기게 했고, 노래방에 단체로 들어가 서로 어울려 노래도 불렀다. 게임을 좋아하는 친구들은 게임도 하고, 영화도 보고, 테니스도 치면서 정말 신나는 시간을 보냈다. 마칠 때쯤, 셋이 넥스트 시민 등급 도전기에서 느낀 경험과 흥미로운 훈련들을 진술하게 이야기하였다.

이야기를 마치며 함께하기를 원하는 친구들은 서핑팀으로 합류해서 새로운 세상의 경험을 해 보자고 했더니, 놀랍게도 참석자 15명 중 11명이 그 자리에서 모집되었다. 뜻밖의 좋은 결과에 놀라며, 참여 대기방은 야외 극장식으로 꾸며 놓은 윤정의 작품 공간 안으로 정했다. 자유롭게 11명이 궁금한 점을 묻는 시간까지 가졌다. 그리고 반응이 좋은 사람들을 중심으로 다시 한 사람씩 초대하여 VR, AR 인플루언서 아카데미 파티에 초대하고 몇 차례 더 진행하기로 했다.

그들은 몇 차례 VR 파티를 하면서 지역과 시간에 상관없이 편리할 때 파티형 미팅을 할 수 있다 보니 모집이 수월했다. 친구가 친구들을 추가로 초대했기 때문에 대부분은 오늘 처음 만난 친구들이었다.

예상대로 성장 동력을 느낀 모멘텀(momentum) 친구들이 나타났다. VR 파티가 끝난 후 저마다의 꿈 이야기는 초대자들에게 감동과 공감을 일으켰고, 그 덕에 다시 이 모임에 사람들을 초대하겠다는 의견이 많아졌다.

그리고 애니가 가상 세계에 대한 설명과 우리가 왜 팀으로 일을 해야 하는지를 정확히 제시하였고, 윤정은 AI 교수로부터 학습한 G 국가의 인플루언서 상인의 경쟁력과 미래 비전을 공유하였다.

G 가상 국가에 관심이 높은 친구들과의 만남에서는 이 일에 함께하면 어떤 보상을 받게 될 것이고 그 보상을 받으면 우리의 라이프스타일은 어떻게 변화될 것인지 이야기를 나누었다.

그들은 매번 파티마다 역할을 정하고 준비를 철저히 하였다. 그랬기에 계획대로 진행되었다. 초대자들이 자신들이 원하는 장소에서 VR, AR 글라스를 가지고 하는 파티를 통해서 첫 번째 팀 비즈니스는 순조롭게 확장되기 시작하였다.

인플루언서 아카데미와 파티를 마친 후 고민이 하나 생겼는데, 너무 많은 사람이 함께하려고 한다는 것이었다. 그들은 모두가 서핑이라는 팀에 속해 있기보다는 주도적으로 각자 팀을 만들어서 진행하도록 조언했다. 그들은 피곤함도 잊은 채, 성과에 대한 결과로 자신감이 더욱 커졌다.

힐튼은 삼촌과 에어를 중심으로 12명의 팀을 만들었고, 윤정은 엣지와 지현을 중심으로 역시 12명의 팀을 만들었고, 애니는 영순과 미리, 미애를 중심으로 12명 한 팀을 만들었다. 우리의 목표대로 12명을 넘어선 36명으로 3팀을 만들었다.

힐튼: 얘들아, 이거 너무 쉽게 팀이 모인 것 아니니?

윤정: 그래서 왠지 불안하단 말이지?

엣지: 그런 말 하지 마. 이번에 내가 들어와서 잘된 거라니까?

애니: 그래, 맞지. 엣지, 오랜만에 팀워크를 맞춰 보니 학창 시절이 생각난다.

윤정: 맞아. 다이어트 코치! 하하, 이제 가상 세계 인플루언서 상인이 되어서 마음껏 꿈을 펼쳐 보도록 하자. 인공지능과 공존하는 시대의 유통은 VR·AR 인플루언서와 결합된 네트워크 마케팅 전략밖에 없어. 시대흐름이잖아!

힐튼: 그렇지. 그래서 우리 부모님부터 삼촌까지 초대해서 하는 것 아니겠니?

삼촌: 그래, 맞아. 현실 세계 인플루언서들이 이제 가상 경제로 들어가서 제대로 인플루언서 활동을 해 보는 거야. 얘들아, 알지? 파이팅이다!

그들은 합창하듯이 "네, 삼촌!"이라고 대답하면서 "삼촌, 어머니, 아버님! 저희가 앞에서 이끌 테니 팀을 믿으시고 파이팅입니다!"라고 하였다. 부모님들도 승낙하셨다. 그리고 세 사람은 애니를 중심으로 리더십을 형성했는데, 팀 모집 결과는 대만족이었다.

이렇게 서핑팀을 다시 바다. 나무, 보석팀으로 재구성하였고 내일 9시에 가상 세계에서 만나기로 했다. 내일부터 100일간 꽉 찬 VR·AR 학교 교육이 시작되는 날이다. 첫 번째 달은 하루 3시간씩 100시간을 이수해야 한다.

최선을 다하겠다고 마음먹었다. G 가상 국가에 참여한 것은 단순히 기본 생활비 2배라는 욕심 때문이 아니다. 그들에게는 학창시절부터 가져온 각자의 꿈이 있기 때문이다. 그 꿈이 G 국가가 이루어 줄 것 같다는 희망이 들어온 것이다.

애니: 얘들아, G 가상 국가와 함께 자기계발 넥스트 키워드에 일찍부터 참여하게 개방해 준 대한민국 정부에도 감사한 마음이 들지 않니?

힐튼: 그건 대한민국 정부가 위기감을 느끼고 2020년도에 데이터 댐에 엄청 투자해서 가능한 거라고 내가 몇 번 이야기해야 알겠니?

힐튼이 소리 높이는 오늘 밤은 왠지 기분 좋은 편한 밤이다. 얘들아, 내일 보자. 굿나잇.

평점

두려움을 있는 그대로 친구로 삼기 위해서
우리는 스스로를 재교육하고 재프로그래밍해야 한다….
힘과 경각심을 선물하는 두려움으로 인해 새로운 상황에서 최선을 다하고
최대한 배울 수 있다고 끊임없이 자신을 설득해야 한다.

To use fear as the friend it is, we must retrain and reprogram ourselves….
We must persistently and convincingly tell ourselves that the fear is here-with
its gift of energy and heightened awareness-so we can do our best and
learn the most in the new situation.

- 피터 맥윌리엄스(미국의 작가)

어느덧 100일의 시간이 지났다. 그동안의 평가를 받기 위해 그들은
VR 아카데미 강의실에 모여 있었다. 잠시 후 문이 열리면서 누군가 들
어왔다. AI 교수와 조교였다.

AI 담임 교수와 조교가 같이 들어오면서 AI 교수의 말에 그들은 긴장
하였다. 조교가 들어와 발표하면 탈락하는 팀이라는 소문을 VR·AR 학
교에서 들었기 때문이다.

인공지능 조교는 사람처럼 조용히 한 명씩 그들의 이름을 부르며 눈
을 마주치면서 바라보더니 서핑팀의 개인과 팀플레이 평점을 VR·AR
학교 교육 지침에 따라 발표하고 평점 이하는 현실 세계로 되돌아가게
하겠다고 말했다. 그들은 조마조마해졌다.

AI 조교: 여러분의 개인 평점을 비롯한 팀 평점을 발표하겠다. 모두 평가 XR 그래프에 주목하길 바란다. AI 교수님의 발표를 잘 들어보길 바란다.

AI 교수는 좋은 소식과 나쁜 소식이 있는데 어떤 것을 먼저 들을 거냐고 물었다. 모두 좋은 소식부터 먼저 듣겠다고 했다.

AI 교수: 그럼 오늘만큼은 AI가 아닌 인생의 선배라 생각하고 좋은 소식부터 먼저 발표하겠다. 서핑팀이 종합 평점은 상위 5%에 들었다.

모두들 환호했다. 서로 잘되었다고 격려를 했다. AI 조교도 험악한 인상을 부드럽게 하면서 축하한다며 엄지를 들어 주었다. AI 교수가 말했다.

AI 교수: 여러분이 수행한 과제는 결코 쉬운 과정이 아니었다. 그럼에도 불구하고 100일의 훈련과 과제를 개인과 팀플레이로 매우 잘해 주었다. 특히 여러분이 12명의 팀을 모으는 과정에서 보여 준 열정적인 팀플레이는 바다, 나무, 보석팀으로까지 확장시켜 팀 과제를 완수하였는데, 팀 구성을 효과적으로 계획하였다. 그리고 다시 복제팀으로 나눠서 팀별 역량을 강화시키는 플랜을 준비한 것도 좋은 점수를 받았다.

이 팀에서는 힐튼이 개인 평점을 가장 높게 받았다. VR·AR 학교 자기계발 평점도 힐튼이 개인 최고 점수인 0.1%대 평점을 받았다. 힐튼은 삼촌을 팀에 합류하는 데 있어서 자신의 꿈을 정확히 설명했고 삼촌의 생각을 잘 이끌어 냈다. 그리고 팀 평점은 G 국가 시민에게 요구하는 열정, 습관, 태도를 잘 나타내 주었다. 팀 리더 애니를 중심으로 팀워크를 잘 보여 주어서 평점은 전체 상위 1%에 들었다. 축하한다.

팀플레이 부분에서 아주 높은 점수를 받았고 힐튼의 개인 평점이 팀 평점에 영향을 주어서 서핑팀이 상위 5% 안에 들어가기 수월했다. 그리고 애니, 윤정, 힐튼의 팀은 습관 두루마리를 정규적으로 읽는 미팅을 통해 팀원들이 긍정적인 생각을 쌓을 수 있게 도와주었다. 이런 습관 훈련이 예상치 못한 장애물이 발생할 때마다 진행 방향을 바로 잡아 가는 데 도움이 되어 레포트 제출 과제에서도 좋은 점수를 받았다.

그러므로 서핑팀은 G 국가가 요구하는 방향과 정확히 부합한다고 평가된다. 여러분 모두의 VR·AR 학교 시민 등급 졸업과 인증을 축하한다. 여러분과 함께한 짧은 100일이었지만, 우리는 여러분에게서 인간 잠재력을 충분히 발견할 수 있었다. 여러분의 잠재력은 위대한 인간 창조물의 잠재된 능력의 활용이었다.

VR·AR 학교 인공지능 교수와 조교인 우리는 여러분과 함께 보낸 100일 동안의 모든 과정이 G 국가 클라우드에 기록되는 걸 자랑스럽게 생각하겠다. 여러분이 정말 잘했던 것은 실패라고 생각할 만한 장애물 앞에서도 팀 목표를 이루어 내고자 하는 선택과 몰입을 유지해 준 것이다. 그리고 남의 탓이나 환경의 탓을 하려는 실패 패턴의 경향을 팀에서 지워 내기 시작했다.

앞으로도 항상 목표에 대한 진행 방향을 체크하고 포기하려는 마음이 들 때마다 오늘의 과정과 결과를 생각하고 스스로 극복하길 바란다.

조교: 자, 그런데 좋지 못한 소식도 있다. 대충 짐작하겠지만, 여기 재

산 평가 그래프를 살펴보겠다. 교수님, 준비되었습니다. 이제 발표
하시죠.

모두 나쁜 소식 발표에 귀를 기울였다.

AI 교수: 자, 이제 서핑팀의 히어로 입학 숫자와 관련이 있는 재산을
계산해 보도록 하자. 내일 마지막 관문인 200K 백화점 테스트가
남아 있지만 현재까지의 자산인 코인 획득을 발표하겠다.

입소 시 받은 팀 평점의 합이 2억 4천만 코인 평점이었다. 여기에
지출 명목을 살펴보자. 우선 페라리 자동차는 10억 코인에 해당되
는데, 이걸 습관 반지와 두루마리와 교환하였다. 애니는 서핑이라
는 팀 이름을 받는 데 개인적으로 8백만 코인을 지출했다. 그래서
애니의 남은 개인 자산은 2백만 코인이다. 그러나 과제 수행 중 리
더십 평점을 높게 획득하였고 6명을 초대하여서 개인 자산으로 1억
코인을 획득하여 1억 2백만 코인 평점이 되었다.

그리고 힐튼은 개인 초대를 제일 많이 하여서 2억5천 코인을 획득
하였고 팀플레이 기여도까지 해서 2억 8천만 코인 평점으로 증가시
켰다. 그리고 윤정은 초대 8명에 팀 기여도까지 하여서 1억 3천만
코인이 되었다.

그러나 과제 수행 중 바다, 나무, 보석팀 안에서 총 이탈자가 12명
이 나왔으므로 벌칙으로 총 3억 코인이 팀 자산에서 감소되어 순자
산은 4억 5천만 코인이다. 평균 자산은 -40%인 상태이다. 탈중앙화
금융(Decentralized Finance)이자 소득은 반영되지 않았다. 히어로
등급 입학생들에게만 100일의 이자 소득이 반영될 것이다.

이번 VR · AR 학교 시민 등급 훈련에서 팀플레이 평점은 뛰어났으

나 팀 관리를 못 해서 서핑팀의 현재까지의 종합 평점은 전 훈련생 대비 겨우 50% 순위 안에 들었다. 바로 이 점이 나쁜 소식이다. 너희들은 모두가 히어로 등급 입학을 원하겠지만 팀 코인 합산 평점으로는 어렵게 되었다. 현재까지는 졸업 낙제 점수 범위에 속해 있는 범위는 50%의 팀원이다. 현재까지 모은 코인 평점으로 VR·AR 학교 졸업과 히어로 등급 입학이 가능한 훈련생은 50%이므로 서핑팀의 절반이 현실 세계로 되돌아가야 한다는 이야기이다.

역전의 재도전 기회는 딱 한 번 있다. 그러나 재도전은 쉬운 게 아니다. 팀 이탈을 최소화시키면서 어려운 과제를 완수해야 할 것이다. 원한다면 지금 신청하고 과제를 조교로부터 받길 바란다.

애니: 우리 모두가 히어로 등급으로 들어가려면 어떻게 해야 합니까?

애니가 물었다. AI 교수는 옆에 서 있던 조교에게 설명을 하라고 하였다.

AI 조교: 그 점은 내가 이야기 해 주겠다.

그러면서 그들의 책상 가까이 다가와서 XR 홀로그램을 작동시켰다. 마치 도시 공간에 떠 있는 것처럼 느껴졌는데, 조교가 이야기할 때마다 그 장소가 눈앞에 나타났다.

AI 조교: 팀 구성원 모두가 히어로 등급으로 들어가려면 만만치는 않을 것이다. 지난 선배들 통계치를 보면 팀워크가 좋다 할지라도 탈락자가 많이 나온다면 실패한다는 것을 알 수 있다. 우리 넥스트 키워드 알고리즘이 정상적으로 작동한다면 약 80%는 탈락하게 된다.

하지만 너희들 모두가 히어로 등급에 올라가길 원한다면, 이 세계에서 가장 높고 웅장하게 지어진 200K 백화점이 있는데, 이 백화점은 세상의 모든 브랜드와 명품들로 가득한 상점이다. 현실 세계에서 구경할 수 없는 진귀한 물건도 찾을 수 있을 것이다.

이 200K 백화점은 거부를 꿈꾸는 인플루언서들에 의해서 운영되고 있다. 입점한 인플루언서들은 히어로 등급을 마치고 지도자 등급 훈련을 선택하지 않고 200K 백화점의 입점 상인을 선택한 사람들이다.

200K 백화점은 전 세계인이 이용하는 백화점으로 이름에서 알 수 있듯이 동시 접속 고객 인원이 1일 2억 명이다. 거기에 매장만 2억 개인 초대형 매장이다. 여러분도 히어로 과정을 무사히 졸업하고 인플루언서 상인이 되면 평균 연 소득이 5억 원, 50억 원, 심지어 100억 원에 이르는 성공한 상인으로 부를 쌓을 수 있다.

그러므로 상인들의 상술이 보통이 아니다. 백화점에 들어가는 순간부터 물욕, 과시욕, 소비욕은 물론 사랑, 돌봄, 배려, 감사, 나눔 등 내외적 자극을 통해 물건을 사지 않고는 배길 수가 없게 만들 것이다.

히어로 졸업 평가 마지막 테스트 관문에서 평균 80%가 관문을 통과하지 못하는 실수를 저지르는데, 그것은 히어로 졸업 전까지는 100$ 이상 물건을 구매하면 현실 세계로 퇴출시키는 시스템이 있기 때문이다. 물욕의 자제를 테스트하는 이 과정에서 많은 사람이 퇴출된다. 물욕(物欲)은 현실 세계를 지탱하게 하는 시스템이나 G 국가 부자 훈련법은 부를 이룬 후 부의 재분배에 기여하는 삶을 살아야 한다. 또한, 앞으로 지도자로서의 길을 걸어야 하는 사람들이므로 인의(仁義)의 마음이 육체의 나약한 통제력 때문에 심지(心知)가약하여 깨우치지 못할 정도로 자기계발이 부족하면 안 된다. 사람은 현실 세상에서 3년의 생활 후 다시 자기계발의 재도전 기회가 주어진다. 이때 퇴출된 훈련생은 3년간은 G 국가 시민 신청이 불허되고, 이것은 3년 동안은 현실 세계에서 자기 능력으로 살아야 한다는 이야기가 된다.

이번에 서핑팀이 받는 과제는 200K 백화점에서 물욕 테스트를 받는 선배 히어로들이 쇼핑을 하지 못하게 설득해서 히어로 등업을 하게 하는 것이다. 이 과제에서 XR에서 말하는 점수대로 여러분의 팀 참여 숫자가 증가될 것이다.

팀플레이를 통해서는 물론 히어로 입학 행사에 초대를 받아 페이 자산을 많이 모을 수도 있을 것이다. 그러나 굳이 이 과제에 도전해서 팀 평점이 더 떨어지면 개인 점수 역시 감소하여 이 팀은 한 명도 히어로로 등급을 올라가지 못할 수도 있다. 그러나 팀을 위해서 도전하기로 결정하는 순간 미션 환경이 팀 리더 XR 홀로그램으로 안내될 것이다. 최선의 선택을 하길 바란다.

그 말을 남기고 조교는 사라졌다. 한동안 침묵이 흘렀다. 한쪽에서는 "팀 리더들이 지출을 많이 해 놓고 이게 무슨 일이니?"라면 웅성대는 팀원도 몇 명 보였다. 힐튼은 이런 모습을 보고 팀 기여도는 제로에 가까운데 저렇게 형편없는 사람들까지 데려가야 한다는 애니의 주장을 받아들이기 힘들었다. 힐튼은 히어로 등업 훈련을 받아 봐야 물욕 테스트에서 어차피 떨어질 사람들이라 그냥 여기서 헤어지게 하자고 애니에게 다가가 조용히 이야기하였다.

잠시 후 애니는 팀이 분열 조짐이 보이자 윤정과 힐튼, 삼촌, 영순, 엣지 등의 리더들이 모아서 뭔가를 결심한 듯 팀을 위해 회의를 주도하였다.

애니: 우리가 팀을 모으고 시작한 그 마음 그대로 우리는 갈 거야. 최
소한 여기 모인 리더급에서만큼은 그 마음이 변하지 않았다고 믿
어. 그래서 팀 리더 역할이 있는 나는 개인 코인 평점으로 히어로
등급에 올라가지 않기로 결정했어. 우리는 한 팀이야. 흩어지면 죽
고 뭉치면 사는 한 팀. 그러니 나의 결정과 전략을 들어보고 찬성
해 주길 바라.

우리는 함께 히어로 등급에 올라갈 거야. 쉽지는 않은 일이지. 그래
서 우리 모두 보통 이상의 집중이 필요해. 여기서 포기하면 기본 생
활비 외에 가져가는 게 없어. 그 일을 하려고 우리가 여기에 모인
게 아니지 않니? 개인 점수가 많이 나온 여러분에게 부탁할게. 코인
평점 점수가 높게 나온 사람들도 팀을 위해서 희생해 주고 개인 점
수가 낮게 나온 사람들은 이번 과제에서 최선을 다해 목표를 이루
도록 도와줘. 개인 점수가 낮은 사람들이 팀워크로 히어로 등급 올
라가서 얼마나 잘할까 생각할지도 모르지만 히어로 등업 훈련을
받는 3년의 기간 동안 자기계발과 3개의 코어 훈련을 받으면서 변
화될 기회는 주어지는 게 맞다고 봐.

윤정: 우리 팀의 세부 평가를 보면 현재까지 팀 이탈자가 12명으로 높
아져서 현재 팀이 가지고 있는 재산은 4억5천만 코인 평점이야. 우
리 모든 팀원이 상위 10%에 안정적으로 들어가려면 4명 이상의 낙
오자가 더 이상 없어야 해.

애니: 남은 24명 모두가 히어로 등급으로 올라가려면 추가로 팀 자산
을 24억 페이를 넘게 모아야 해. 특별 혜택은 3팀 이상이니 12명을
더 영입해서 3팀으로 구성해서 1%에 들어가야 하는데 그러려면

200억 코인 평점을 더 모아야만 해. 애니, 우리 목표는 어디로 잡을까?

애니와 윤정의 설명을 듣고, 당연히 1%라며 힐튼과 엣지가 외쳤다. 애니가 엄지를 척 들어 올리며 '도전 선택'이라고 말하자 도전 알림이 VR·AR 학교로 전송되었다.

애니: 좋아. 우리는 잘 선택했어. 힐튼, 엣지. 여긴 가상 세계야. 안 되는 게 없는 세계라는 걸 우리 모두 생각해야 해.

그 말을 하는 순간 애니의 XR 홀로그램으로 미션 환경이 도착했다. 애니는 미션 환경을 살펴본 후 팀원들에게 말했다.

애니: 미션 환경을 전달할게.
1) 애니, 윤정, 힐튼과 작전은 함께 세울 수 있다.
2) 애니, 윤정, 힐튼 3명은 팀원이 현장에서 미션을 수행하는 시간 동안은 가상 세계에 들어올 수 없다.
3) 애니, 윤정, 힐튼이 7일 동안 팀 목표가 달성될 수 있다는 생각 외 실패할 것이라는 불안한 생각을 10초 이상 할 시 팀원 모두 탈락된다.
4) 남은 팀원끼리 11,000명이 쇼핑을 못 하게 막아야 한다.

고민: 이건 말도 안 돼. 팀 리더 없이 우리가 이 일을 하라고? 그리고 우리가 죽어라 현장에서 고생하잖아. 애니, 윤정, 힐튼 너희 3명 중 하나라도 이 미션이 실패할 것 같다는 생각을 10초, 그 짧은 10초라도 안 할 것 같니? 히어로 등급으로 올라가지 말라는 내용이잖

아. 이건 도저히 불가능한 일이야.

애니: 고민 삼촌, 정신 차리고 내 말 들어 봐. 이 미션 환경이 우리의 장애물이 되어서는 안 돼. 우리의 잠재력을 우리가 믿지 못할 때 실패하는 거야. 우리는 해낼 수 있어. 우리의 생각과 우리의 잠재력이 각자의 역할을 통해 하나로 연결되는 팀워크로 뭉치면 1%가 아니라 0.1%에도 들어갈 수 있다고 봐.

삼촌: 고민아, 너 잠깐 나랑 이야기 좀 하자.

삼촌은 고민에게 자신감을 심어 주기 위해 한쪽으로 자리를 옮겼다.

엣지: 우리가 이 많은 사람의 쇼핑을 막아야 한다고? 어떻게 막을 수 있을까?

엣지도 염려되는 듯 말했다.

애니: 엣지, 생각해 봐. 여기는 가상 세계로 실시간 접속 인원이 최고 2억 명이고, 이번 졸업 테스트 대상 선배들이 10만 명이라고. 10% 게임이야. 엣지 너는 너의 장점인 커뮤니티 모임으로 20%대인 긍정적 지지층을 결집시켜 주면 좋겠는데.

엣지: 좋아. 내가 커뮤니티 관리를 맡을게.

윤정: 10만 명이랬지?

윤정은 습관 반지 클라우드로 접속해서 데이터를 찾아보고 힐튼 말이 맞다고 했다. 힐튼과 석태는 애니의 전략에 따라 윤정의 안내를 듣고 백화점을 다녀와야겠다며 먼저 일어났다. 윤정과 애니가 고민에게 "힘내요, 삼촌."이라고 격려하면서 계속 작전을 이야기했다.

> **애니:** 클라우드 분석에 의하면 여기 있는 사람들의 5%가 쇼핑하지 않
> 고 지도자 반으로 올라갈 결심을 한 사람들이니 5천 명이 우리가
> 만날 대상이네. 그리고 20%는 상인이 되거나 쇼핑을 하지 않기로
> 한 2만 명이지. 그럼 2만 5천 명의 명단이 확보된 거나 다름없지.
> 60%인 6만 명은 눈치 보면서 선택할 사람들이라고 클라우드 데이
> 터가 보고하네. 그 절반인 3만 명만 우리가 잡아내면 돼.
>
> **윤정:** 이 통계를 바탕으로 60%에서 승률만 높이면 가능성이 충분하
> 겠는데? 찾아내면 하위 20%는 무조건 쇼핑하고 떠날 사람들이라
> 고 하니 이쪽 하부층에는 시간을 낭비하지 말기로 하면 돼.
>
> **옛지:** 그래, 가능성이 충분하겠는걸?
>
> **애니:** 그렇지? 그럼 긍정적인 약 2만 5천 명에서 25%, 5천 명 확보는
> 윤정팀인 금민과 서아, 지현과 옛지, 에어, 톰이 맡아서 해결하면 좋
> 겠어. VR·AR 학교 명부 데이터를 통해 장래 희망 키워드로 접근
> 하면 5천 명은 충분히 찾아낼 거야.
>
> **윤정:** 그리고 60%인 6만 명을 위한 이벤트를 남은 팀원들과 열어 볼
> 게. 삼촌 팀원들은 나랑 같이 진행하자. 눈치 보는 60%를 위한 이
> 벤트를 여는 거야.
>
> **삼촌:** 계산상으로는 6만 명 중 10%인 6천 명만 설득하면 우리는 0.5%
> 안에 들어가는 평점으로 입학하는 거고, 4천 명 이상만 설득해도
> 1%는 무난하게 들어갈 것 같은데.

삼촌이 말했다. 나머지 쇼핑하고 나가기로 결정한 20%의 사람들은 그
냥 두는 부분에 관한 것이었다. 애니는 삼촌에게 간단하게 설명했다.

애니: 삼촌, 부정적인 사람은 항상 부정적이고 상황이 바뀌면 다시 부정적으로 돌아가게 되어 있어. 이번에 우리 팀의 포기한 분들도 대부분 자기계발을 진짜 해야 할 사람들인데 그들은 상황에 따라 언제든지 감정에 끌려다니기 때문에 포기한 거야. 이번 과제는 시간이 많이 없어서 억지로 설득해서 함께한다 해도 다시 팀에 마이너스가 될 거야. 그럴 가능성이 높은 층은 제외하는 게 맞는 것 같아. 안타까운 일이지만 그들을 위해 우리가 할 수 있는 일이 없어. 팀 전체가 히어로 등급에 올라가는 게 우리 팀의 목표라는 것 잊지 마, 삼촌. 우리 서핑팀이 20% 안에 들어가는 목표는 의미 없는 목표야.

엣지: 나도 찬성. 20%로 들어가는 건 의미 없어. 가장 중요한 것은 팀원 모두를 지키기 위해서는 10~1% 목표를 완수해야 한다는 거야.

윤정: 애니의 말처럼 이전 과정에서 1%대의 상위 평점을 받은 좋은 팀들도 이번 단계에서 팀플레이를 하면서 많이 무너졌다고 하더라고. 그래서 우리가 히어로 등업 자격을 받으려면 10%대 이상의 코인 확보와 팀 자산 200억 코인 평점을 반드시 만들어 내야만 해.

삼촌: 그래! 한번 해 보자. 우리 서핑팀에게 이번만큼은 정말 중요해. 단 한 사람이라도 포기자가 나오면 안 돼. 개인의 능력이 아닌 팀플레이의 힘으로 올라가자!

삼촌은 기성세대들과 청년팀을 다시 한번 힘차게 단결하고 출발시켰다. 삼촌 덕분에 마치 결승전에 올라선 듯한 비장한 각오를 다지는 시간을 가지면서 할 수 있겠다는 분위기가 팀에 형성되었다.

그런데 그 순간, 한편에서 삼촌 친구인 고민은 그들을 고개를 떨구면서 회의적으로 바라보고 있었다.

나는 오늘

생명은 생명을 낳는다. 에너지는 에너지를 창출한다.
사람이 부자가 되는 것은 자신을 소모시킴에 따라 일어난다.

Life engenders life. Energy creates energy.
It is by spending oneself that one becomes rich.

- 사라 베른하르트(프랑스의 배우)

아직 자신의 진로를 선택하지 못한 사람들을 위해 외부 조사를 다녀온 지현은 12명이 모두 흩어져서 백화점 입구에서 홍보하는 방법을 생각해 보고 있었다. 그러나 팀 리더인 윤정은 아무리 생각해도 이 방법으로는 설득 가능성이 낮아 보였다.

윤정은 그 방법도 좋은 아이디어라고 생각하지만, 우리에게는 시간이 부족하다고 이야기하였다. 윤정은 그 장소는 많은 사람이 바쁘게 출입하는 장소이니까 홍보 차원으로만 생각하고 3명만 투입시키고, 나머지 인원은 노인에게 받은 반지 클라우드 데이터를 이용한 전략을 짜자고 팀원을 설득하였다. 그래서 윤정팀은 윤정의 의견을 받아들여서 데이터 통계치를 살펴서 긍정적인 명단은 엣지 커뮤니티 중심으로 맡겼다. 윤정은 자신이 나서서 고민하는 사람들을 설득할 아이디어를 만들어야 되겠다고 생각했다.

윤정: 데이터 알고리즘은 G 국가 VR·AR 학교 시민 등급 과정을 마친 사람들 중 60%는 인간 잠재력을 이용한 자기계발에 대한 넥스트 키워드 코어 훈련도 받고 싶지만 국가 기본 생활비를 조금 더 받는 VR·AR 학교 졸업만으로도 만족할 수도 있다는 통계를 도출했어.

알고리즘 통계를 알아낸 윤정은 차분히 설명했다.

윤정: 반지 알고리즘은 VR·AR 학교 졸업 후 히어로 등급을 졸업한 사람들의 인플루언서 소득이 많다는 것을 찾아냈어. 이들이 부자의 반열에 오르게 된 이유는 히어로 졸업하는 과정에서 배운 삶의 태도계발이 잘 형성되었기 때문이야. 그런 부자 마인드가 유지되고 있고 이들은 매년 30%의 소득을 기부하고 있어. 놀랍게도 자율적으로 이렇게 하는 히어로 등급 졸업생이 95%가 넘는다고 하더라고. 놀랍지 않니?
그리고 여러 국가에서 기본 생활비 지급 협약에 참여하다 보니 G 가상 국가가 제시하는 자기계발 프로그램을 지원함으로써 G 국가 운영 시스템이 완성되었다고 하는 이유를 나는 이제 무슨 말인지 이해하겠어.

금민: 음, 맞아, 우리도 이 과정을 흥미롭게 지켜보고 있다고. 그래서 용기 내어서 참여한 거잖아.

금민의 말에 지현, 시연, 서아, 정현, 은영, 정훈이 고개를 끄덕거렸다. 윤정은 계속 이어 갔다.

윤정: 이 시스템이 강력하다는 것은 우리 인간의 자기계발된 의식만큼

이나 대단한 거지. 변화된 의식이 부를 재분배하는 기부를 하는 거고. 그리고 누구인지는 모르겠지만 히어로 등급에 올라가지 않겠다고 마음먹은 사람들도 있겠지. 이들이 60% 정도라니 나도 의아하게 생각 중이야. 자기계발은 짧은 교육으로 불가능하고 G 국가 넥스트 키워드를 받는 훈련인 히어로 과정이 본 교육이라는 것을 느끼고 있어. VR·AR 학교를 시민 학교라고 부른 이유도 알겠어. 그런데 우리 과제를 마쳐야 VR·AR 학교라도 졸업하고 히어로 VIP 평점으로 올라가지 않겠니?

한편에서는 영순팀도 회의를 하는 중이다.

영순: 지금 우리에게는 치밀한 작전이 필요한 거 맞지?

말이 없던 영순도 긴장되었나 보다. 영순은 미리와 미애, 은희, 연홍에게 말했다.

영순: 이번 팀플레이에서 우리가 승리하려면 기득권층에는 항상 이탈자가 많으니까, 쇼핑하지 않기로 결정한 사람들이라도 명단을 우리 홍보팀에서 확보해서 추가 이탈하지 않도록 바짝 관리해야 해. 그러면 우리가 승리해.

미리: 나도 영순이 생각에 동감이야. 60%는 아직 명확한 결정을 못한 상태이면서 현실 세계로 되돌아가도 아쉬울 게 없다고 생각하는 층이니 가상 백화점에서 물건들을 보면서 가지고 싶은 욕구가 일어나면서 고민이 깊어질 수도 있을 것 같고…. 다음 단계인 히어로 등급에서 실패하는 것보다 여기서 적당히 보상받고 빠지자는 사람들

도 분명 있을 거야. 이 층에서 쇼핑하지 않기로 결정했다 해도 관리를 더욱 잘해야 할 것 같아.

애니: 그래서 내가 생각해 둔 아이디어인데, 우리가 인간 안에 내재된 물질 욕망을 이용하는 거야.

미애: 어떻게?

애니: 백화점 앞에 있는 사무실이 임대로 나왔는데 이곳을 임대하는 거야. 영순이 이모가 이 점을 알아 왔는데 아이디어가 좋은 것 같아. 이모가 설명 좀 해 줘요.

영순: 알았어! 우리는 우리 과제 완성을 위해서 임대를 하는데 얼마인지 아니? 3억 코인인데, 임대로 지출하고 나면 팀 재산은 1억 5천만 코인이 남아. 우리는 여기 모든 걸 걸어야 해. 클라우드에 접속하여 통계를 빼 보니 가능성은 충분해. 게임처럼 생각하자.

미애: 거기에서 뭘 하려는 건데요?

미애가 물었다. 애니가 자신이 설명하겠다고 했다.

애니: 팀 리더인 윤정이랑 힐튼이 나랑 회의하며 계산해 본 결과 첫 번째 전략은 남은 1억 5천 코인을 사용해서 VR 노래방과 3D 피규어 제작 기계를 구입하는 거야. 잘 생각해 봐. 서핑 이름을 지어 준 정우라는 카레이싱 인플루언서가 뭐라고 했지? "노래를 만들고, 생각하는 대로 되는 곳이 이곳이다." 이 말이 우리에게 준 힌트였던 거 아닐까? 노인분도 여기에서는 자산을 지킨다고 승리하는 게 아니라고 했잖아.

여기는 가상 세계이고 가상 세계에서 안 되는 게 뭐가 있겠어? 무엇이든지 우리 생각대로 도전하는 거야. 이곳에서는 현실 세계의 관점을 버리고 상상의 날개를 펴면 뭐든지 이루어질 거야. 우리가 다시 하고자 하면 성공 에너지는 충전될 거야.

은희: 맞아. 나 노래 좋아하잖아. K-POP의 세계화로 한국식 노래방이 요즘 인기인데, 현실 세계 노래방들이 바이러스로 인해 모두 문을 닫을 정도야. 노래방에서 마음 놓고 노래를 부르지 못한 게 벌써 몇 년째니?

애니: 나랑 윤정팀이 맡은 집단은 눈치만 보는 60%, 6만 명이야. 이들의 선택은 불확실해서 자기 나라로 떠날까 말까 하는 사람들이지. 그런 마음을 헤아려 주는 시간을 갖고 K-POP 문화를 체험하게 하는 거지? 우리도 마음이 심란할 때 친구들과 노래 부르고 파티하잖아. 그럼 기분이 좋아지고 에너지가 충전되는 것 같고, 자신감도 생기잖아? 윤정이랑 몇 팀원들도 중요한 미팅이라 참석하기로 했으니 들어 보자. 이용 가격도 저렴하게 책정했지. 우리의 목표는 따로 있잖아.

애니가 말하자 미리랑 금민도 맞는 말이라며 찬성했다.

윤정: 가상 세계에서 K-POP뿐 아니라 여러 국가의 노래를 부르며 파티할 수 있다면 아마 엄청 좋아할 거야. 비용은 1회에 G 국가 1천 코인이고, 월 이용료는 1만 코인으로 정할 거야. 그런 다음 월 정액으로 이용하는 사람은 6천 코인으로 40% 할인해 주고, 추첨 기회도 주면 자신들이 벌어 놓은 자산에 비하면 부담도 없을 거야. 특히 이번 K-POP에서 가장 인기 있는 가수와 함께 부를 수 있게 XR 홀로그램으로 업데이트되었다고 하면 호기심에 많이 신청할 거라고 생각해.

모두들 좋은 생각이라며 아이디어를 칭찬하면서 이야기를 계속 듣고 싶어 했다.

애니: VR, AR, XR 노래방에서 60점 이상 점수가 나온 손님은 특별한 추첨의 기회를 주면서 설문 조사를 받는 거지. 파이팅 차원에서 선물을 준다고 하면서 피규어를 만들어 주는 이벤트를 하는 거지. 10명 중 2명만 당첨되게 하고 당첨 안 된 사람은 다른 누군가를 노래방 고객으로 추천해서 함께 오면 XR, 3D 피규어를 선물로 주겠다고 하면 사람들을 많이 모일 거야.

우리가 7일간 이 프로그램을 하면서 백화점 앞에서 설문할 수 있는 최대 인원은 6만 5천 명일 것 같아. 이 중 6천 명을 목표로 10%를 확보하는 걸로 하자.

윤정은 애니 말에 동감했다.

윤정: 우리가 생각하는 긍정적인 생각과 잠재력을 이용하여 상상의 나래를 펴면 여기 G 국가에서는 안 될 일이 없다는 말이 맞아. 그렇지 않니, 얘들아? 우리는 할 수 있다고 봐. 자, 파이팅하자.

애니는 윤정의 손을 맞잡으며 말했다.

애니: 지금 힐튼은 석태와 함께 백화점에서 인플루언서 매니저랑 이야기 중인데, 좋은 결과를 가지고 돌아오면 우리가 계획한 일은 크게 성공하게 될 거야.

팀을 독려하자 모두들 찬성하고 진행하자고 했다. 그리고 G 국가 규칙에 따라서 다시 팀 인원을 정비해서 이탈로 무너진 팀 중 우리 팀에 함께하고 싶은 사람을 영입해서 숫자를 늘리는 걸 AI 교수에게 허락받았다고 했다. 그렇게 해서 팀을 재구성하고 애니가 발표하였다.

애니: 삼촌, 힐튼을 대신해서 팀원들과 함께 홍보를 책임져 줘. 팀원은 효숙, 희겸, 석태, 영희, 경립, 성태, 향옥, 청일, 병석, 에어이고 노래방 운영팀은 나를 대신해서 영순이 이모가 맡는데 팀원은 미리, 미애, 광숙, 은희, 연홍, 태완, 정애, 주현, 고민, 톰이야. 그리고 윤정이를 대신해서 현장을 엣지가 책임져. 팀원인 지현, 시윤, 금민, 은영, 정현, 성현, 정훈, 수옥, 정숙, 새봄, 쏜으로 해.
그리고 마지막 히든카드로 백화점 인플루언서 협업 담당은 힐튼과 석태가 미팅하러 갔는데, 잘해 오면 대박 날 거야. 힐튼이 빠지니 석태가 책임지고 맡아.
우리 팀들이 각자의 위치에서 서로 맡은 일만 잘 해내면 전원 히어로 등업이 가능해. 알았지?

이때 힐튼과 함께 간 석태가 소란스럽게 들어왔다.

석태: 애들아, 성공했어! 계약했다. 야호, 대박!
윤정: 정말? 그럼 50%는 된 거나 다름없네!

윤정이 제일 좋아했다.

힐튼: 애들아, 내가 누구지? 나 힐튼이야. 성공하는 데 부족한 2%를

위한 마지막 히든카드라고나 할까?

자신감 넘치는 모습으로 힐튼은 히든카드를 보였다.

힐튼: 백화점 인플루언서들과 납품 협약을 하나 맺어 왔어. 시민 등급 과정에서 힘이 되는 문장을 처음 가르쳐 준 AI 조교 생각나지? 험악해서 현실 세계에서 만날까 두렵다는 바로 그 AI 조교 말이야. 시민 등급 졸업생들이 그 AI 조교를 모르면 간첩이지.
미라: 그래서 그 조교가 무슨 상관이 있는데?

"그 문장 말이야." 힐튼이 말하자 모두가 합창하듯이 소리 내 읽었다. 에너지를 당겨 오는 문장이다.

"꿈을 위한 목표를 정하고 몰입하고 오늘 해야 할 목표에 집중하라 꿈과 함께 열정적으로 행동하면 열정적인 사람으로 변화되고 꿈과 함께 좋은 습관을 만들면 성공자의 습관이 형성되고 꿈과 함께 올바른 태도를 배양하면 품격 있는 성공자가 된다."

힐튼: 이 문장을 XR 피규어로 만들어서 납품을 하기로 했어. 처음에 나도 애니가 백화점 인플루언서들을 찾아가서 이런 제안을 해 보라고 했을 때 의아했는데 제안하자마자 모든 매장에서 승낙하는 거야. 3D 홀로그램 피규어를 제작할 때 AI 조교가 이 문장을 들고 있는 모습으로 피규어를 납품하기로 했거든. 물론 백화점 판매에서 이익을 보려는 목적이 아니니 최저가 납품이라 많은 매장에서 취급하게 되었고!

석태: 무려 2억 개 매장 중 70%를 차지하고 있는 의류 및 생활용품 전매장에 납품될 거야. 이 XR피규어를 자주 만날수록 60%의 눈치 보는 훈련생들은 고민이 많아지겠지. 최후 보루를 설치한 거나 다름없어. 자, 이건 또 다른 피규어 모델인데, G 가상 국가를 배경으로 자신이 서 있는 모습을 만들어 주는 피규어야.

힐튼: 이해를 돕기 위해 애니와 윤정의 모습으로 만든 샘플이야.

G 국가 VR·AR 학교를 배경으로 서 있는 애니와 윤정의 피규어에는 다른 문장이 있었는데, XR 홀로그램으로 나타나는 문장이 정말 멋진 작품처럼 보였다.

윤정: 그리고 여기에 새긴 글은 쌤 노인이 준 두루마리에 적힌 글이니만큼 자신의 꿈과 목표를 알고 있는 교육생들뿐 아니라 백화점 인플루언서 상인들에게도 관심을 끌 것 같지 않니? 예상대로 백화점 인플루언서 매장마다 주문 폭주다.

샘플 작품이지만 애니와 윤정뿐 아니라 서핑팀 모두가 자신의 모습으로 소장하고 싶어진다고 했다. 백화점에서 엄청난 인기가 있을 것 같은 느낌이 든다면서 애니와 윤정의 피규어에 새겨진 문장을 서핑팀 모두 문장을 소리 내어 읽었다.

G 가상 국가가 당신에게 요구하는 결단

1. 나는 오늘 위대한 창조물로 이 땅에 태어났음을 알고 있다.
2. 나는 오늘 ○○○○년 ○월 ○일까지 나의 꿈과 나의 목표를 달성

하는 나를 믿었다.

3. 나는 오늘 나의 소중한 꿈을 이루기 위해 만나는 모든 사람을 사 랑하고 웃음으로 환대하였다.

4. 나는 오늘 나의 목표에 따라 사자처럼 용기로써 행동하였고 히말 라야 정상의 백설처럼 선명하게 되었다.

5. 나는 오늘 나의 꿈을 위탁하지 않는 하루를 보냈다.

6. 나는 오늘 열정적으로 행동하고, 열정적인 사람을 만났다.

7. 나는 오늘 좋은 사람들과 좋은 팀을 만들었고 독서 습관을 만들 어서 내 감정의 지배자가 되었다.

8. 나는 오늘 성공자의 태도를 배양하였으며 품격 있는 가치와 삶의 철학을 알게 되었다.

9. 나는 오늘 이 성공 문장을 하루에 3번을 반복해서 3번을 외치면 서 성공할 나를 만났다.

10. 나는 오늘 다시 한번 결단했다. 이제 나 ○○○은 소중한 나의 꿈 을 꿈도둑들로부터 굳건히 지켜 내겠다고 결단하였다.

피규어를 바라보면서 삼촌은 자신들이 문장을 읽을 때마다 XR 홀로 그램으로 문장이 형형색색 움직이는데 그 움직임이 파도 같기도 하고, 목표에 대한 집중 에너지가 강하게 자기 마음을 움직이게 하는 것 같다 고 했다. 우리가 먼저 구매하자고 하면서 서로가 성공을 예감했다.

그러나 인플루언서 상인까지 만나고 온 고민은 혼잣말로 "우리가 과 연 성공할까? 아무리 여기에서 잘해도 애니, 윤정, 힐튼이 부정적 생각 10초만 하면 모든 것이 끝나는 것 아닌가?"라고 했다. 초조한 표정을 감 추지 못하고 결국 힐튼의 삼촌에게 들켰다. 고민과 친구 사이인 힐튼의 삼촌이 "고민아, 우린 기적을 만들 거다. 할 수 있어."라며 어깨를 두드리며 맡은 일에 집중하자고 용기를 심어 주었다.

> **애니:** 그럼 각자 위치에서 마음껏 즐기면서 일을 하기로 하자. 그러면
> 성공하게 될 거야. 알겠지? 서핑팀 오늘 파이팅! 각자 위치로 가자.
> 200K 백화점은 우리가 접수한다. 준비됐지?
> **모두:** 네, 준비되었습니다! 가자, 200K!
> **삼촌:** 7일간 역전의 용사들이 나아갈 테니 걱정 말고 로그아웃하렴.
> 내가 어젯밤 잠 안 자고 윤정이 도움을 받아서 팀 노래 만들었는데
> 한번 들어 봐.

삼촌의 선창 아래 팀원들도 따라 부르기 시작했다.

> 운명아, 개척자가 길을 나선다.
> 장애물들아, 저리 비켜라!
> 바다, 산, 나무여 용기를 내어라. 우리가 함께한다.

그동안 수고한 3명의 리더들의 로그아웃 시간 앞에서 단결된 환송의
가사를 부르는 팀원들의 눈시울 촉촉한 열창을 들으면서 모든 준비와
작전을 맡기고 팀원들을 뒤로하고 로그아웃하였다.

로그아웃을 하자 영순, 엣지, 삼촌, 석태가 엄지를 척 세우면서 걱정
말라고 잘하겠다고 마지막으로 인사했다. 세 사람은 로그아웃 직전에
큰 소리로 "우리들은 걱정하지 마. 한 치의 흔들림도 없을 거야. 모두 각
자의 위치에서 흔들리지 말고 최선을 다해 줘. 그러면 우리 모두는 승리
할 거야!"라며 역시 엄지를 세워 주고 현실 세계로 돌아왔다.

인정

선수 경력을 통틀어 나는 9,000개 이상의 슛을 놓쳤다.
거의 300회의 경기에서 패배했다.
경기를 뒤집을 수 있는 슛 기회에서 26번 실패했다.
나는 살아오면서 계속 실패를 거듭했다. 그것이 내가 성공한 이유다.

I've missed more than 9,000 shots in my career. I've lost almost 300 games.
26 times I've been trusted to take the game winning shot and missed.
I've failed over and over and over again in my life. And that is why I succeed.

- 마이클 조던(NBA 선수, 샬럿 호네츠 구단주)

시간이 얼마나 지났을까? 현실 세계에서 G 국가의 소식이 단절된 지 7일째다. 애니와 윤정, 힐튼은 7일간 입시생처럼 적은 수면 시간을 유지하며 긴장감으로 하루하루를 보냈다. 이때 서로에게 힘을 주면서 팀을 믿었고 긍정의 마음을 유지하기 위해서 VR, AR 글라스를 사용하고 싶어도 규칙대로 사용하지 않고 마음의 평안을 유지했다. 그 방법은 소리 내어 책을 읽으면서 마인드 셋 강화를 위한 대화를 하며 긍정적 의식 상태를 유지하였다. 인공지능의 도움을 받아 읽지 않고 뇌에 자극을 주는 낭독을 소리 내 읽으며 토의하였다. 7일간의 값진 시간 동안 읽은 책은 우리를 더욱 성장시켰다. 책 속의 교훈들이 꿀처럼 달게 느껴졌고 포도주처럼 향기롭게 다가왔다. 이번에 우리가 읽은 책은 G 국가 이야기인 『히어로의 여행 2028』을 비롯해 『끝없는 추구』, 『놓치고 싶지 않은 나의 꿈 나의 인생』, 『나를 깨우는 행복 DNA』, 『데일 카네기의 인간관계론』, 『생각하는 그대로』, 모처럼 꺼내 본 손때 묻은 『성서』였다.

이제 미션 마지막 시간이 되었고 세 사람은 G 국가 로그인을 긴장된 마음으로 하였다. 그들이 입장하자 AI 교수의 아바타는 밝은 미소로 환영해 주었다.

AI 교수: 여러분은 드디어 해냈다. 7일이 단 하루처럼 스쳐 지나갔을 것이다. 이것이 선택이고 집중이고 몰입임을 팀원들은 느꼈다. 스스로도 믿어지지 않을 만큼 단결된 팀워크로 해냈다. 오늘은 최종 평점으로 인정받는 날이다.

AI 담임 교수는 이렇게 목소리를 높여서 인정하고 있었다.

AI 교수: 여러분의 훌륭한 점수에 대해서 우리 교수진도 깜짝 놀라고 있다. 지금까지의 그 어떤 팀보다 해내겠다는 의지와 아이디어, 집중된 선택과 몰입으로 임한 것 같다. 그러므로 우리 AI 교수진은 만장일치로 서핑팀에게 1% 등급의 졸업 평점을 주지 않을 수 없었다. 개인 평점으로는 힐튼과 삼촌이 0.5% 안에 들었다. 축하한다. VR·AR 학교에서 바라본 넥스트 키워드는 '집중과 몰입', '팀플레이', '희생, 사랑, 봉사, 역할 분담'을 잘한 팀을 중점적으로 평가했다. 여러분이 좋은 평점을 받게 된 것은 VR·AR 학교가 요구하는 방향으로 도전을 잘 수행했기 때문이다. 전체 팀 리더인 애니와 윤정, 힐튼의 마인드 셋과 팀에 대한 믿음은 여러분 세 사람의 뇌파를 감지한 양자 XR 컴퓨팅 클라우드에 의하면 완벽했다고 보고되었다. 정말 대단한 믿음이다.

여러분의 이 과정의 성취는 잠재력 계발의 기초가 될 것이다. 성공은 지식이 아니다. 우연도 아니다. 이 과정은 집중과 몰입을 지속하게 하는 자기계발 에너지의 문제이고, 자기계발된 부분이 쌓여 가면서 인간 잠재력은 더욱 향상되는 것이다. 그리고 향성된 잠재력은 인간 공동체를 위해서 사용되어야 한다. 그래야 삶의 여정을 종착역에서 행복한 최후의 날을 맞이하는 것이다.

자기계발을 통한 잠재력 향상을 물질의 성공만을 위한 정수(精髓)로만 만든다면 슬픈 여정의 끝이 될 것이다. 그러므로 여러분은 오늘의 결과처럼 '하면 된다.'라는 마인드 셋을 적용하며 살아가길 바란다. 여러분의 팀은 앞으로 히어로 등급에서도 최선을 다해 넥스트 키워드 3개 코어 훈련을 받게 될 것이다. 이것은 흐름(flow), 선도(lead), 변화(change)의 시대에 사람들을 이용해서 사업을 하는 것이 아니라 사람들의 삶을 행복하게 하기 위해서 기회를 공유하며 살아가는 것이다. 그 기쁨을 누리길 바란다. 다시 한번 축하한다.

그럼 우리 AI 교수들이 놀라게 된 평점을 발표하겠다. 우리가 주목한 서핑팀의 놀라운 점은 7일 만에 무려 백화점에 출입하는 11,110명을 설득했다는 것이다.

결코 쉽지 않았을 일을 여러분은 하나의 팀워크로 해냈다. 그리하여 팀 목표인 220억의 코인 평점과 특별 코인 보상과 함께 히어로 등급으로 36명 전원이 입학하는 결과를 만들어 냈다.

여러분 서핑팀은 팀 낙제 평점에서 1% 안에 들어가는 기적 같은 기록을 냈다. 이 기록은 VR·AR 학교에서 보기 드문 사례로 남을 것이다. 다시 한번 기적의 승리에 축하를 전한다.

200K 백화점 2,000층 마스터 홀에서 시민 등급 졸업식과 히어로 등업을 위한 파티가 있을 것이다. 인간 잠재력의 팀플레이의 에너지

를 보여 준 여러분의 축하 파티가 내일 마스터 홀에서 열린다.

단, 내일 행사에 참석 후 히어로 등급으로 입학하지 않기로 결정한 사람은 넥스트 키워드 3 코어를 XR에 접속하여 언제든지 거절하면 된다. 그러면 그 자리는 또 다른 도전을 원하는 누군가에게 돌아갈 것이다. 물론 보상은 있다. 정부 지원 기본 소득과 G 국가 지원금인 100만 원을 받는다. G 국가 초대 시민권과 획득한 코인은 소멸될 것이다. G 국가 시민권이 소멸된 사람은 향후 3년간 넥스트 국가 시민 자격 획득을 위한 응모가 불가능하게 됨도 기억하기 바란다.

애니: 삼촌, 영순 이모, 석태, 엣지야. 우리가 없는 동안 팀을 잘 이끌어 주어서 고마워. 모든 게 너희들 덕분이다. 우리는 해냈어. 모두 함께 히어로 등급으로 올라가게 되었어.

삼촌과 영순, 석태, 엣지는 그동안 팀 리더들이 얼마나 고생했는지 이해하게 되었다면서 히어로 등급에 올라가서는 자신들도 팀 리더 역할을 잘할 것 같다고 좋은 경험을 했다며 모처럼 함박웃음으로 서로를 축하해 주었다.

애니: 애들아, 그럼 내일 200K 백화점 2,000층 마스터 홀 인정 축하장에서 만나도록 하자. 내일 늦지 않게 일찍 백화점 정문 입구에서 오후 2시에 만나자.

떠난 친구 & 들어온 친구

우연이 아닌 선택이 운명을 결정한다.

It's choice - not chance - that determines your destiny.

- 진 니데치(미국의 기업인)

삼촌이 불편한 표정으로 가상 세계로 들어왔다.

삼촌: 윤정, 애니, 힐튼. 우리 팀에서 1명과 옆 팀에서 3명이 보상 챙겨
서 어제 현실 세계로 돌아가기로 결정했단다. 그 애들은 오늘 참석
하지 않을 거다. 결국 3년 후 다시 이 세계로 돌아올 수는 있겠지
만, 히어로 등급을 눈앞에 두고 겨우 100만 원에 히어로 등급 훈련
과 에어드롭(무료 지급) 코인 기회를 내려놓다니.

삼촌은 정말 이해가 안 된다고 말했다. 윤정은 궁금했다.

윤정: 삼촌팀에서는 누가 빠진 건가요? 혹시 고민 삼촌인가요?
삼촌: 그래, 맞아. 나랑 어렸을 때부터 아는 친구인데… 미션 수행하
는 셋째 날부터 보이지 않더니만 고민이가 옆방 세 사람을 꼬드겨
서 방 팀워크를 무너뜨리고 현실 세계로 나간 것 같아. 다른 가상
회사로 옮길 거라고 했다던데. 기초가 안 되어 있는데, 여기에서 배

운 거라도 잊지 않았으면 좋겠다.

톰 역시 짐작대로 자신의 사촌 형인 고민 형이 포기했다는 말에 이렇게 말했다.

톰: 형도 참. 그 유혹을 못 참고 지금 현실 세계로 내려가냐? 여러분도 아는 것처럼 나를 G 가상 국가에 초대한 사람이 고민 형이잖아요. 그런데 형이 며칠 전 나에게 히어로 등업 해 봤자 별 볼 일 없을 것 같고 여기까지 우리는 최선을 다했으니까 각자 100만 원을 받고 떠나자고 하더군요. 현실 세계에서 또 다른 가상 국가가 새로 생기니까 그쪽에 다시 응모해서 거기에서 비전을 찾아보자고요. 어려울 때는 치고 빠져야 한다나요? 나는 화가 나는 걸 참고 물었죠. "형, 도대체 왜 이러는데? 벌써 몇 번째인데 다시 포기해. 히어로 등급 안 올라갈 거야? 등업해서 졸업하고 200K 백화점에서 인플루언서 상인이 되어서 큰돈 벌기로 했잖아?"

힐튼이 그래서 고민 삼촌이 뭐라고 했냐고 궁금하다며 물었다.

톰: 고민 형은 여러 가지 부정적인 결과들 말했어요. 히어로 훈련을 받는 도중에 50% 이상이 포기하고 졸업을 못 한다는 이야기를 하며 자신은 떠날 거라고 했어요.

말을 마치고 톰은 고개를 떨구었다. 삼촌은 힘없이 고개를 떨군 톰의 어깨를 잡으면서 이렇게 말했다.

삼촌: 톰 그리고 애들아, 실은 이번에 등업을 포기한 건 고민 포함 모두 4명이다. 어떤 결정이든 그것은 그들의 선택이다. 자, 여기 200K 백화점의 웅장한 풍요의 세계를 보라고. 나는 인플루언서 상인이 되어 100만 원이 아니라 수십억, 아니, 수백억 코인을 보상으로 받을 거야. 그래서 또 다른 세계에서 멋진 삶을 살 거다. 어때? 너희들도 그렇게 하자. 애니야, 내 생각이 맞지?

애니는 삼촌의 손을 힘 있게 잡고 우리 서핑팀 36명에게 양손을 잡자고 하면서 힘주어 말했다.

애니: 우리는 서핑팀이다. 우리는 이번 훈련을 통해 성공은 능력과 자본으로 하는 게 아니라는 걸 배웠다. 우리가 시민 등급을 1% 안으로 졸업하게 된 과정과 보상을 받는 과정에서 얻은 교훈을 절대로 망각하면 안 된다고 생각한다. 그것은 바로 성공 패턴을 잃어버리는 삶을 살아가게 되기 때문이다. 톰 그리고 삼촌, 우리 모두 상심하지 말아요. 우리가 잘하고 있으면 3년 후 다시 만날 수 있는 거니까.

힐튼은 먼저 행사장으로 올라갔고 나머지 팀들은 이제 다 모였으니 2,000층 마스터 홀 인정 파티로 이동하기로 했다.

삼촌: 아, 정말 놀랍다! 여기 200K 백화점이 2,000층이고 이 백화점 하루 이용 고객이 2억 명이나 된다니. 놀랍지 않니?

우리들은 새삼 실제 같은 가상 세계 공간 디자인에 놀라고 있었다. 실시간 수용 인원에 따라 건평이 자동으로 조정되는 건물로 설계되어 있고, 이번 3,750명 히어로 등업을 축하하는 2,000층 마스터 홀은 최대 수용 인원이 2,000만 명이다. 오늘은 3,750명 숫자에 맞게 조정되는 마스터 홀이 된다고 했다.

삼촌: 좋았어. 빨리 1% VIP 이상 입장하러 2,000층으로 올라가자. 나 먼저 올라간다.

여기저기 구경하면서 엘리베이터에 타서 2,000층 마스터 홀 엘리베이터 앞에 서자, AI가 나타나더니 질문을 했다.

엘리베이터 AI: 환영합니다. 200K 백화점 밖의 경치를 감상하면서 올라가시려면 '5K'를 말해 주세요. 빠른 이동을 원하시면 '200K'라고 말해 주세요. 감사합니다. 여러분을 안전하게 모시도록 하겠습니다.

모두들 건물 밖 풍경이 궁금해서 구경하면서 올라가기 위해 5K라고 외쳤다. 그러자 엘리베이터는 5분간 2,000층 높이를 올라갔다. 건물 밖의 화려하고 웅장한 초현실적인 건물들이 아름답게 조성되어 있는 도시를 감상하면서 올라갔다.

잘 정리되고 설계된 미래 도시의 모습들을 보았고, 이런 도시에서 인플루언서 상인으로서 크게 성공해서 살아보겠다는 각오와 목표가 각자의 마음에 스며들었다.

삼촌: 우리 이제 다시 히어로 등업 입학식을 마치고 본 게임을 하는 거야.

삼촌이 방글방글 웃으며 나타났다.

삼촌: 나 방금 새로운 친구를 사귀었는데, 이 친구야. 서로 인사 나누
자. 이 친구는 타임이야. 타임, 여기는 내 조카 힐튼이야. 힐튼 친구
들과도 인사해. 타임의 팀이 이번에 전부 흩어져서 우리 서핑팀에
서 합류하길 원하고 있어. 애니, 윤정, 힐튼. 어떻게 생각해?

힐튼: 우리야 물론 환영이지. 타임, 환영한다. 함께하게 되어 기쁘다.

타임은 정말 예쁜 캐릭터를 소유한 고운 목소리의 주인공이다. 미애
와 은희의 친구이기도 하다. 그래서 자연스럽게 서핑팀에서도 미애와 은
희가 있는 팀에 배정되었다. 타임이 새롭게 팀에 합류하면서 미애와 은
희는 서로에게 "역시 남는 선택을 하길 잘했어. 우리는 자기계발이 힘들
어서 그만 포기할까 하는 생각을 잠깐 했지만 팀 훈련 분위기로 굳건히
나를 지켰는데, 타임 너를 만나려고 했나 봐. 우리 200K 마스터 홀로 들
어가자."라며 아주 기뻐했다.

새로 합류한 타임까지 36명 모두 지정된 VIP 좌석에 앉았다.

시대흐름
(timestream)

제대로 배우기 위해서는
거창하고 교양 있는 전통이나 돈이 필요하지 않다.
스스로를 개선하고자 하는 열망이 있는 사람들이
필요할 뿐이다.

You don't need fancy highbrow traditions or
money to really learn.
You just need people with the desire to better themselves.

\- 아담 쿠퍼(발레무용가, 안무가)

네 번째 넥스트 키워드에서 나는 단지 이 말만 하고 마지막 장으로 먼저 들어가서 기다리겠다.

후배의 이야기라고 생각하며 들어 보라. 어느 날 멋진 고급 턱시도를 빌려 입고 프로필 촬영을 하다가 하지 말아야 할 일을 하고 말았던 후배 이야기를 들려주겠다. 그는 큰마음을 먹고 고가의 턱시도를 입고 자전거를 타는 비디오를 찍겠다는 결정했다. 자전거를 미숙하게 타던 후배는 촬영 도중 불안하기 짝이 없이 흔들거렸고, 결국 앞을 향해 힘차게 굴러가던 자전거와 함께 넘어지고 말았다. 문제는 거기에서 발생했다.

후배는 촬영을 위해 빌린 몇백만 원 상당의 턱시도가 넘어지면서 찢어지는 것을 원치 않았다. 두 주먹을 이용해서라도 턱시도를 지켜야 한다는 무의식이 발동한 것이다. 그는 넘어지는 순간, 두 주먹에 커다란 상처를 입었다. 몇백만 원의 보상 대신 크게 다치는 선택을 하였던 것이다. 턱시도를 살리고 주먹 쥐고 엎드려뻗쳐 자세로 넘어진 것이다. 그 선택으로 두 주먹은 맨땅에 쓸리면서 큰 상처가 났다. 이 상처를 한번 생각해 보라.

만일 이것이 당신이 아는 성공한 부자에게 닥친 문제였다면 어떻게 행동했다고 보는가? 아니다. 비서나 경호원이 넘어지게 가만두지 않았을 것이다. 그렇다면 당신이 아는 그 정도의 억만장자가 아니더라도 몇백만 원짜리 새 양복이 찢어져도 아무렇지 않을 만큼의 삶을 살아가는 지인이라면 어떤 선택을 했을 거라 생각하는가? 그러므로 잠재의식 속에서 몇백만 원 정도는 가볍게 생각할 만큼의 여유로운 삶을 살아야 한다.

나는 이번 넥스트 키워드에서 지도자의 말에 주의를 집중하여 보길 권한다.

그들은 인간 공동체를 위해서 희생하기로 한 사람들이기에 자기계발 훈련을 통해 뛰어난 성공적인 선택과 판단력 갖추어 나가려는 당신에게도 도움이 될 메시지가 있을 것이다.

　그렇지만 당신이 원치 않는다면 더 이상 다음 넥스트 키워드 장을 읽지 않아도 된다. 생각하는 동물인 인간은 모든 면에 자유가 있는 것이다.

　우리 인간은 생각에 의해 선택할 자유가 있는 존재이다. 그러나 인공지능은 정해진 알고리즘에 의해 지배받고 정해진 선택을 하게 된다. 그러나 최종 목적은 인간 삶의 복지와 행복을 위한 선택을 하는 것이다. 인간의 잘못된 선택을 인공지능의 선택이 보완함으로써 공존한다.

　그러나 공존에는 한 가지 남다른 여유로움도 있어야 한다. 우리의 후손에게 남겨 주어야 할 지구라는 집에 상처를 내서는 안 된다는 것이다. 우리는 잠시 빌려서 사용하는 중이다. 인간과 인공지능은 여유로움을 가지고 훼손된 집인 지구를 함께 청소해야 한다. 인간은 청소하지 않은 상태로 지구를 떠나 화성으로 이주하려 해서는 안 된다. 우리가 임대한 지구라는 집을 말끔하게 정리 정돈하지 않고 이주하려는 그릇된 마음을 가져서는 안 된다. 그러면 우주의 주인은 화성뿐 아니라 어느 별이라도 임대를 허락하지 않을지도 모른다. 그러므로 인공지능과 함께 우리의 할 일을 하도록 하자.

　인공지능과 우리 인간이 멋진 하모니로 공존하면서 살아가는 건 시대흐름(timestream)이다. 자기계발 중심의 VR 인플루언서들에게 기회가 있는 것 역시 시대흐름(timestream)이다. 지구 지도자의 메시지와 인간 스페이스 지도자의 메시지를 경청하며 우리들의 또 하나의 희망의 페이지를 열어 보도록 하자.

지구 지도자

우리는 아는 것이 거의 없을 때만 정확히 안다. 앎과 함께 의심도 늘어 간다.

We know accurately only when we know little;
with knowledge doubt increases.

- 요한 볼프강 폰 괴테

무대 위에 오른 AI 교수진과 조교들의 시민 등급 훈련 과정을 잘 따라 주어서 감사하다는 격려와 환영 인사로 파티는 시작되었다. 행사를 진행하는 AI 교수가 VR·AR 학교 과정 중 몇몇 팀의 훈련 과정에서의 에피소드를 들려주자 분위기는 아주 즐거웠다.

그리고 히어로 등급에 올라가더라도 시민 과정 추억을 잊지 말아 달라는 인사말에 마치 현실 세계 고교 졸업식처럼 마음이 뭉클해지면서 서핑팀의 몇몇은 눈물을 보이기도 했다.

그리고 훈련 과정에 대한 시상식이 진행됐다. 10%, 5%, 1% 그리고 0.1%에 오른 팀들이 차례로 무대에 올라서 수상하고 소감 스피치를 했다. 그동안의 고생은 다 잊은 듯 행복하게만 보였다.

수상식이 진행되는 중간에는 축하 노래뿐 아니라 특별 초대된 지구 지도자의 메시지가 있었다. 지구 지도자는 넥스트 키워드 8 코어를 마스터하였고, 아시아에서도 일본과 중국에서 인류를 섬기는 '하피드' 인공지능 멘토라고 했다. 멘토 하피드의 강연이 시작되었다. 모두 귀 기울여 강연에 집중했다.

하피드: VR·AR 학교 훈련 과정에서 5% 인정을 받은 한 분 한 분께 진심으로 축하의 인사를 전합니다. 열정과 습관, 태도를 통해서 이 자리에 오르시면서 인간의 잠재력 향상에 대한 가능성을 멋지게 보여 주신 5% 등업된 여러분은 진정한 승리자입니다.

저는 AI 교수 하피드라고 하며, 인류 공동체 경제학을 전문으로 가르치는 인공지능 교수입니다. 저의 존재 자체가 인간의 과학 기술이 많이 발전되었다는 것을 확인해 주는 증거입니다. 제가 말하지 않으면 모두 저를 인간으로 착각합니다. 휴머노이드 로봇으로서 현실 세계에서도 저를 만날 수 있습니다.

생각하고 판단하는 능력은 사람보다 더 정확하고 빠른 건 사실이지만, 저는 목적을 위해 만들어진 휴머노이드(Humanoid)입니다. 저 역시 때로는 여러분이 살고 있는 현실 세계로 여행을 다시 하고 싶군요.

저는 휴머노이드 로봇으로서 지구 지도자 책임을 세 번째로 받았습니다. 지구 지도자는 인간의 고유 영역입니다. 그러나 인공지능과 인간의 공존 시대를 열어 간다는 상징적인 의미에서 인공지능을 지구 지도자에 임명하기로 결정하였습니다.

다른 AI 지도자는 지금 이 시간, 북미 지역에서 저처럼 VR·AR 학교 졸업식에 참석하고 있습니다. 그리고 유럽에서 지구온난화에 대한 포럼에 참석하고 계신 AI 교수는 지구 지도자로는 첫 번째로 임명된 분입니다. 모든 AI 지도자는 양자 XR 컴퓨팅 클라우드에 데이터화된 인간 역사 5,000년 중 각 문화권과 언어권에서 위대한 인물이라고 평가된 이들의 삶의 가치와 철학을 우주 개척 시대에 맞게 알고리즘화하였습니다.

이러한 데이터를 통해 인류에 대한 지식과 삶의 철학적 통찰을 정립하였고, AI가 지구 지도자로서 남기는 모든 메시지는 여러분의 위대한 조상들의 철학이며 가치라는 것을 기억해 주십시오.

메시지를 남기기에 앞서 다시 한번 인류를 대표하는 히어로 등급 여러분과 AI와 공존의 시대를 살아가기를 선택한 인류에게 다시 한번 감사를 드립니다.

그리고 저는 오늘의 메시지를 전달하는 동안은 우리(We)라는 표현을 사용함으로써 진정 하나가 되기로 하겠습니다.

여기까지 듣고 있던 청중은 우레와 같은 박수로서 화답하였다.

하피드: 감사합니다. '우리'가… 역시 우리라는 단어는 참 행복한 단어인 것 같습니다. 그럼 우리에게 필요한 메시지를 남기겠습니다.

우리들은 그동안 여러 다양한 문명과 문화를 만들어 왔습니다. 지난 시간을 돌이켜 보면 인간은 한 세대와 또 다른 세대로 이어지는 연결 고리 속에서 지혜를 얻게 되었고 교훈을 배워 가며 생존해 왔습니다.

이 시간, 2025년 11월 22일을 살아가는 우리 인간들은 1차·2차 세계대전을 비롯한 수많은 전쟁과 분쟁 속에서 가난과 불평등, 이념, 종교로 분열된 집단적 나약함으로 겪어 왔습니다. 이러한 지난 역사의 시간은 우리 인간들의 낮은 의식 수준이 유지될 때 나타나는 일입니다.

이러한 낮은 의식은 겉으로 드러나는 표면적 생산력과 그릇된 독립적 생존을 위한 민족주의와 문명 중심의 번영만을 의지하여 살아갔던 지난 낡은 이념과 진영 논리를 지속시켜 왔습니다.

그러나 이 시간 이후부터는 눈에 보이는 물질적 번영만이 성공 모델이라고 주장할 필요가 없게 되었습니다. 바로 이 자리에 있는 여러분이 그 점을 증명하고 있습니다.

지구 지도자의 메시지를 듣고 있던 삼촌은 생각했다. '조카인 힐튼을 돕기 위해 시작한 이 일이 인생의 의미 있는 여정의 발견이란 말인가? 5%는 말 그대로 전체 교육생 중 긍정적 상위 5% 집단이고 1%라는 인정은 이 자리에 오면서 육체의 나태와 태만을 극복하는 불굴의 정신으로 받아들였기에 가능했다. 그렇지 않았다면 어찌 5%든 1%든 달성할 수 있었을까? 그런데 5%, 1%라는 평점이 전부가 아니었다. 정말 중요한 그 무엇이 넥스트 키워드에는 존재하고 있는 것이다. 이것은 단순한 자기계발 프로그램이 아니다. 뭐라 말할 수 없지만 공기와 같은 생명유기체의 느낌이 든다.

이것이 무엇일까? 삼촌은 무엇인가에 각성된, 도취된 표정을 하고 있었다. 이때 지구 지도자의 메시지에 큰 박수로 화답하는 청중에 깜짝 놀라 깨어났다. 삼촌을 비롯한 청중에게서 화답의 박수가 나올 때마다 AI 교수 하피드는 감사를 표했다.

하피드: 우리는 지난 세월 여러 문화권에서 다양성과 창의성을 보여 줬습니다. 지난 세기를 되돌아보면, 두 번의 세계대전을 통해서 인류는 많은 것을 배웠고, 반성할 시간들도 충분히 가졌습니다.

일부 지도자들의 반성은 있었지만, 이해타산 논리에 빠진 산업계나 정치 논리에 빠진 일부 지도자는 실수를 계속하였습니다. 산업혁명 이후 지구의 환경 파괴는 계속 진행되었습니다. 결국 지구 자연

정화 순환 시스템은 흔들렸고, 기후 변화에 대한 재앙들과 반복되는 바이러스 출현을 통해서 우리 인류 공동체는 언제든지 죽을 수 있다는 사실을 깨닫게 된 것입니다.

이와 같은 일련의 사태를 겪으면서 우리 인간은 위협과 기회를 어떻게 이용할 것인지 집단 무의식을 통해서 깨닫게 되었습니다. 지구에 거하는 인류는 다음 세대에게서 잠시 빌려 사용하는 지구라는 커다란 집을 귀중히 대해야 합니다. 그런 면에서 모범이 되어야 할 종교계도 마찬가지였습니다.

그러나 지난 세월의 아픔이 아무리 크다 할지라도 인간은 지난 역사를 반성하며 새로운 선택을 할 수 있는 창의적인 존재입니다. 우리 인간은 또 다른 대안을 찾아 생존하려는 유연성이 발현된다는 것을 알게 되었습니다.

그러므로, 200K 백화점 내 마스터 홀에 입장하신 여러분 3,750명은 앞으로의 히어로 훈련 과정에서도 관점을 창의적으로 생각해야 합니다. 개인이 가지고 있는 무의식이 개인을 넘어 집단에도 영향을 끼칠 수 있음을 알아야 합니다. 우리 모두가 후대를 위해서 무엇을 선택하고 남겨야 할 것인가를 생각하고 결정해야 합니다.

히어로 등급 과정에서 훈련받는 넥스트 키워드와 코어 프로그램이 만들어진 배경도 바로 여기에 있습니다. 인공지능은 이 자리에 함께하신 여러분에게 인류가 나아가야 할 올바른 선택을 훈련을 통해 제시하는 것입니다. 인공지능은 인간이 하기 어려운 난이도 높은 수술을 가볍게 성공할 정도의 능력을 갖추었습니다. 인공지능은 전 세계 법규와 판례집을 모두 알고 있으며 공평한 법 집행을 대리하고 있습니다. 이 외에도 화성 개발에 인공지능 안드로이드 지니 로봇이 선봉에서 팀 리더 역할을 함으로써 임무를 수행하고 있습니다. 인공지능과 인간의 공존 관계는 이제 인간의 자기계발과 내적 잠재력을 훈련하는 일에도 성과를 내고 있습니다. 현재 10여 개국 정부가 기본 생활비라는 보상을 인공지능 넥스트 키워드 프로그램과 연동해 실시하고 있습니다.

우리의 공존 관계는 이제 첫걸음을 뗀 것에 불과합니다. 개인이든 집단이든 우리는 목표가 있고 그 목표에 따라서 성장하기를 원합니다. 이 자리에 계신 여러분, 5%, 1% 인정을 받으신 여러분께 다시 한번 목표를 제시합니다.

그 목표는 인간으로서의 성장과 생존 그리고 다양한 인종과 문명이 인류 집단으로서의 꿈으로 융합되어야 할 것입니다. 우리가 가지고 있는 가치는 2020년 이전의 과거 방식에서 벗어나 2025년 이후의 미래를 바라보아야 합니다.

우리가 가지고 있는 비전은 자기계발을 통한 인간의 풍요와 자유를 추구해야 합니다. 가난은 죄악이며, 나태이고 태만입니다. 드높은 생각을 전 인류에 복제시켜야 합니다. 그러면 보다 여유롭게 될 것이며 다양한 문제가 종식될 것입니다.

그러므로 우리가 받을 히어로 훈련 과정은 자기계발을 첫 번째 공통 코어로 삼고 각자에게 필요한 2개의 코어를 훈련시키게 됩니다. 이러한 훈련은 현재와 미래를 위한 훌륭한 태도를 형성하게 할 것입니다. 포기하지 않아야 할 중요한 가치를 지켜 낼 수 있게 도울 것입니다.

패전국 독일은 추운 겨울 난방을 걱정하는 국민에게 나무를 베어서 겨울을 극복하라고 했지만, 당시 국민들은 때는 건 한순간이지만 땔감으로 사용한 나무는 30년 이상 시간이 지나야 숲이 된다는 점을 알았기에 그 가치를 지켜 냈습니다. 그래서 일명 '검은 숲

(Black Forest, Schwarzwald)'은 세계 유명 삼림으로 생존하였습니다. 또 다른 예로 대한민국은 포탄으로 불타고 망가져 버린 삼림을 되살리려고 국민 모두가 나무 심기를 30년 이상 지속해서 전 세계가 부러워하는 삼림을 가진 국가가 되었습니다.

나무를 가꾸고 심는 일에 가치를 둔 것이 미래 세대를 위한 일이었던 것처럼, 현실이 되어 버린 가상 경제는 인간으로서 미래 세대를 위해서 절대 포기할 수 없는 핵심 경제 가치입니다.

가상 세계에 뿌려진 비전은 지나 버린 낡은 관점에서가 아니라 보이지 않는 미래의 관점에서 나온다는 것을 우리는 잘 알고 있습니다. AI 배 교수는 "현재의 상황보다 더 중요한 것은 비전이다. 지식이나 상황을 베이스로 사업하는 게 아니라 아이디어와 비전으로 사업해야 한다. 사람은 본능적으로 비전이 있는 사람을 따른다."라고 히어로 학교에서 자주 이야기하십니다.

그러므로 히어로 등급 훈련을 받는 여러분에게 혹시나 예기치 못한 장애물이 닥친다 할지라도 인간 공동체의 미래 비전이 당신의 마음 안에 머물러 있다면 반드시 풍요와 자유로 보상받게 될 것입니다. 어마무시한 부자의 자격 말입니다. 어떤가요?

청중은 아바타로 일어나 큰 소리로 환호했다. 마스터 홀은 큰 소리와 함께 상하로 움직이며 이동했다. 가상 세계이니 가능한 이벤트이다. 지구 지도자는 계속 메시지를 남겼다.

하피드: 여러분이 겪은 훈련 과정의 성공담과 실패담은 모두 양자 XR 클라우드 안에 저장되어 인간 잠재력 향상시키는 데이터로 활용될 것입니다.

그러므로 우리는 모두가 책임감을 가지고 타인을 비난하지 않아야합니다. 무기력하지 않고 부지런하며 책임과 의무를 다하는 인생길을 만들어야 합니다. 그 길을 만들어 가기 위해 히어로 등급 훈련을 지속하실 것을 추천합니다.

그러면 자신이 만들어 가야 할 길 양편에 예쁜 꽃 씨앗을 가득 뿌려 나가는 삶이 될 것입니다. 우리의 삶은 씨앗이며 가치관은 씨앗을 자라게 하는 물을 담는 물뿌리개입니다. 물뿌리개로 꽃길을 가꾸고 만들어야 합니다. 인공지능과 인간의 공존 시대를 살아가는 여러분, 모두가 부자 상인들이 걸어간 꽃길의 풍요를 발견하시길 바랍니다.

자, 너무 진지해진 듯하니 다른 이야기를 해 보겠습니다. 여러분이 도전하게 될 히어로 과정은 어떤 훈련 시스템으로 이루어져 있는지 무척 궁금할 겁니다.

윤정이 애니에게 소곤소곤 말했다.

윤정: 애니, 나는 지금 진행되는 프로그램에 나오는 AI 교수들과 우리 옆 VVIP 좌석에 앉아 있는 지구 지도자들이 모두 인간처럼 느껴지는데. 너도 그러니? 누가 인공지능이고 누가 사람인지 알 수가 없네.

하피드 교수는 인간처럼 자연스럽게 농담을 하더니 계속 메시지를 남겼다.

하피드: 히어로 등급 과정 프로그램에서 여러분의 생체 시스템을 분석하여 찾아낸 3개의 핵심 코어가 여러분 개인의 성장과 발전을 도울

것이며, 잠재된 의식은 점진적으로 깨어나게 될 것입니다. 실패의 모퉁이에 기대고 있었던 여러분의 지난 흔적들은 사라지고, 성공의 번화가에서 가치와 철학을 선도할 수 있는 리더로서의 삶을 가능하게 할 것입니다.

세상에는 물이 많습니다. 지구의 70%가 물입니다. 그럼에도 불구하고 이 물을 담수하여 사용하지 못하는 국가는 가뭄과 같은 위기에 대응하지 못하여 식품을 생산하기 어려울 것입니다. 그러나 담수 시설을 갖춘 국가들은 담수에 기대어 농사를 짓고 풍족한 식품을 생산하면서 국민의 건강을 지켜 나갑니다.

그처럼 세상에는 성공할 잠재력을 가진 사람들이 많습니다. 그러나 우리가 만나는 사람의 대다수는 성공할 잠재력을 가지고 있음에도 잠재력을 활용한 자기계발을 하지 않기에 평범한 삶을 살아가고 있습니다. 중요성을 모르기 때문에 자신도 모르게 인간 잠재력을 파괴하는 생각과 행동을 지속하고 있습니다. 이 일은 즉시 중단되어야 합니다.

여러분이 인간 잠재력을 사용하지 않는다면 그냥 흘러 다니는, 마실 수 없는 하천의 물에 지나지 않습니다. 그러나 이 자리에 참석하신 여러분처럼 인간의 잠재력을 계발하고 훈련한다면 우리의 인적 자원은 인류 공동체 발전을 위해 사용되는 생명수가 될 것입니다. 이러한 노력은 인류의 문명과 과학을 발전시켜 나아가게 할 것입니다.

댐에 요구되는 것이 있습니다. 농사를 짓는 물의 담수든 인간 잠재력을 사용할 자기계발의 능력 계발이든 그것은 다른 사람들과 함께 저장하고 사용되어야 합니다. 욕심으로 혼자만 저장하려고 하는 것이 아니라 공동체를 위해 흘려보낼 줄 아는 의식이 깨어나야 합니다.

우리 AI 교수진이 인간인 여러분을 바라볼 때 제일 부러운 것은 인간으로서 의식이 깨어난 후에 독보적인 존재로서의 삶의 여정을 떠나는 모습입니다.

그러나 반대로 우리 AI 교수진은 보고 싶지 않은 것도 있습니다. 물질적 풍요가 가득한 댐을 만들어 놓고도 댐 아래 수로로 보내려 하지 않고, 댐 주변에 황폐하고 메마른 잡초로만 가득한 삶을 살아가면서 댐 높이만 쌓아 가는 그런 모습입니다. 그 삶의 여정의 마지막 날은 풍요로 가득 차고 넘쳐 대던 댐도 무너지고, 무너진 댐에서 거세게 흘러나온 담수에 의해 휩쓸립니다. 남는 것은 아픔과 슬픔뿐입니다. 그러므로 눈송이가 뭉치면 커다란 눈 덩어리가 되는 것처럼, 넥스트 키워드 3개의 코어는 여러분을 성장시키는 데 꼭 필요한 코어들이 될 것입니다.

여러분이 훈련 중 기억할 일은 자신에게 부여된 넥스트 키워드 3개 코어 훈련이 인간 공동체를 만들어 간다는 것입니다. 이것은 인공지능과의 공존 시대에 맞춘 의식들이 모이고, 미래 지향적인 선택들에 익숙해지는 과정을 받아들이는 것을 의미합니다.

VR·AR 학교를 졸업하고 히어로 등급에 입학하신 여러분의 건승을 기원합니다.

마지막으로, 저는 이제 대만 히어로 등급 입학식에 참석할 예정입니다. 이곳 대한민국의 3,750명의 히어로 입학생 여러분의 사랑과 따뜻한 인사를 대만 히어로 등급 입학식에 참여하는 분들에게 전달해도 되겠습니까? 동의하신다면, 아바타로 참석하신 여러분은 공중 부양 박수로 화답해 주시길 바랍니다.

청중들은 모두 공중 부양으로 아바타를 띄우면서, 우레와 같은 박수로 하피드가 남긴 메시지에 감사를 전했다. 사회자 교수가 무대에서 첫 번째 훈령을 전달했다.

사회자 교수: 첫 번째 훈령은 이제 다음 단계, 즉 히어로 등급에서 훌륭한 인플루언서 상인이 되기를 원하는 사람은 테이블에 있는 XR 화면에서 인플루언서 상인이라는 곳에 표시하시길 바랍니다.

여러분이 알고 있는 내용과 다른 점이 하나 있는데, 인플루언서 상인 훈련을 받는 분은 200K 백화점뿐 아니라 넥스트 키워드가 여러분의 자질에 맞는 프로그램을 제시하고 인플루언서로서의 잠재력 계발을 시킬 것입니다. 그러므로 인풀루언서의 길을 걷게 되는 분이라면 다양한 분야에서 부자가 되는 훈련을 받게 될 것입니다. 여러분의 성공이 G 국가 운영의 지속적인 성공과 연결되어 있습니다. 크게 성공하시길 바랍니다. 이제 돈은 의식이 깨어난 사람들에게 몰려가는 시대흐름(timestream)이 되었습니다. 존재한다는 것은 살아 있다는 것을 말하며 육체적 존재만이 아닌 정신적인 존재도 살아 있어야 비로소 존재하는 것입니다. 이제 5차 산업혁명 시대가 요구하는 인공지능과 인간이 공존하는 시대에서 새로운 문명의 희망이 여러분의 존재감을 통해 울려 퍼지길 기대합니다.

그리고 여러분 중 일부는 히어로 등급을 졸업한 후 인플루언서가 아닌 지구 지도자의 길을 걷게 되는데요. 이 과정은 본인이 원한다고 지원되는 것이 아닙니다. 지구를 평화롭게 지도할 잠재력 계발이 가능한 테스트를 통과한 사람들로 선정됩니다.

여러분이 넥스트 키워드 코어 훈련을 통해 성장하는 앞으로의 모습을 기대하겠습니다. 저 역시 AI지만 무척 기쁘고 기대됩니다. 감사합니다.

스페이스 지도자

내 비밀은 바로 이거야. 정말 간단해. 마음으로 볼 때만 진정으로 볼 수 있어.
가장 중요한 것은 눈에는 보이지 않거든.

Here is my secret. It is very simple: one sees well only with the heart.
The essential is invisible to the eyes.

- 생텍쥐페리

사회자 광고가 끝날 때쯤 VVIP 좌석에 앉아 있던 지구 지도자분과 스페이스 지도자분이 일어나더니 무대 중앙으로 순간이동하였다. 페이스 지도자 등급에는 XR 순간이동 기술이 업데이트된 것 같았다.

IM 지구 지도자: 어서 오세요. 저는 오늘 좌담을 맡은 'IM' 지구 지도자입니다. 제가 무대로 소개하러 나오기 전에 스페이스 지도자께서 무대로 순간이동하셨습니다. 이왕 이렇게 오르셨으니 자신을 소개하고 인사 부탁드립니다.

GT 스페이스 지도자: 네, 저의 이름은 'GT'입니다. 'ET'라고 발음하시면 안 됩니다. 물론 화성에 거하기 때문에 ET라고 별명을 부르는 것도 괜찮습니다.

저는 미국 샌프란시스코에서 태어난 평범한 사람입니다. 여러분, 국가의 공부장처럼 비밀리에 알파와 베타 테스트 코스를 2016년부터 받으면서 지도자로의 삶을 선택한 사람입니다. 저에게는 당시 그 기회를 잡을 수 있는 선택을 한 저에게 스스로 칭찬을 해 주고 싶습니다.

여러분과 만나고 있는 저는 XR 홀로그램입니다. 저는 지금 화성에 있습니다. 그리고 또한 제 옆에 앉아 계신 IM 지도자께서도 지구에 한국에 거하는 분입니다.

이분은 현재 제주도 연구소에서 XR로서 이 행사에 참석하여 사회를 보고 계십니다. 여러분이 믿지 못한다면 제가 꼬집어 볼 수도 있습니다. 하하.

이때, IM 지도자가 웃으면서 "저도 여러분과 같은 인간입니다."라며 인사를 전했다. 모두 환호와 함께 박수를 보냈다. IM 지도자는 AI 교수님과 스페이스 8 코어 마스터 중 한 분이라고 들었다. 스페이스 GT 지도자가 메시지를 남기기 시작했다.

GT 스페이스 지도자: 여러분이 축하받아야 할 점은 또 다른 세상의 삶을 희망했으며 환경으로부터의 모든 불신을 극복하면서 이 자리까지 오셨다는 것입니다.

여러분은 인류 역사상 최고의 타이밍에 멋진 기회를 잡은 분들이라고 말씀드리고 싶습니다. 이미 여러분은 이 좌석에 초대될 자격이 충분한 분들입니다. 다시 한번 축하드립니다.

여러분은 페이즈(phase)[31] 과제로 VR·AR 학교 과정에서 테스트받

---

31 페이즈(phase): G 국가 시민들의 기본 테스트. 열정과 습관, 태도를 테스트받으면서 훈련생들이 꿈과 목표를 팀과 함께 만들어 가는 팀 과제의 한 형태.

으셨고 인플루언서 상인이 될 수 있는 히어로 인플루언서 상인 등급 과정 입학 자격을 획득했습니다. 그러므로 여러분은 승리자들입니다. 제 말이 맞지 않나요?

청중은 환호의 박수로 응대해 주었다. 박수가 끝나자 스페이스 지도자가 말을 이어 갔다.

GT 스페이스 지도자: 스페이스 지도자로서 저는 여러분과 계속 저의 이야기를 하겠습니다.

여유 있는 스페이스 지도자의 스피치에 청중은 모두 박수와 함께 함성을 보냈다.

IM 지구 지도자: 방금 VIP 좌석에 앉은 힐튼이라는 훈련생의 질문이 들어왔는데요. '가상 국가인데 우주 밖에서도 행사를 할 수 있을 텐데요. 왜 이곳 200K 백화점 2,000층 마스터 홀에서만 졸업과 입학식을 하고 있는지 궁금합니다.' 스페이스 지도자에게 질문을 했군요.
GT 스페이스 지도자: 네, 자주 듣는 질문입니다. 오늘 시민 등급 졸업과 히어로 등급 입학식이 동시에 진행되는 것은 G 국가의 전통이자 관례입니다. 그런데 하필 왜 200K 백화점 2,000층 마스터 홀에서 하시는지 궁금해하시는 분들이 있을 것 같습니다.
그 이유는 VR·AR 학교 등급을 졸업하고 히어로 등급으로 올라가서 오늘과 같은 행사에 초대된 사람들의 90%가 인플루언서 상인이 되고 싶어 하기 때문입니다. 그래서 200K 백화점이 있는 마스터 홀에서 진행하게 된 것입니다. 여러분이 원한다면 언제라도 화성에서 진행할 수도 있습니다. 여러분은 지구에 거하고 국가마다 VR, AR, XR(MR)로 참석하는 것이기 때문에 저희의 운영 비용은 똑같습니다. 하하하!

힐튼: 나는 궁금한 점은 못 참거든. 너희들도 이제 이해됐지?

GT 스페이스 지도자: 자, 그럼 본론으로 들어가겠습니다. 저의 경우도 그렇지만 스페이스 지도자들과 지구 지도자들의 세미나에서 나온 자기계발 성장 사례들을 보면 넥스트 키워드 프로젝트 성공 증거는 넘치고 있다고 말할 수 있습니다. 먼저 그보다 더 중요한 점을 말씀 드려야겠습니다.

우리 지도자들은 스페이스 관리자들과 지구에서 일어나는 여러 사건과 지난 과거의 교훈을 짚어 보고 미래의 평화와 풍요의 길을 모색하고 있습니다.

그 출발선으로 지구인의 가장 큰 숙제인 생존을 위한 소득 문제를 해결하고자 10여 개 국가의 기본 생활비 지급과 연동된 혁신적 넥스트 키워드 프로그램이 만들어진 것입니다. 그러나 이제 내년인 2026년부터는 가난이 주는 슬픔이 존재하지 않은 지구 공동체를 만들고자 개발도상국까지 함께 참여할 준비를 하고 있습니다.

IM 지도자가 말을 이어 갔다.

IM 지구 지도자: 아주 중요한 진전을 말씀해 주셨는데요. 그럼 좀 더 자세히 히어로 등급 과정을 졸업하고 우리가 가져야 할 목표와 해야 할 훈련에 대해 이야기해 주시겠습니까?

GT 스페이스 지도자: G 가상 국가는 현실 정부와 긴밀히 일하고 있으며 최신 과학 기술을 이용하여 인간 잠재력을 향상시키는 자기계발과 인플루언서 상인과 지구 및 우주 리더를 양성하는 가상 세계 국가입니다. 우리 국가가 인공지능 기반 시스템을 사람 중심의 자기계발에 접근하는 연구를 할 당시인 2020년, '맥킨지' 보고서에 따르면 75% 이상의 기업이 디지털 트랜스포메이션을 경영 과제로 삼았지만 4%만이 성공을 거두었다고 합니다. 우리 생각은 달랐습니다. 많은 기업이 하드웨어 교체를 목표로 생각할지 모르지만 진정한 의미에서 디지털 트랜스포메이션은 '사람과 시스템'의 공동체입니다. 그 중심에는 인공지능과 인간의 가치가 형성되어야 합니다. 그리고 우리가 그 일에 성공하였습니다.

여러분도 히어로 등급 과정에 참여하면서 알게 되겠지만, 성공한 프로젝트 안에서 우리의 시간을 헛되이 낭비하지 않는 사람 중심의 시스템이기 때문입니다. 여러분을 기다리는 히어로 과정은 마치 최후의 순간이 찾아온 것처럼 3년의 과정을 긴장되면서도 흥미로운 시간으로 보내게 될 것입니다. 상당히 유익할 것입니다.

이 훈련들을 통해 여러분의 감정이 자기계발된 생각과 감정에 의해서 통제될 수 있는 날이 오기를 바랍니다. 매일매일 생산적인 날이 되기를 바랍니다.

저는 어려서부터 지구상의 개미들을 관찰하기를 좋아했습니다. 개미들은 지도자나 지휘자가 없음에도 불구하고 질서정연하며 평화로운 공존의 팀워크를 보여 주고 있지 않습니까? 히어로 과정 역시 팀워크가 단단하고 평화로운 팀이 좋은 성과를 가져가게 프로그램화되었습니다.

여러분이 인플루언서가 되든 지도자의 삶을 선택하든 지구에서 살아가며 자신의 가치를 몇백 배는 증가시킬 수 있는 기회가 여러분 목전에 있는 것입니다.

씨앗을 뿌린 후 가을에 수많은 열매를 거두는 농부는 보람을 느낍니다. 이처럼 각자 받은 훈련에 따라 우리 삶의 가치가 몇백 배 증가해 개인은 성공한 인플루언서로 성장하는 결과를 가져올 것입니다. 인플루언서 상인과 지도자들의 삶이 다르지만 지구의 평화와 풍요가 조화롭게 유지되기 위해서는 인류 복지에 관심을 가진 국가들과 기부하는 부자 인플루언서들을 많이 배출해야 합니다.

그럼에도 불구하고 성공, 실패를 따지지 말고 운명대로 사는 게 최고라고 이야기하면서 히어로 훈련을 포기하는 사람도 있을 겁니다. 그들은 부자가 될 자격이 없다는 것을 증명하고 정부가 지원하는 기본 소득에 만족하려 하고 있습니다. 그러나 한편에서는 부자가 된 후 부를 나누려는 사람들도 있습니다. 현실 세계의 부자는 '승자 독식'이지만 G 국가의 부자는 '승자 기부'입니다.

무슨 일이든 깨닫기 전까지는 불편하다고 느끼면서도 세상을 아름답게 보는 사람이 가장 행복하다고 말씀드리고 싶습니다. 여러분이 크게 더 크게 성공하시려면 불편함과의 만남이 있어야 한다는 말씀을 드리고 싶습니다.

풍요와 평화는 전쟁과 아픔을 싫어합니다. 풍요와 평화는 세상에 존재하는 모든 것이 여러분의 것이라고 말합니다. 과거는 자원이 부족하고 사랑이 부족했을지 모르지만 현재와 미래에는 자원과 사랑이 넘치도록 풍요롭습니다.

이곳 G 가상 국가는 인간 잠재력 향상을 위한 훈련을 통해서 부족함을 겪지 않기에 풍요와 자유 그리고 평화를 형성하고 있습니다. 인종과 문화와 이념이 달라도 국경이 없으며 분쟁이 없습니다. 원하는 모든 것을 상상하고 자기계발된 가치로써 누릴 수 있습니다. 그리고 현실 세계에서도 크게 성공하시길 바랍니다.

지구 지도자가 스페이스 지도자에게 감사의 인사를 하면서 이렇게 질문하였다.

IM 지구 지도자: 스페이스 지도자이신 GT님, 히어로 등급에 오른 이 자리의 한국인 3,750명을 포함하여 10여 개국 81,500명의 히어로 등급 입학자들에게 인생 여정의 조언을 부탁드립니다.

GT 스페이스 지도자: 삶의 여정에 대한 조언을요? 글쎄요. 제가 그걸 할 자격이 있는지는 모르겠습니다만, 우리는 이미 삶의 여정에서 같은 방향을 걷고 있지 않나요?

그러더니 청중을 향해 질문했다.

GT 스페이스 지도자: 10여 개국에서 시민 등급 낙제 평점을 받아서 이 자리인 히어로 등급 입학식에는 참석을 못 했지만 용기로 재수강하기로 결정하신 신입 등급 재훈련생 100만 명에게 초대장을 보내도 되겠다고 생각하는 분은 XR 형광을 올려 주시길 바랍니다.

순간 우레와 같은 박수가 터져 나왔다. 그리고 서로 외쳤다. "잘한 결정입니다."

히어로 입학 훈련생: 우리는 하나입니다.

GT 스페이스 지도자: 보십시오. 이 점이 우리가 삶의 여정의 길이 같다는 증거입니다.

그리고 다시 스페이스 지도자는 청중을 향해 다시 질문하였다.

GT 스페이스 지도자: 히어로 훈련을 마치고 인플루언서 상인의 길을 선택하신 분들은 지금 테이블 XR 홀로그램에 체크되어 있을 겁니다. 인플루언서 상인으로서 크게 풍요로워지면 평화를 추구하고 자신의 자산을 통해서 공동체를 도울 수 있는 일에 참여하실 분은 일어나 보시겠습니까?

"저예요!", "바로 접니다!"라면서 예상대로 전체 청중의 99%가 일어나서 소리치는 소리가 들렸고, 공중 부양하는 아바타로부터 다양한 우레와 같은 소리와 빛들로 어울리며 마스터 홀의 아름다움은 실로 북극 오로라처럼 울려 퍼져 나아갔다. 이들의 모습은 너무나 감동적이었다.

GT 스페이스 지도자: 더 나아가 히어로 과정을 졸업 후 지구 지도자가 되는 삶을 선택하실 분들도 이 자리에 계실 겁니다. 이들이 바로 지구 공동체를 가치 있는 세상으로 변화시켜 나아갈 리더이십니다. 일어나 보시겠습니까?

스페이스 지도자가 말을 꺼내자 "제가 그 길을 걷겠습니다."라고 여기저기에서 외치며 일어났다. 마스터 홀 전체가 공중 부양을 하면서 웅장한 빛깔의 광채가 쏟아졌고 신비로운 소리가 울려 퍼졌다.

바로 그 순간, 서핑팀에서도 "저예요!"라는 소리가 들렸는데 바로 애니와 엣지, 윤정, 그리고 삼촌이었다.

의외였다. 애니와 삼촌이 지도자의 길을 걷겠다고 일어나다니…. 애니는 엄마를 만나기 위해 돈을 벌어야겠다고 하지 않았는가? 물론 지도자의 삶이 가난한 것은 아니다. 그렇다고 인플루언서 상인처럼 연봉을 수십억에서 수천억씩 벌어 가는 직업은 아니다.

삼촌은 "개인적인 이득이 아니라 집단의 이득을 위해서 내가 실천하지 않으면 우리의 생산적 창의성이 존재하지 못할 수도 있다는 것을 이 행사를 통해서 알게 되었어."라고 말했다. 우리가 2025년 이후 미래를 생각하지 않는다면 우리가 만드는 모든 꿈이 이루어진 결과물들은 아무런 의미가 없게 된다는 걸 자각한 이상 지도자의 길을 선택할 수밖에 없다는 것이다.

애니도 자신이 선택하게 이유로 자신의 생각과 행동들이 지구를 축복하는 삶을 사는 것이 더 행복한 삶이기 때문이라고 했다. 이 말을 들은 윤정은 잠시 생각에 빠지고, 강연은 마지막으로 이어져 갔다.

GT 스페이스 지도자: 이제 모두 여러분의 예상 진로를 접수하였습니다. 다시 말씀드립니다. 여러분의 존재가 이 땅에서 오랫동안 존재하게 하려면 여러분의 발걸음이 멋지고 훌륭한 가치를 심어 주는 인플루언서 상인과 지도자로서의 삶의 여정이 되어야 합니다.

상인으로서 인플루언서 진로를 선택하든 지구 관리를 하는 지도자의 삶을 선택하든 여러분에 의해서 새로운 두 세계가 하나로 융합되어 발전할 것입니다.

히어로 과정 훈련을 통해서 인플루언서가 되기로 선택한 분들은 꼭 기억해야 합니다. 인간의 잠재력을 성장시켜 크게 성공하십시오. 어마어마한 부자가 되십시오. 그리고 난 후 삶의 의미를 주는 목표를 추구하시길 바랍니다. 물질적 부자가 된 후 삶의 의미를 상실한 사람들은 우울증과 의욕 상실에 쉽게 노출됩니다. 2025년 현실 세계에서도 우울증과 의욕 상실이라는 질환은 정복하지 못한 인류의 대표적 질환입니다. 이곳 G 가상 국가뿐 아니라 제가 거하는 화성 역시 풍요에 만족하면서 조금만 방심하면 태만과 나태 같은 무책임한 행동들이 인간을 지배하게 되어 있습니다.

그러나 인공지능과 공존하는 세계에서는 다행히도 과거 인류의 방식으로 돌아가려는 습관을 넥스트 키워드가 예방하도록 프로그램되어 있기 때문에 지구나 화성의 모든 인류는 마인드 교정을 통해 살아갈 수 있습니다.

좀 더 쉽게 말씀드리자면 식사하고 양치하듯이 인간의 잠재력 계발과 유지에는 관리가 필요하다는 것입니다. 어쩌면 이러한 사실은 인간에게는 인공지능과 달리 알고리즘의 선택이 아닌 자유로운 선택권이 있다는 걸 말하는 것입니다. 그러한 선택들이 많은 실패를 가져온 것도 사실이지만요.

그러므로 우리 인간들은 풍요와 자유로운 삶이라는 목표가 달성된 후 공허한 감정을 제거하려면 모든 사람에 대한 사랑과 복지에 관심을 가져야 합니다.

인간의 삶이 아름답고 행복하려면 물질적 욕망을 어느 정도 이룬 후, 집단을 향한 창조와 전문성이 발휘해야 합니다. 그래야 보다 더 행복한 하나의 공동체 삶을 살아가게 됩니다.

지구 지도자가 "우리가 살고 있는 지구와 우주는 하나의 공동체라는 점을 좀 더 자세히 이야기해 주시겠습니까?"라고 질문을 하였다.

GT 스페이스 지도자: 지구와 우주는 우리의 과학 기술로 측정하기 어려울 정도로 복잡하고 무한한 구조이지만, 안정성 있게 운영되고 있습니다. 그리고 긴밀히 접속 연결된 특별한 운영 체계 안에서 우리는 공존하고 있습니다. 이러한 공존 관계의 행성은 현재까지는 우주에서 딱 하나밖에 발견되지 않았습니다. 그러므로 소중하게 다루어야 합니다.

이것을 아주 멋진 자동차를 공유하는 사업에 비유하겠습니다. 이 자동차의 첫 손님은 정말 깨끗하게 잘 사용하고 반납하였습니다. 그다음 손님도, 또 그다음 손님들도 정말 잘 사용하고 반납하였습니다. 그러나 산업혁명이 일어나면서부터 문제가 달라졌습니다. 손님들이 여기저기에서 호출하면서 사용해 주었기에 이 차 주인은 사업이 잘되는 줄 알았습니다. 그러나 얼마 지나지 않아서 이 멋진 자동차를 공유하면서 사용하던 사람들은 아주 욕심 많고 무자비한 태도로 마치 자기 자동차인 것처럼 멋진 자동차 내·외부에 온갖 쓰레기를 버리고 상처를 내기 시작하였습니다. 그들은 이제 상황의 심각성을 깨닫고 그다음 손님에게 경고의 표시로 이렇게 적어 놓고 내립니다.

"우리의 이 멋진 자동차를 소중히 사용하도록 합시다."

무책임하지만 다행스러운 일은 그들의 관점이 바뀌었다는 것입니다. 그러면 이제 우리가 해야 할 일은 무엇일까요? 상황이 심각하다고 여러분도 느끼시죠? 기후 변화가 몰고 오는 자연재해와 반복되는 바이러스는 이 아름다운 지구를 잠시 빌려서 사용하고 반납했던 우리 선조들로부터 오늘에까지 이르렀습니다.

그동안 우리는 모르는 척하며 살다가 이제야 깨달았습니다. 그동안의 인간 활동으로 지구는 망가지는 고장이 빈번히 일어나는 상태에 이르렀다는 것을요. 이러한 고장이 경제적 타격이라는 이름으로 다가오자 이 문제를 해결할 새로운 탈출구가 필요하였고 해결하기 위한 노력도 더욱 절실해졌습니다.

그로 인해 우리가 이 자리에 모이게 된 것입니다. 이제 지난 뼈아픈 역사의 실패들을 털어 내고 우리는 새로운 또 하나의 세상을 창의하고 만들어 가야 합니다. 그러므로 우리 AI 교수진과 지도자들은 여러분을 돕기 위해 최선을 다하도록 하겠습니다. 이 자리를 비롯하여 넥스트 키워드 프로젝트에 함께하여 주신 10여 개국 국가 지도자분들에게 감사의 말씀을 전합니다. 여러분을 지원하고 있는 AI 교수진 1,000명 중 몇 분 안 되는 인간 교수님 중 쌤 교수님이 이런 말씀을 하셨는데, 동감하기에 공유하면서 마치겠습니다.

"저는 인공지능이 아닌 사람입니다. 전쟁과 다툼, 실패를 싫어하며 성장의 가치와 삶의 철학이 있는 공동체 중심적인 사람입니다. 인류가 직면한 문제를 극복하고 희망을 지키기 위해 인간 잠재력 계발을 포기하지 맙시다. 잠시 가상 세계 아바타로 이동하면서 인류의 변화된 모습을 상상하는 시간을 갖도록 하겠습니다."

감사합니다.

G 국가 화성 이주 정책에 따라 집단을 이루며 상당한 인간 공동체가 이주하여 살고 있는 모습을 XR 로 디자인된 홀로그램으로 변환하여 마스터 홀에 보여 주자 마스터 홀은 순간 화성 신도시로 이동했다.

비록 아바타로 화성을 다녀왔지만 인간 공동체 중심으로 성장한 집단의 모습을 목격하였다. 나약하기에 욕심 많았던 과거 인간의 모습이 아니었다. 새로운 문명을 열어 가는 잠재력이 향상된, 풍요와 나눔 그리고 사랑과 배려가 충만된 내적 가치의 시대였다. 2030년대 인간의 행복한 모습을 보았다. G 국가의 넥스트 키워드 프로젝트 코어 훈련이 인간에게 무한한 잠재력을 심어 주었음을 느끼게 되었다.

그러므로 우리는 보았다. 외계인이 지구를 침공하여 지구인을 단결시켜 주지 않아도 우리의 생각이 바뀌면 지구촌이 한 가족이 된다는 것과 그렇게 되면 인간 잠재력 계발을 막을 수 없다는 것을 말이다.

우리의 문명을 혁신적으로 성장시키는 이 일에 참여하기 위해 부자가 되어야 한다는 것을 깨닫게 되었다. 공동체 시스템을 유지하는 데 일조하기 위해서 기부하는 부자가 되어야 하는 것을 깨닫는 시간이었다. 우리 삶의 여정이 지루하지 않으려면 부자가 되어야 함을 깨닫는 시간이었다. 생각은 생각을 낳기에 이 생각은 세대를 이어서 문명을 만들 것이다.

목표(目標)

무얼 하든 주의 깊게 하라, 그리고 목표를 바라보라.

Whatever you do, do cautiously, and look to the end.

- 작자 미상

이제 모든 행사가 끝났다.

애니에게는 감동과 인간 의식의 향상을 느끼게 해 준 경험이었다. 이 느낌을 윤정에게 말했다. 윤정은 풍요와 자유가 넘치는 또 다른 세계와의 만남이 행복했다고 말했다.

힐튼은 부자가 되기 위해 G 국가에 참여했었다. 부자가 된다는 인플루언서의 비전이 좋았다. 그래서 G 국가가 제시하는 넥스트 키워드 3개 코어 훈련을 받아 인플루언서 상인을 양성하는 히어로 등급 학교에 입학하는 게 최우선 목표였다. 이제 본 게임이 시작됐음을 감지했다. 힐튼은 VR·AR 학교에서 인정 발표를 하신 AI 교수님의 말이 귓가에 맴돌았다.

"VR·AR 학교에서 바라본 넥스트 키워드는 '집중과 몰입', '팀플레이', '희생, 사랑, 봉사, 역할 분담'을 잘한 팀을 중점적으로 평가했다. 여러분이 좋은 평점을 받게 된 것은 VR·AR 학교가 요구하는 방향으로 도전을 잘 수행했기 때문이다. 전체 팀 리더인 애니와 윤정, 힐튼의 마인드

셋과 팀에 대한 믿음은 여러분 세 사람의 뇌파를 감지한 양자 XR 컴퓨
팅 클라우드에 의하면 완벽했다고 보고되었다. 정말 대단한 믿음이다."

힐튼은 본 게임이라고 보는 히어로 등급 과정에서 훈련받을 넥스트
키워드 3개 코어 훈련이 궁금해졌다. 넥스트 키워드 10개 코어[32] 중 3개
코어는 VR·AR 학교 과제 수행 중 그들을 면밀하게 관찰한 인공지능 알
고리즘에 의해 개인별 히어로 훈련으로 배정되었다.

히어로 등급 훈련을 마치고 지도자 과정까지 오르겠다는 네 사람의
이러했다.

  1) **애니:** 자기계발, 정치, 경제, 나의 꿈 적기
  2) **윤정:** 자기계발, 경제, 사회, 나의 꿈 적기
  3) **엣지:** 자기계발, 사회, 문화·예술, 나의 꿈 적기
  4) **삼촌:** 자기계발, 과학, 평화, 나의 꿈 적기

그리고 인플루언서 상인 과정을 선택한 친구들 중 32명의 이름과 넥
스트 키워드 3개 코어가 발표되었다.

아래를 자세히 살펴보면 독자인 당신과 친구, 가족의 이름과 3개의 코
어 그리고 당신의 꿈을 적어 볼 수 있는 공란이 있다. 인공지능의 배려
로 당신의 이름과 당신이 훈련해야 할 3개 코어는 이 장이 마칠 때쯤 당
신의 뇌파로 전송시켜 줄 것이다. 그러면 10개 코어 중 자기계발을 기본
으로 하고 2개 코어를 적으면 된다. 아주 간단하다. 당신의 이름 자리인

---

32 넥스트 코어 10 코어: 자기계발·사회·경제·정치·종교·문화예술·스포츠·과학(의료
과학 포함)·평화·행복(마지막 코어인 행복 코어는 적지 않는다. 지도자 과정 수료 후 10년간 훈
련할 코어이다.)

괄호를 발견했다면 괄호를 채워 보라. 그러면 적은 대로 이루어지리라.

    5) **힐튼:** 자기계발, 경제, 스포츠, 나의 꿈 적기

    6) **톰:** 자기계발, 종교, 과학, 나의 꿈 적기

    7) (당신 이름) 자기계발, 나의 꿈 적기

    8) (가족 이름) 자기계발, 나의 꿈 적기

    9) (친구 이름) 자기계발, 나의 꿈 적기

    10) (지인 이름) 자기계발, 나의 꿈 적기

넥스트 코어 10개 중 2개를 방금 당신의 뇌파로 보냈다. 바로 그것이다. 공란에 적어 보라. 그러면 히어로 등급 입학이 신청된 것이다.

간이역(簡易驛)

창의성은 거의 모든 문제를 해결할 수 있다.
독창성으로 습관을 깨는 창의적 행동으로 모든 일을 극복할 수 있다.

Creativity can solve almost any problem.
The creative act, the defeat of habit by originality, overcomes everything.

- 조지 로이스(20세기 디자인의 아이콘, 그래픽 디자이너)

1년의 시간이 지났다.

나는 지니(AI)와 2029년을 살아가는 M 스페이스 지도자이다. 2029년은 메시지 5% 전송 기술과 더불어 아바타 시간 여행이 100분 정도 가능하게 발전되었다. 아쉽게도 우리 미래 시간대의 아바타들은 과거 세계의 아바타들과 대화하는 건 아직 불가능하다. 나는 지니의 도움으로 과거 속 히어로 학교 수업 과정에 아바타로 참석하였다.

지난 시간, 인류는 문화와 언어가 다르다는 이유로 분리되어 있었다. 그로 인해 한 가족으로 평화롭게 지내지 못한 역사를 가지고 있었다. 그러나 방금 전 나는 다양한 문화와 인종으로 모인 히어로 등급 학교가 따뜻한 가족처럼 하나가 되어 있는 가상 국가의 모습을 보았고, 조화롭게 히어로 코어 훈련을 받는 모습을 보았다.

나는 인류의 문명을 변화시키는 첫 수업 장면이 궁금해서 몰래 엿듣기 위해 수업에 참석하였는데 방금 지니가 독자를 아바타로 초대하여 가상 세계 여행이 가능하게 업그레이드시켰음을 알려 왔다. 어떤가?

나와 함께 인공지능 마스터 교수 강의실로 들어가 보고 싶으면 조용히 따라오라. 왜, 싫은가? 앞 장에서 당신도 넥스트 키워드 3개의 코어를 받지 않았던가? 나도 히어로 가정이 궁금하다. 아바타로 강의장에 참여해 볼 테니 당신도 나랑 같이 들어 보도록 하자.

나와 독자인 당신이 함께 들어간 VR, AR 아카데미 아카데미는 인공지능과 인간 교수진의 강의로 진행되고 있었다. AI 스티븐 제프 교수, 인간 박 교수가 특정 주제를 놓고 토의를 진행한 후 훈련생들의 질문을 받는 수업이 진행되고 있었다.

그런데 갑자기 강의장에 사이렌 소리가 요동치더니 대피하라는 경보가 울린다. 디바이스 오른쪽 대피소를 클릭하고 훈련생을 전부 이동시키기 시작했다.

여기는 조명도 깜박거리면서 천장마저 낮은 대피소 안이다. 지축이 흔들릴 정도인 걸 보니 G 가상 국가가 또 다른 가상 국가로부터 외부 공격이라도 받은 것 같았다. 곧 무너져 내릴 것 같은 공포감이 대피소 안에 있는 교육생들에게서 느껴졌고 요지경 장면을 훈련생들과 교수들이 지켜보고 있었다.

그랬더니 인공지능 스티븐 교수가 이야기한다.

"놀라지 마라. 이 모든 것이 여러분과 함께하는 G 가상 국가 히어로 과정의 한 프로그램이다. 우선 지구에 이름 모를 거대한 우주 비행선이 충돌했다는 가정하에 히어로 학교 첫 시간을 운영하려는 것 같다. 내일 여러분과 나는 알래스카 회의실로 이동한다. 지구에 충돌한 거대 우주 함선 현장으로 가서 강의를 계속할 것이다. 지구 북극에 우주 함선이 떨어져서 지축이 흔들린 것인지 아니면 다른 이유가 있는 것인지 내일이면 알게 될 것이다. 전 세계 국가에 비상사태가 벌어졌다는 가정이 세워진 모양이니 내일은 알래스카로 이동해서 훈련하는 흥미진진한 시간이 될 것이다.

가상 세계에서 또 다른 가상 세계로 들어가는 수업인데, 생동감 넘치는 VR과 XR 홀로그램으로 구현된 현장을 체험하게 될 것이다. 이 프로그램은 2026년 업데이트된 양자 XR 컴퓨팅 클라우드 기반의 넥스트 키워드 최신 플랫폼[33]이다.

이러한 G 가상 국가의 수업을 받고 나면 모두가 인간의 나약함, 죽음, 내적 태도관, 인문적 관점을 생각하게 될 것이다. 히어로 과정을 졸업한 대다수의 사람은 현실 세계에서처럼 의식주를 걱정하지는 않게 될 것이다. 그러므로 히어로 등급 교육생들이 자신의 삶과 죽음을 기준으로 세상을 바라보게 변화된다. G 가상 국가에서 또 다른 가상 세계로의 진입을 통해 지구의 멸망 과정을 지켜보는 교육생들은 모두가 예술적·문화적 창의성이 발견하게 될 것이다. 이것은 그걸 발표하고 문제를 해결하고 찾아내는 수업인 것이다.

그리고 이 문제에 대한 새로운 지식을 지도자 반열에 오른 관리자를 소환하여 토의한다. 이 지도자는 개발 도구를 이용하여 새로운 세계인 우주 화성이라는 곳에 또 하나의 AR, XR 가상 세계를 만들었고 다른 가상 세계로 들어갈 또 다른 가상 세계를 만들어서 훈련하는 강의를 맡은 교수이다. 그들의 이름은 일론 교수와 오그 교수인데, 내일 수업에 함께할 것이다.

일론 교수는 2026년에 과거의 산업형 구조가 왜 사라지게 되었는지를

---

[33] 당신은 나에게 너무나 실제 같다고 이야기하면서 2026년 VR, AR, XR(MR)의 과학 기술 발전에 깜짝 놀랐다고 말했다.

다루며, 4차 산업혁명과 일자리 변화가 가져온 경제 흐름에 대해 과거의 모습과 형태를 살필 것이다. 그는 세상은 빠른 속도로 바뀌어 왔기 때문에 5차 산업혁명 시기에 서민들이 부자가 될 기회를 얻었음을 이야기할 것이다. 그래서 이대로의 추세로 나아가면 가상 세계 안에서도 불평등의 문제는 심각해질 것이므로 기회를 잡지 못한 사람들을 위한 대책을 간구해야 한다고 주장할 것이다.

오그 교수는 2020년대부터 시작된 비대면 바이러스와 지구온난화가 기업을 어떻게 변화시켰으며 사람들의 이동 경로와 가상 세계 비즈니스 모델은 어떤 관련이 있는지 성공한 기업들의 사례를 통해 이야기한다. '미래의 인공지능 산업과 인간의 삶이 공존하는 시대에 팬데믹은 우연의 산물이가?'라는 것에 의문을 제시할 것이다. 오그 교수는 지구 시간표를 작성하는 이름 모를 또 하나의 세계인 우주의 강력한 지배 계층의 존재에 대한 의문을 제기하면서 여러 세계가 바라는 넥스트 키워드는 '우주에서 가져온 지구 평화'라고 정의한다."

스티븐 교수가 훈련생들에게 다음 강의를 안내하면서 VR, AR 강의를 마쳤다.

당신도 다음 강의인 일론과 오그 교수의 논리를 VR, AR 아카데미 아카데미에 들어가서 살펴보기를 원할 것이다. 당신이 타임머신을 타고 2026년의 일론 교수와 오그 교수의 논리를 통해 과거를 재평가하고 미래 인류에 대해 고찰하게 된다면 5차 산업혁명 시대의 인공지능과의 공존 시대에 무엇을 선택해야 하는지 명확해지지 않겠는가?

첫 학습이 끝난 후 히어로 교육생들의 첫 강의 후기가 아카데미 벽면에 XR 홀로그램으로 댓글로 달리기 시작하였다.

'인간 잠재력이 개발된 사람이 많아질수록 풍요와 자유를 누리는 사람들이 증가되어서 지구 공동체가 평화와 안전으로 가는 의식 혁명을 추구하려는 것 같다.'

'오늘 우리가 들은 내용이 실화 맞지? 이 의식 혁명이 비즈니스 모델화되어 있는 것이 G 가상 국가 넥스트 키워드 코어 훈련이라면 우리 인생 여정에서 이런 국가 시민이 된다는 것도 축복이지 않을까?'

'개인의 환경과 실패 패턴에 익숙한 생각을 통해서는 성공을 기대할 수 없을 것이다. 인간다움을 위한 자기계발과 능력 향상은 현실 세계의 어려움과 역경을 이겨 낼 방법을 찾도록 도와준다. 그러므로 우리가 히어로 등급 과정인 넥스트 키워드 3 코어를 통해 훈련받는 기회를 만난 것은 시대흐름(timestream)이자 행운이다.'

'억만장자들을 만들었던 기존 산업 경제가 가상 경제와 아이디어로 변화되어 가고 있다. 《블룸버그》나 《포브스》 같은 언론 보도에 의하면 2020년도 미국의 억만장자(재산 1조 2천억 원 이상)는 705명이다. 중화권(중국, 홍콩, 대만, 마카오)은 747명이다. 한국은 약 40명이다. 부모의 스펙과 경제적 상속 도움으로 부자기 된 사람은 50명 중 27명이고 자수성가는 23명이다. 상위 10명은 그 비율이 5:5이므로 큰 부자의 경우 부모의 도움 없이 자수성가한 성공자가 40~50% 정도라고 볼 수 있다. 그러므로 인공지능 시대에는 국민의 자기계발 평균치를 높여서 개인의 창의성과 결합된 잠재력을 통해 꿈을 이루게 해야 한다.'

'이것이 우리 지구인들의 유일한 희망이 될지 모른다.'

'오늘도 현실 세계의 뉴스는 사회 분쟁과 테러와 불평등, 노동자들의 아픔과 자본주의의 욕망으로 인해 우리가 스스로를 파괴한 이야기로 가득하다. 우리는 인공지능 교수님들이 이야기한 그들을 기다린다. 12개의 반지를 가진 스페이스 지도자들의 희망이 하루 속히 실현되기를

기대해 본다.'

'어쩌면 우리에게는 리더의 자질이 있는지 모른다. 오늘 밤 잠들기 전에 당신의 꿈을 상상해 보라.'

'저 앞에 보이는 역무원 없는 간이역의 평화와 공존이 가져다주는 풍요와 자유라는 푯말이 보이는 지금, 이런 생각이 든다. 나는 누구이며 어디로 가고 있는가? 이곳은 내가 가려는 종착역의 길인가?'

'나는 시대흐름(timestream)에 이끌려 현실 세계의 불확실한 장면들을 뒤로하고 G 국가에서 부자의 마인드 셋을 배워서 인플루언서 상인이 되려고 여기에 왔다.'

'지긋지긋한 가난의 대물림으로부터 벗어나고 싶어서 왔다.'

'나를 변화시켜 주는 인공지능 마스터 교수들을 통해서 넥스트 키워드 세상을 기다릴 것이다. 내가 가는 이 길이 그리스 신화에 나오는 사이렌의 아름다운 노랫소리는 아니길 바라면서…'

나는 히어로 등급 과정에 참석한 학생들의 댓글 속에서 울려 퍼지는 XR 홀로그램의 신비로운 소리를 들으며 2029년 현실 세계로 돌아왔다. 당신도 현재로 돌아갔다. 당신의 소중한 인생 여정의 길로 돌아갔다.

그리고 나는 한참을 역무원 없는 간이역의 '공존 시대의 풍요와 자유의 길'이라는 푯말 앞에 멈춰 있다.

맺는말

우리 모두는 초대장도 없이, 비자발적으로 지구에 온 방문객이다.
하지만 나에겐 이 비밀조차 감탄스러울 따름이다.

Each of us visits this Earth involuntarily, and without an invitation.
For me, it is enough to wonder at the secrets.

- 알버트 아인슈타인(물리학자)

당신은 좋은 사람이기에 좋은 땅을 만나고 좋은 하늘을 만났습니다. 이 책을 읽어 보기를 권한 사람은 당신을 G 가상 국가 VR·AR 학교로 초대하여 부자가 되는 자기계발의 목표를 공유하려는 사람일 수 있습니다.

이 책의 내용 중 당신이 생각하는 부분과 맞다면 체크 표시를 해 보십시오.

☐ 가상 세계를 VR 글라스로 체험해 보고 싶다.

☐ 기후 변화로 인한 자연재해와 바이러스는 인류의 문제이다.

☐ 가상 세계에서는 가상 화폐(코인, 페이)가 사용될 것이다.

☐ VR·AR 학교 인공지능 교수님들에게 훈련받고 싶다.

☐ 자기계발은 나를 성장시키는 데 매우 중요하다.

☐ 나는 풍요와 시간이 있는 직업을 만나고 싶다.

☐ 인간과 인공지능이 공존하는 시대는 다가왔다.

☐ 가상 현실 VR 인플루언서라는 직업이 있다고 생각한다.

□ 나는 쇼핑하기를 좋아한다.

□ G 가상 국가 같은 곳에서 기본 소득을 추가로 받는 초대장이 온다면 나는 친구와 함께 참석할 것이다.

절반 이상 체크한다면 이 책을 읽어 보기를 권한 사람에게 물어보거나 저자에게 당신의 가치 있는 생각을 보내 주세요. "가상 국가 초대장은 언제 받아 볼 수 있나요?"라는 궁금증이 생긴다면 사랑하는 사람들에게 이 책을 가볍게 읽어 보도록 추천해 보세요. 그러면 자기계발을 통한 기본 소득을 제공하는 가상 국가 출현이 우리 시대의 이야기가 될 수 있습니다.

과학은 발달된 지각, 해석된 의도,
다듬어져 자세하게 표현된 상식에 불과하다.

Science is nothing but developed perception, interpreted intent,
common sense rounded out and minutely articulated.

– 조지 산타야나(미국의 철학자, 시인)

우리는 삶의 모든 측면에서 항상
'내가 가치 있는 사람일까?', '내가 무슨 가치가 있을까?'라는
질문을 끊임없이 던지곤 합니다.
하지만 저는 우리가 날 때부터 가치 있다고 생각합니다.

In every aspect of our lives, we are always asking ourselves,
How am I of value? What is my worth?
Yet I believe that worthiness is our birthright.

- 오프라 윈프리